SEB

SEPTEMBRE 2009

LES PAYS EN DEVELOPPEMENT FACE À LA SOCIETE DE L'INFORMATION

Alain KIYINDOU

LES PAYS EN DEVELOPPEMENT FACE À LA SOCIETE DE L'INFORMATION

Préface d'Adama Samassekou

L'HARMATTAN

5-7, rue de l'École-Polytechnique ; 75005 Paris

http://www.librairieharmattan.com
diffusion.harmattan@wanadoo.fr
harmattan1@wanadoo.fr

ISBN : 978-2-296-09152-8
EAN : 9782296091528

PRÉFACE D'ADAMA SAMASSEKOU

Beaucoup de débats contemporains concernent le développement, le sujet n'est toujours pas épuisé et se complexifie dès qu'il s'agit d'établir le rapport avec la technologie. En tous cas, il existe un large consensus sur le fait que les Technologies de l'information et de la communication (TIC) disposent d'un potentiel susceptible d'apporter de larges transformations dans nos sociétés. Elles ont modifié fondamentalement notre manière de vivre, d'apprendre et de travailler, en bouleversant les pouvoirs traditionnels, la politique, l'économie et le social, mais aussi l'école, les médias et la vie culturelle.

Les Nations unies n'ont pas voulu ignorer ce phénomène et ont décidé d'organiser le Sommet mondial sur la société de l'information dont la présidence du Comité de Préparation de la phase de Genève m'a été confiée. L'objectif premier était de poser les bases de la société de l'information que nous voulons, une société de l'information étroitement liée aux objectifs du millénaire. Il s'agissait de faire du Sommet Mondial sur la Société de l'Information l'espace d'un nouveau dialogue mondial, d'une communication internationale fondée sur des valeurs d'écoute, d'échange, de solidarité et de partage. Naturellement, le développement était un des enjeux majeurs.

Et que faut-il entendre par « développement » ? Ce concept assez chargé et connoté, dont on use et abuse dans un contexte mondial caractérisé par des rapports de domination s'originant en grande partie dans l'histoire tumultueuse des relations entre un « centre » (des « centres »), porteur(s) du projet colonial de l'époque et des velléités de néo-colonisation aujourd'hui et une « périphérie » (des « périphéries ») de plus en plus marginalisée(s), exige un effort de clarification conceptuelle, plus conforme à la réalité concernée, plus respectueuse des dynamiques en question. Ainsi, le « développement », à mon sens, c'est plutôt le processus de maîtrise progressive de l'environnement, au sens large du terme : environnement physique, culturel, socioéconomique, politique, intellectuel, religieux, spirituel…

De ce point de vue, il est une sorte d'accomplissement sur le plan social, économique, politique… Son caractère multiforme est plus qu'évident. J'irais d'ailleurs jusqu'à affirmer que tous les pays du monde sont en développement, chacun étant en effet dans un processus permanent et continu de maîtrise de ses réalités propres. La différence entre les pays se situe essentiellement dans la nature de ces réalités, l'échelle et le degré de maîtrise, de même que les moyens mis en œuvre. En effet, tandis que les pays dits

« sous développés », « en voie de développement », « moins avancés », « émergeants » luttent pour la réalisation des droits humains fondamentaux pour le plus grand nombre (droits humains à l'alimentation, à l'éducation, à la santé, au logement et à un environnement sain, au travail, à la sécurité humaine et à la participation citoyenne...), les pays dits « développés », « industrialisés » ont des préoccupations sérieuses de maîtrise des « Tchernobyls » et autres effets néfastes d'une exploitation effrénée et aveugle de l'environnement et des ressources naturelles de l'Humanité.

La question d'Alain Kiyindou, quelle information pour quel développement, vient donc à point nommé. De quelle société parlons-nous quand nous évoquons la société de l'information et quelle société voulons-nous ?

Il est certain que chaque peuple, chaque groupe ou individu a des aspirations différentes et c'est l'accomplissement de ces besoins qui constitue le développement. Cette diversité d'idéal implique une variété de moyens, de solutions, de modèles et c'est justement pour avoir oublié ce principe élémentaire ou pour l'avoir négligé que nous avons du mal à nous expliquer nos échecs, voire nos succès. La croyance selon laquelle la diffusion et l'utilisation adéquate des TIC offrent d'incroyables possibilités de développement perd de sa vigueur dès lors que nous prenons en compte la multiplicité de développements possibles.

En effet, le développement est issu non de l'augmentation des flux d'information mais du renforcement des capacités des peuples à satisfaire leurs propres besoins en information. Bien entendu, la réduction de ce qu'il est convenu d'appeler « fossé numérique » (et qui est plutôt un fossé des savoirs, un fossé numérique linguistique…) reste un défi à relever, mais il n'est pas le seul et ne devrait pas rétrécir l'immense chantier de l'épanouissement individuel et de l'amélioration des conditions de vie des peuples. Il convient toutefois de rappeler que c'est le savoir, plus que l'information, qui est à la base du développement. Celui-ci est difficile à transporter ou à transférer. Il est plutôt le résultat d'un long processus de maturation dans lequel le contexte de partage revêt toute son importance. Si aucun savoir n'est supérieur à l'autre, ni même celui issu des activités formelles, la société des savoirs partagés devrait intégrer toutes les formes de savoir. Malheureusement, la délégitimation opérée par la globalisation sur les traditions et les coutumes à partir desquelles, jusqu'à tout récemment, nos sociétés élaboraient leur contexte de confiance, bouleverse l'éthique. Or, les sociétés du savoir doivent en effet être bâties sur des fondements éthiques et guidées par un engagement solennel en faveur des droits humains et des libertés individuelles.

Les droits humains à l'éducation, à la santé et à l'expression culturelle sont quelques uns des buts à poursuivre si nous voulons bâtir une société des savoirs partagés. Et je voudrais insister sur la nécessité d'une expression linguistique diversifiée. Aucun pays, aucun peuple au monde ne s'est développé en dehors de ses langues et de ses cultures. C'est par elles que nous acquérons et transmettons notre savoir et notre savoir-faire qui permettent d'avoir une certaine emprise sur notre milieu. Elles constituent à la fois l'élément essentiel et le baromètre de notre développement. On ne peut être acteur responsable, maître de son processus de transformation socio-économique, quand les enjeux de cette transformation sont déclinés dans une langue qui vous est étrangère et quand la recherche de solutions s'effectue dans les mêmes conditions.

Les technologies de l'information et de la communication ne peuvent servir le développement que si les populations qui les utilisent se les approprient non pas comme des consommateurs passifs, mais comme des créateurs capables de développer de nouvelles applications, de nouvelles technologies. Cela passe par le développement d'espaces de recherche adaptés et par la mise en place de politiques publiques courageuses en faveur de l'innovation.

Si au début, bien des gens ont, de bonne foi, pensé que la société de l'information allait conduire à une nouvelle répartition des activités, des emplois et des richesses entre le Nord et le Sud de la planète, qui entraînerait le progrès économique, le développement social et le renforcement de la justice sociale dans le monde, dans la pratique, nous sommes malheureusement obligés de constater que de nombreuses difficultés subsistent. De nouvelles inégalités se creusent à divers niveaux, le « fossé numérique » entre les pays industrialisés et le reste du monde ne cesse de s'élargir. Des risques de voir se mettre en place une Société de l'information déséquilibrée, ne tenant pas compte des richesses culturelles et de la diversité linguistique de notre planète existent. Or, le développement ne peut se faire que dans le respect des langues, des cultures, des arts, des croyances, des modes de pensée, c'est-à-dire, ces particularismes qui créent l'harmonie et font la beauté d'un monde diversifié, multiforme, différent, mais uni. C'est tout le sens du combat de MAAYA- le Réseau mondial pour la diversité linguistique que nous avons créé à Tunis, durant la seconde phase du SMSI !

Alors, utopie ? Rêve ? Mais, comme le dit le poète, les grandes ambitions réalisées naissent toujours d'un rêve ! Au reste, la sagesse populaire nous l'enseigne et nous partageons cette conviction avec notre frère brésilien, Don

Elder Camara : » *Quand on rêve tout seul, ce n'est qu'un rêve, mais quand on rêve à plusieurs, c'est déjà le début de la réalité* ».

Les technologies de l'information et de la communication excellent par leur flexibilité. L'appropriation, selon des schémas peu conformes aux prescriptions occidentales, observable dans beaucoup de pays du monde, témoigne de la capacité de l'homme à adapter la technique selon ses besoins. L'espoir est aussi dans cette société civile qui se mobilise activement pour le bien-être personnel et collectif, dans la prise de conscience mondiale de la nécessité d'un meilleur vivre ensemble, chaque être étant indispensable à l'autre. C'est dans ce cadre que s'inscrit la solidarité numérique, ce principe éthique qui permet de réaffirmer, plus que jamais, l'interdépendance des peuples. La relation à l'Autre est le fondement de la société que nous voulons. La civilisation à laquelle j'appartiens y attache une importance toute particulière : ce n'est pas parce que je le pense, que je suis un être humain, c'est dans le regard de l'Autre, porté sur moi, que se construit mon humanitude, ma qualité d'être humain, disent nos Anciens.

Le potentiel offert par un usage raisonné des technologies de l'information et de la communication ouvre de larges perspectives pour l'édification d'une société des savoirs partagés. Mais c'est notre rôle et notre responsabilité que de rester prudents et vigilants quant aux dangers d'un monde à deux vitesses, dans lequel le technologique, voire l'économique prendrait le pas sur le social. Des obstacles existent et ce n'est en aucun cas refuser la grande opportunité qui s'offre à nous que de les souligner. Ils relèvent de notre passé et de notre présent, ils viennent de l'intérieur de nous mêmes et de l'extérieur. Ils sont culturels, politiques, économiques, structurels…

La diversité culturelle et linguistique est un bien public mondial. Il en est de même pour l'information, l'éducation et le savoir. Ces biens, bien qu'ils soient des éléments cruciaux pour le développement économique de nos sociétés contemporaines, ne peuvent pas être entièrement soumis aux lois du marché.

Adama SAMASSEKOU

Président du Comité d'organisation du SMSI

Ancien ministre de l'Education du Mali

Président de l'Académie africaine des langues

INTRODUCTION

Avec le Sommet mondial sur la société de l'information (SMSI)[1] et la mobilisation sociale qu'il a engendrée, le rapport entre ce qu'il est convenu d'appeler la société de l'information et le développement[2] a été mis à jour une fois de plus. Cette démarche de l'Organisation des Nations unies (ONU) a nourri de nombreux espoirs, notamment de la part des populations des pays en développement, mais aussi des pays développés qui y voient le moyen le plus efficace de faire face à leurs préoccupations quotidiennes. Dans les discours tenus à son sujet, la société de l'information se projette comme une étape nouvelle ou une évolution dans le fonctionnement et l'interaction des grandes créations de la modernité caractérisant la seconde moitié du XXe siècle. Si elle interpelle nombre de principes, d'idées consacrées et de théories faisant partie de nos cultures, son projet, notamment dans ses dimensions politique, sociale, culturelle et économique, n'est pas sans interrogations multiples. Si, au fur et à mesure de leur émergence et dans toutes leurs applications, les technologies de l'information et de la communication (TIC) ont pu donner l'impression que l'avenir de l'humanité dépendait de leur généralisation auprès des populations de tous les continents, il s'agit de montrer que leur efficacité dépend avant tout d'un ensemble d'éléments contextuels.

La démarche initiée par l'ONU a abouti à un certain nombre de résolutions dont la plupart sont orientées vers le développement durable. Pour les différentes parties prenantes (*multistake holder*), il s'agit avant tout de mettre les nouveaux outils de la communication à son service. L'enjeu consiste à

---

[1] L'Assemblée générale des Nations unies a approuvé en 2001 la tenue d'un sommet mondial sur la société de l'information et le cadre adopté par le conseil de l'UIT à Minneapolis (1998). Ce sommet s'est déroulé en deux phases. La première a eu lieu à Genève, du 10 au 12 décembre 2003 et la seconde à Tunis, du 16 au 18 novembre 2005.

[2] SMSI, *Construire la société de l'information : un défi mondial pour le nouveau millénaire*, Déclaration de principes, SMSI, Genève, 2003.

« tirer parti des possibilités qu'offrent ces technologies en faveur des objectifs de développement énoncés dans la Déclaration du Millénaire, à savoir éliminer l'extrême pauvreté et la faim, dispenser à tous un enseignement primaire, favoriser l'égalité entre hommes et femmes et rendre les femmes autonomes... »[3]

Il apparaît donc que le SMSI s'appuie sur les avancées du Sommet de Rio[4], en s'appropriant notamment les objectifs du millénaire, ces objectifs globaux que les dirigeants du monde entier ont fixés lors du Sommet du Millénaire en septembre 2000 à New York. Pour engager le XXIe siècle sous de bons auspices, les États membres des Nations unies ont convenu de huit objectifs essentiels à atteindre d'ici à 2015. Il s'agit de réduire l'extrême pauvreté et la faim, assurer l'éducation primaire pour tous, promouvoir l'égalité et l'autonomisation des femmes, réduire la mortalité des enfants de moins de 5 ans, améliorer la santé maternelle, combattre le VIH/sida, le paludisme et d'autres maladies, assurer un environnement durable, mettre en place un partenariat mondial pour le développement. Mais peut-on communiquer pour le développement sans prendre en compte les autres éléments contextuels et sans impliquer les populations bénéficiaires ?

LA SOCIÉTÉ DE L'INFORMATION À LA CROISÉE D'INTÉRÊTS MULTIFORMES

Il n'est pas exagéré de penser que l'engouement autour de la société de l'information s'explique par des motivations altruistes, mais il se justifie également par des considérations économiques, politiques, culturelles souvent éloignées des besoins des « bénéficiaires ». En effet, il serait naïf de penser que la société de l'information soit neutre. Elle est un nouveau lieu d'investissement où s'exerce le pouvoir économique projetée. Elle est une puissance capable d'infléchir l'appareil juridique, renforçant ainsi la marchandisation de l'information. Elle est un processus dynamique dans lequel s'expriment des intérêts divergents ainsi que des idées dominantes. Loin de nous rapprocher du développement recherché, la société de l'information, dans laquelle les TIC s'inscrivent, impose une certaine rationalité (rapport avec le temps, avec les choses et les hommes), un type de

---

[3] SMSI, *Construire la société de l'information : un défi mondial pour le nouveau millénaire, Déclaration de principes*, SMSI, Genève, 2003, p.1.

[4] Conférence des Nations unies sur l'environnement et le développement, réunie à Rio de Janeiro du 3 au 14 juin 1992 (prolongement de la Conférence de Stockholm de juin 1972).

développement souvent éloigné des aspirations des populations concernées. Nous pouvons d'ailleurs nous demander si la société de l'information n'est pas une autre forme d'» *occidentalisation du monde* » dans la mesure où elle est porteuse de normes, de modes d'organisation et de valeurs de type états-uniens. Comment peut-il en être autrement si l'information, qui en est la base, ne reflète pas la diversité sociale du monde ?

Sans vouloir répudier l'héritage technologique de l'Occident[5] au risque de tomber dans l'arbitraire de l'ethnocentrisme nous voulons souligner qu'une technologie est aussi un produit historique. Plus que la société de l'information, c'est l'usage des TIC qui est en cause. Ces outils ne sont pas neutres pour ceux qui les utilisent. Adopter un outil, c'est adopter une méthode et dans une certaine mesure, une manière de penser et de voir les choses. La question la plus cruciale de ce siècle est donc de savoir comment concilier ces nouveaux outils avec la complexité du contexte d'utilisation. Sans vouloir ignorer les possibilités accrues de transfert de savoir et de technologie qu'elles peuvent permettre, l'expérience montre que les TIC (aussi bien nouvelles qu'anciennes) ne se transfèrent pas tant que le pays bénéficiaire ne s'est pas doté d'une infrastructure scientifique et technologique autochtone. C'est d'ailleurs le paradoxe des pays du Sud où certains comme le Brésil, la Malaisie, la Corée, l'Afrique du Sud qui bénéficiaient au départ de conditions plus favorables, sur le plan industriel et/ou éducatif, ont été en mesure de s'en approprier plus vite, au point de parler, aujourd'hui, de « *plusieurs Suds* ».

L'EFFICACITÉ DES TIC EST LIÉE À PLUSIEURS FACTEURS DONT LA RÉCEPTIVITÉ DES GROUPES

La société de l'information et l'approche communicationnelle du développement, suscitent bon nombre de questions. L'une des remarques qui revient souvent est que cette « société » s'inscrit dans le registre du dire alors que le développement relèverait du domaine du faire. Comment comprendre, alors, que l'on privilégie les moyens de communication là où les populations n'arrivent pas à se nourrir et à se soigner correctement ?

---

[5] La civilisation occidentale, ou le monde occidental, désigne l'aire culturelle résultant de la civilisation grecque (pensée, science), de la civilisation romaine (droit) et de la culture judéo-chrétienne (morale). Les usages contemporains du terme font références à l'Europe, au Canda, les Etats-Unis…

Loin de montrer que les experts marchent sur la tête, il s'agit surtout ici de relever les intérêts, les croyances en jeu, voire l'expression du reductionnisme technologique.

Cette opposition entre le dire et le faire, que souligne d'ailleurs René-Jean Ravault[6], revient dans la plupart des débats sur le rôle de la communication, souvent réduite à la seule parole. Une parole passive qu'il suffit de dire et qui n'est pas en elle-même action. Même si la déconsidération du dire ou la dissociation de l'acte et de la parole est plus souvent le fait des sociétés occidentales dans lesquelles la parole a perdu en puissance, il n'en demeure pas moins que les pays en développement attendent plus de la communauté internationale que de simples lignes téléphoniques. Mais au-delà de la technique s'expriment des croyances fortement ancrées, des enjeux fortement stratégiques. C'est l'attachement au progrès, le désir d'expression mais aussi d'expansion qui est l'essence de l'homme. Là où les choses s'empirent c'est quand apparaissent les velléités de vassalisation qui se cache derrière l'expansion technologique.

---

6 René-Jean Ravault, « La communicologie, discipline hyper-révolutionnaire ou ultra-conservatrice ? », Lucien Sfez (dir.), *Technologies et symbolisme de la communication*, PUG, Grenoble, 1990, pp.53-64.

PARTIE I

COMPRENDRE LA SOCIÉTÉ DE L'INFORMATION

CHAPITRE I
LA SOCIÉTÉ DE L'INFORMATION

L'expression « société de l'information » est, sans conteste, celle qui a le plus marqué la période allant de 1990 (explosion de l'Internet) à nos jours. En même temps qu'elle caractérise notre époque, elle exprime un changement, souvent entendu comme entrée dans une nouvelle ère. Mais, que recouvre-t-elle, que cache-t-elle, quelles pourraient être ses origines, comment a-t-elle évolué ?

Si la question de la circulation des idées ressort très clairement de l'œuvre de l'encyclopédiste Condorcet[7], les prémices d'une intégration universelle datent de 1865, avec la mise en place de l'Union télégraphique internationale, suivie de l'Union postale universelle (1874). En reliant le monde, l'Union télégraphique[8] a posé les bases d'une société mondiale dont nous savons qu'elle ne s'est véritablement ancrée dans les esprits qu'à la fin de la Première Guerre mondiale. Il faudra ensuite attendre les années 1940 pour que soit évoquée l'idée d'une société organisée autour de l'information. Cette idée est généralement attribuée au mathématicien Norbert Wiener, père de la cybernétique et auteur de Cybernetics or control and communication in the man and the machine[9]. C'est donc lui qui évoque le premier la « société de la communication », vue comme une alternative à l'organisation sociale et politique existante. La nouvelle société dite de l'information, largement inspirée de la « société de la communication », est donc placée sous le signe de l'efficacité rendue possible grâce à la puissance technologique des dispositifs de communication. Pour mieux comprendre les fondements de la société de la communication, il est donc important de remonter à la pensée cybernétique qui peut être comprise comme une réaction aux atrocités de la Seconde Guerre mondiale. Ce conflit a montré

---

[7] L'idée d'une gratuité d'accès à la culture a été portée par tout un courant des Lumières, avec, au premier rang, Condorcet qui défendait la libre circulation des idées. Lors de son discours d'introduction de 1782 à l'Académie française, il rappela aussi la possibilité d'appliquer les gains d'une science à une autre (cf. http://www.dokimos.ca/Co281.htm).

[8] Le 17 mai 1865, après deux mois et demi de négociations serrées, la première Convention télégraphique internationale était signée à Paris par les 20 membres fondateurs et l'Union télégraphique internationale était créée pour permettre d'amender ultérieurement ce premier accord. C'est donc essentiellement pour des raisons techniques et d'efficacité que la création de cette institution s'est imposée.

[9] Norbert Wiener, Cybernetics or control and communication in the man and the machine, Hermann, Paris, 1958.

l'incapacité de l'homme à éviter l'horreur et à anticiper les réactions de la machine, c'est-à-dire l'aviation allemande. Le projet de créer des machines intelligentes sera avant tout le moyen de pallier les faiblesses humaines.

Pour ce qui est du concept de « société de l'information », notons qu'il serait apparu dans les années 1960 au Japon sous le nom de Joho Shakaï[10] (société de l'information). Si la notion de Joho renvoie à celle d'information, elle reste toutefois une notion très japonaise, assez différente de l'acception courante de l'information. Dans la conception du Joho Shakaï, le kagaku, c'est-à-dire la participation, reste la question fondamentale car, le Joho, est ce qui fait l'homme.

En 1979 une importante mobilisation intellectuelle se cristallise autour du Groupe de Paris qui donna naissance au Centre mondial informatique et ressources humaines. Elle est l'expression de la volonté des gouvernants et d'intellectuels français, de mettre l'informatique au service de l'économie et de l'homme. La mission, confiée au Centre mondial informatique et ressources humaines, sera donc de diffuser l'usage de la micro-informatique dans la société pour renouveler la créativité économique. Pour accomplir sa mission, le Centre a dû s'ouvrir sur l'extérieur, en développant des contacts avec les universités étrangères les plus avancées, tant aux États-Unis qu'au Japon. Le Centre mondial a également manifesté son intérêt d'associer les pays du Tiers-monde afin d'en faire des partenaires actifs dans la nouvelle économie mondiale.

Quant au débat sur la société de l'information, il a connu un étonnant renouveau avec la National Information Infrastructure (NII), lancée en 1993 par le vice-président américain Al Gore. Le discours est à l'origine porté par une ambition de redéploiement industriel. En effet, dès 1991, le sénateur Al Gore proposait « une autoroute nationale des données » pour relier les centres d'excellence en informatique. En 1993, il a lancé la NII dans le but de déclencher une révolution de l'information. Il posait alors comme condition à la reprise de la productivité, la réforme de l'État, la restructuration des services de santé et surtout l'« accès universel à l'information ». Il disait à l'époque que la NII allait changer pour toujours la façon dont les gens vivent, travaillent et communiquent les uns avec les autres. Un an après, la NII deviendra la Global Information Infrastructure (GII).

A la lecture de différents documents officiels, il apparaît, que la société de l'information représente la principale évolution de notre époque[11], qu'elle

---

[10] Jean-Marie Bouissou et al, « Regards prospectifs sur le Japon », Futuribles, n° 216, janvier 1997, p.48.

[11] Alain Minc et Simon Nora, L'informatisation de la société, Seuil, Paris, 1978.

offre d'énormes possibilités pour la société et que le marché est son principal rempart. Elle dynamisera l'économie[12], créera des emplois, renforcera la cohésion sociale. La société de l'information a donc un impact positif sur le développement économique et social de l'humanité. Mais la vision qui se dégage ici reste empreinte d'un libéralisme économique considéré comme la seule voie possible pour une société de l'information et de la communication. Dans cette optique, les entreprises privées et le marché constituent donc les marques qui, aussi bien en Amérique qu'en Europe, guideront la construction de la « nouvelle société ». La société de l'information aura donc, dès le départ, une portée politique. Ainsi, les différents programmes de déploiement d'infrastructures Internet sont à inscrire dans les intentions hégémoniques des leaders politiques mondiaux. Sous prétexte de coopération technique, il s'agira souvent, d'asseoir leur pouvoir. Pour les États-Unis, par exemple, l'objectif central d'une politique étrangère doit être de gagner la bataille de l'information qui ouvre non seulement des perspectives économiques et culturelles mais aussi militaires et politiques. Il n'est donc pas exagéré de comprendre l'initiative Leland[13] de l'USAID (United States Agency for International Development), comme l'expression des ambitions politiques du Vice-président américain Al Gore. Annie Chéneau-Loquay[14] intéressée par la façon de présenter le besoin de l'Internet pour la coopération au développement explique que celle-ci s'inscrit dans les schémas des théories classiques de développement qui définissent les besoins des sociétés à développer en fonction du retard à rattraper en référence aux sociétés développées. Les enjeux fondamentaux d'une telle vision sont économiques et politiques et basés sur le substrat culturel d'une hégémonie occidentale.

LA SOCIÉTÉ DE L'INFORMATION DANS LES SCIENCES SOCIALES

Dans le domaine de la recherche et de la science, l'idée de société de l'information a déjà fait l'objet de débats et de controverses aux alentours de

---

[12] Jacques Delors, Croissance compétitivité et emploi : les défis et les pistes pour entrer dans le 21e siècle : livre blanc, OPOCE, Luxembourg, 1993.

[13] Programme de coopération technique dans le domaine de l'Internet bénéficiant d'une enveloppe de plus de 15 millions de dollars.

[14] Annie Chéneau-Loquay, « TIC et développement africain informel. Adéquation de la démarche de l'ONU ? », in Michel Mathien (dir), La « société de l'information». Entre mythes et réalités, op.cit., 2005, pp.231-258.

1970[15]. Qualifiée de post-industrielle, la société de l'information a été au centre des préoccupations d'auteurs comme Alain Touraine[16] (1969), Zbigniew Brzesinski[17] (1971), Daniel Bell[18] (1973), Yoneji Masuda[19] (1980)…

Ces auteurs insistent, en effet, sur le fait que le changement social n'est pas uniquement le fait d'activités de communication et rappellent la complexité des faits sociaux. En effet, face à la réalité sociale, l'individu ne cesse d'intervenir, de ruser, de s'accommoder, de transformer le réel, de changer les lois, d'inventer des règles, bref, de s'arranger avec la vie[20]. Mais le rapport établi entre la société et l'information, suscite une interrogation : l'information est-elle la matière première de la société de l'information ou en est-elle le résultat ? [21]

QUELLE DÉFINITION POUR LA SOCIÉTÉ DE L'INFORMATION ?

La définition de la société de l'information reste donc une préoccupation aussi bien des organisations internationales que de chercheurs indépendants. Parmi les définitions qui nous semblent à la fois les plus explicites et /ou sujettes à débat figurent celles de Nick Moore, de Sven Ove Hansson et de la Commission nationale française pour l'Unesco.

Tentant de définir la société de l'information, Nick Moore, directeur du Policy Studies Institute de Londres, explique que la société de l'information possède trois caractéristiques principales. Elle est utilisée comme une ressource économique, nous y observons une plus grande utilisation de l'information par le public, nous y assistons à un développement sans précédent de l'économie de l'information[22]. La société qui nous est présentée ici est non seulement bâtie sur l'information, mais aussi la produit.

---

[15] Bernard Miège, « La société de l'information : toujours aussi inconcevable ? », Revue européenne des sciences sociales, tome XL, n° 123, Gallimard, Paris, 2002, pp.41-54.

[16] Alain Touraine, La société post-industrielle, Denoël, Paris, 1969.

[17] Zbigniew Brzesinski, La révolution technétronique, Calmann-Lévy, Paris, 1971.

[18] Daniel Bell, Vers la société post-industrielle, Laffont, Paris, 1976, (version anglaise publiée en 1973).

[19] Yoneji Masuda, The information Society as post-industrial Society, Institute for the Information Society, Tokyo, 1980.

[20] Michel de Certeau, L'invention du quotidien, Union générale des éditeurs, Paris, 1980.

[21] Yves Jeanneret, Y a-t-il (vraiment) des technologies de l'information ?, Septentrion, Lille, 2000.

[22] Nick Moore, « La société de l'information », Rapport mondial sur l'information, Unesco, Paris, 1999, pp.289-302.

En effet, « le terme société X est susceptible de nombreuses interprétations : il peut dénoter une société où :

- X est plus courant ou plus général que dans nos sociétés antérieures ;
- X retient davantage l'attention que dans les sociétés antérieures ;
- X joue un plus grand rôle dans les rapports de force sociaux que dans les sociétés antérieures »[23].

Toutefois, si cette définition a le mérite d'exister, elle n'explique en rien ce qu'est la société de l'information puisque, même dans les communautés dites primitives, l'information associée à la communication joue une fonction sociale. En plus, comme l'explique l'auteur lui-même, selon la définition retenue, la réponse peut être affirmative ou négative. Or, l'essence d'une définition, c'est d'éviter le flou et de donner une vision plus précise de ce qu'elle décrit. Face à l'imprécision du terme, Bernard Miège[24] préconise l'utilisation de l'expression ordre informationnel car, explique-t-il, elle met l'accent sur les changements relatifs à l'information. La deuxième proposition que fait l'auteur et qui permet de faire ressortir l'internationalisation de l'information, est celle de informationnalisation, voire info-communicationnalisation.

Si nous nous référons au Glossaire critique sur la société de l'information[25], l'expression société de l'information désignerait tout à la fois des innovations techniques, des contenus, des pratiques et des programmes d'action publique et privée. Apparaît donc ici, le fait qu'il ne s'agit pas en soi d'une définition, mais d'une approche de la société de l'information par l'espace qu'elle est censée recouvrir.

Une société en réseau

A travers le temps, le mot réseau a été utilisé en référence au filet (rete en latin), au corps humain puis à la technique[26]. La notion de réseau s'étend

---

[23] Sven Ove Hansson, « les incertitudes de la société du savoir », Revue internationale des sciences sociales, n° 171, Unesco 2002, p.46.

[24] Bernard Miège, « La contribution des industries de la culture, de l'information et de la communication à l'informationnalisation et à la globalisation », Questions de communication n° 3, 2003, pp.222-229.

[25] Commission nationale française pour l'Unesco, La société de l'information : glossaire critique, La Documentation française, Paris, 2004, p.9.

[26] La technique étant un ensemble de procédés méthodologiques fondés sur des connaissances scientifiques et employés pour produire une œuvre ou obtenir un résultat déterminé.

donc à tous les objets faits d'un entrelacement de fils : le tissu, le filet du pêcheur, la feuille, l'arbre…

Avec la figure de l'arbre, apparaît la dimension cachée du réseau, dans la mesure où au-delà de l'observable, nous imaginons l'existence à la fois de plusieurs couches invisibles mais aussi, la circulation des fluides, des échanges entre l'arbre et son environnement. La référence au corps s'inscrit dans cette dynamique d'échanges. En effet, le réseau-peau, comme l'explique Pierre Musso, est un « lieu d'échange entre les flux intérieurs au corps comme le sang et les flux extérieurs »[27]. C'est d'ailleurs à cet échange que s'attachent les économistes pour lesquels les réseaux sont avant tout des objets, dont le rôle est de mettre en relation fournisseurs et consommateurs de biens et services[28].

En référence à la technique, les ingénieurs considèrent le réseau comme un ensemble d'équipements complémentaires, interconnectés, coopérant entre eux et qui servent à acheminer un flux d'informations. Ainsi, la topologie (logique et physique) constitue le centre d'intérêt des ingénieurs, notamment des télécommunications. Ils distinguent le réseau en fonction de ces paramètres et lui assignent un nom différent selon sa structure (étoile, bus, anneau...), son étendu LAN (local area network), MAN (metropolitan area network), WAN (wide area network)…

Manuel Castells[29] explique qu'un réseau n'est qu'un ensemble de nœuds connectés entre eux. Il peut avoir une hiérarchie, mais il n'a pas de centre. Appliquée à la société de l'information, cette définition suscite quelques réactions, eu égard à la position centrale que semblent occuper les États-Unis. Ils continuent à superviser le cœur du réseau, dans la mesure où ils hébergent et administrent le gros des serveurs racines nécessaires à son fonctionnement. Ils en contrôlent la gouvernance à travers l'ICANN (Internet Corporation for Assigned Names and Numbers)...Toutefois, dans cette logique organisationnelle, la distinction essentielle n'est pas la stabilité mais, l'inclusion ou l'exclusion. La réalité de la société en réseau est donc bien traduite. Même si la dimension mise en avant est davantage physique, il s'agit là d'une question majeure de la société de l'information. Elle est exprimée dans les débats internationaux à travers la problématique de la réduction de la fracture numérique (traduction française de l'expression anglaise digital divide) ou de l'accessibilité pour tous.

---

[27] Pierre Musso, Critique des réseaux, PUF, Paris, 2003, p.116.

[28] Nicolas Curien, Économie des réseaux, La Découverte, Paris, 2005.

[29] Manuel Castells, La galaxie Internet, Fayard, Paris, 2001.

La société de l'information est, suivant la logique de Wiener, basée sur l'extraordinaire capacité des machines par rapport à la mémoire humaine. Il s'agit donc d'une société en réseau, expression d'ailleurs reprise par la Conférence de Tokyo. Elle conçoit la société de l'information comme

> *« une société dans laquelle les réseaux d'information et de communication très développés, l'accès équitable et généralisé à l'information, l'existence d'un contenu adapté et facilement accessible et l'efficacité de la communication peuvent aider les êtres humains à réaliser leur potentiel, promouvoir un développement socioéconomique durable, améliorer la qualité de la vie, lutter contre la pauvreté et la faim et faciliter la prise de décision collective ».*[30]

Mais en se focalisant sur la structure, c'est-à-dire le réseau, la société de l'information se trouve déconnectée du contexte social, économique, politique dans lequel elle s'inscrit. Les TIC sont le plus souvent réduites à des technologies de transmission d'information, comme si les réseaux n'entraînaient pas de changements sur le plan social, notamment sur la mise en relation. L'accent mis sur le réseau, c'est-à-dire la structure, relègue au second plan, la question de l'intervention humaine. Ceci a pour conséquence, la réduction de la capacité de compréhension entre les peuples, les cultures, au volume et au rythme d'échanges sur les réseaux. Or, ce qui est en jeu, ce n'est pas la capacité d'accéder à une information le plus rapidement possible, c'est la capacité à la comprendre et à l'utiliser dans son environnement immédiat.

Une société à dimension humaine

La définition la plus adaptée, même si elle n'est aucunement parfaite, est celle qui considère la société de l'information comme » une société dans laquelle l'information est utilisée intensivement en tant qu'aspect de la vie économique, sociale, culturelle et politique »[31]. Bien que s'appuyant sur un critère difficilement mesurable, à savoir l'intensité de l'information, son intérêt est de mettre l'accent sur l'objectif et l'usage de l'information. En effet, si nous voulons parler de société de l'information et non de société de technologies, il nous paraît plus logique de mettre l'accent sur l'information, ce qui nous permet de souligner la relation avec l'être humain. Ce rapport

[30] Conférence régionale de préparation du SMSI pour l'Asie Pacifique, Tokyo, 13-15 janvier 2003.

[31] Moore Nick, op.cit., p.292.

apparaît d'ailleurs dans la déclaration du SMSI selon laquelle la société de l'information devrait être une société à

> « *dimension humaine, inclusive et privilégiant le développement, une société de l'information, dans laquelle chacun ait la possibilité de créer, d'obtenir, d'utiliser et de partager l'information et le savoir et dans laquelle les individus, les communautés et les peuples puissent ainsi mettre en œuvre toutes leurs potentialités en favorisant leur développement durable et en améliorant leur qualité de vie, conformément aux buts et aux principes de la Charte des Nations unies ainsi qu'en respectant pleinement et en mettant en œuvre, la Déclaration universelle des droits de l'Homme* ».[32]

Cette vision semble tout à fait complète dans la mesure où elle fait apparaître le rapport avec le développement, le partage de l'information, mais aussi et surtout avec le savoir. L'évocation de la Déclaration des droits de l'Homme ne fait que renforcer cette focalisation de la société de l'information sur son principal bénéficiaire. Le SMSI associe les nouvelles technologies à nombre de préoccupations humaines. A savoir : la lutte contre la pauvreté, l'exclusion, la liberté d'expression, la diversité culturelle et donc le développement. Notons toutefois que nous ne sommes pas ici dans le registre de la définition, mais plutôt dans celui de la description et du vœu pieux. En effet, cette déclaration fait apparaître l'espoir d'un avenir nouveau, le besoin d'efficacité déjà exprimé par Simon Nora et Alain Minc[33].

Les différentes tentatives de définitions de la société de l'information s'appesantissent sur le concept d'information sans s'interroger sur le sens du mot société. Si nous considérons que la société est l'ensemble des individus vivant dans le cadre d'un pays ou plus largement d'une civilisation donnée, l'usage du concept de « société de l'information » sous-entend une union des hommes grâce aux TIC, entretenant ainsi l'illusion d'un « village planétaire ». Autant rappeler que la mythologie grecque faisait déjà état de Hestia, épouse d'Hermès, qui relia le cosmos et son foyer par des fils. Grâce à ces fils, la déesse grecque pouvait ainsi vaincre la mobilité et circuler à tous les niveaux (l'espace domestique, l'agora et le cosmos). Ceci nous rappelle donc notre attachement envers le réseau ainsi que les espoirs nourris envers lui.

---

[32] SMSI, Construire la société de l'information : un défi mondial pour le nouveau millénaire, Déclaration de principes, SMSI, Genève, 2003, p.1.

[33] Minc Alain, Nora Simon, L'informatisation de la société, Seuil, Paris, 1978.

Les frontières de la société de l'information

Autant il est difficile de s'accorder sur la définition de la société de l'information, de même sa délimitation semble problématique. En effet, où commence-t-elle et où s'arrête-t-elle ? Cette question révèle indiscutablement la difficulté de la mesure de la société de l'information, qui apparaît également sous l'expression fracture numérique[34], perçue davantage comme la conséquence du développement des infrastructures de télécommunication. Afin de contourner cette difficulté, l'Union européenne, dans le cadre de l'Initiative e-Europe[35], utilise un indicateur qui prend en compte les infrastructures, les capacités d'utilisation, l'environnement économique, légal et politique...

Sans revenir sur l'ensemble des conditions nécessaires à la construction d'une définition[36], nous savons que, pour être opératoire, elle doit d'abord éliminer les prénotions, les fausses évidences qui dominent l'esprit du vulgaire pour se fonder sur les caractères extérieurs communs à l'ensemble des phénomènes qui répondent à la définition. La base de toute méthode scientifique est l'application du doute méthodique de Descartes. Ce n'est pourtant pas le cas de la plupart des définitions dont nous avons eu connaissance. En tout cas, aucune ne nous permet d'avoir une idée précise du sens et de la signification de la société de l'information.

Au-delà du fait que les définitions ne sont pas suffisamment précises, la délimitation de la « société de l'information » pose problème parce que l'expression est elle-même floue[37]. En effet, la tentation est grande de mettre en avant la variable « infrastructure ». Suivant cette logique, nous pouvons considérer que les pays nantis font partie de la société de l'information et ceux qui ne le sont pas en sont écartés. Le niveau infrastructurel des pays permet donc d'effacer les frontières et de les insérer dans le village global. Il s'agit là, à n'en point douter, d'une vision « matérialiste » qui trouve son fondement dans l'acceptation d'un sens technique de l'information, très cher à Marshall McLuhan, lorsqu'il affirmait que l'interactivité des communications électroniques (ordinateurs et télévisions du futur) permettrait la naissance d'un village global, où chacun pourrait communiquer à tous et tous à chacun. Les frontières de la société de

---

[34] Nous développerons la question de la fracture numérique dans la troisième partie.

[35] Lancée lors du Sommet de Lisbonne en mars 2001, l'Initiative e-Europe vise à mobiliser l'ensemble du territoire européen aux enjeux de l'Internet.

[36] Émile Durkheim, De la division du travail social, PUF, Paris, 12ème édition 1960.

[37] Cf. Commission nationale française pour l'Unesco, La société de l'information : glossaire critique, La documentation française, Paris, 2004.

l'information semblent épouser bizarrement la division Nord/Sud. Bien que celle-ci n'a pas de sens, la séparation semble faite entre pays modernisés et les autres, proche de la barbarie. On appelle les uns les infopauvres et les autres les inforiches sans réellement s'interroger sur ces nouveaux termes. Pourtant, même si dans son acception générale la dimension technologique est importante, la société de l'information est loin d'être uniquement matérielle. Elle ne saurait non plus être réduite au développement des infrastructures. De même, l'appartenance d'un individu à la société de l'information ne peut s'expliquer par la seule capacité technologique et infrastructurelle du pays dans lequel il vit.

Sur le plan idéologique, la coupure société de l'information/reste du monde met en lumière une hiérarchisation basée sur la croyance en la supériorité des moyens de communication technologiques et donc des civilisations qui les utilisent. Il s'agit à n'en point douter d'une vision ethnocentrique de la société. Nous pouvons d'ailleurs y déceler une influence des théories de l'évolution sociale. En effet, celles-ci considèrent que, si tous les peuples parcourent le même chemin, ils n'avancent pas au même rythme et que la société occidentale détient par rapport aux autres, une indiscutable avance. Cette logique pourrait tout naturellement faire penser que l'humanité suit une évolution en trois temps. La première période est celle des moyens de communication pré-technologiques (parole, tam-tam, fumée...), qui ne seraient capables de délivrer que des messages simples. La deuxième est celle des technologies plus élaborées comme la presse, la téléphonie et la radio. La troisième est la société de l'information qui serait une sorte d'aboutissement c'est-à-dire, une étape supérieure dans l'évolution du processus de communication. Les sociétés qui n'ont pas encore intégré les TIC seraient, tout comme la primitivité, considérées comme inachevées, ou en voie d'achèvement. La société de l'information s'impose donc ici comme le stade ultime de l'achèvement et les TIC, la clé d'entrée dans la société des savoirs. Elle nie les fonctions classiques de communication dont le mépris n'a d'égal que la fascination vouée aux nouveaux outils. Mais peut-on raisonnablement affirmer que les systèmes sociaux traditionnels ne sont pas des sociétés de l'information ?

D'évidence, les systèmes de communication socialisés ont toujours été au service du changement social et donc, du développement. Ils ont utilisé des moyens très simples, mais tout aussi efficaces, pour enseigner la connaissance de l'homme, de sa vie et de la nature qui l'entoure. Le conte, un des moyens de l'information socialisée, est, à la fois, connaissance du monde et leçon de vie sociale. Il a pour rôle de cimenter la communauté.

Miroir de la société, il souligne les mentalités, révèle les croyances et valorise certaines conduites. Issu de la tradition populaire il puise dans la vie sociale pour ressortir des éléments de connaissance, des informations qui permettent à l'individu de s'orienter et de faire face aux problèmes qui se posent à lui. Il a d'ailleurs été fait état du rôle thérapeutique du conte merveilleux. Il rassure les enfants en leur montrant que leurs fantasmes ne sont ni uniques, ni monstrueux. La danse, autre forme de communication, joue un rôle essentiel dans la structuration des communautés, dans l'affirmation de la dignité des populations et dans le dépassement des cloisonnements sociaux. Au même titre que la parole ou l'écriture, elle constitue un mode de communication dont la signification profonde n'est accessible qu'aux seuls participants et initiés. En effet, les gestes et les attitudes des danseurs obéissent à une symbolique complexe, véritable langage du corps où la position des mains et celle des bras, mais aussi l'expression du visage et l'attitude du corps tout entier jouent un rôle important. Chaque danse raconte une histoire qui puise son origine dans les actes et les sentiments de la vie quotidienne, du couple, dans les évènements historiques, mais aussi dans la mythologie et dans les épisodes de bravoure fameux des dieux. Certaines racontent le souvenir de l'esclavage, de la guerre, de la mort, d'autres célèbrent l'amour, la naissance, la vie, les dieux. Elles peuvent être langoureuses, acerbes, critiques, prescriptives.

Le proverbe est une entrée dans l'intelligence des sociétés à tradition orale. En effet, pour les Africains qui savent parler, dire les choses de façon explicite est une manière pauvre, de parler propre aux enfants. Chacun doit se perfectionner tout au long de la vie. Bien parler, c'est aussi bien vivre et bien-être dans la société. L'homme accompli s'exprime par image, symbole, références. C'est la richesse des éléments auquel elle renvoie qui fait la richesse et la force de la parole. Lacan explique d'ailleurs à ce sujet que

> « *Toute parole a toujours un au-delà, soutient plusieurs fonctions, enveloppe plusieurs sens...derrière ce que dit un discours, il y a ce qu'il veut dire et derrière ce qu'il veut dire, il y a encore un autre vouloir dire et rien n'en sera jamais épuisé, si ce n'est qu'on arrive à ceci que la parole a une fonction créatrice.* »[38]

Le proverbe exprime et transmet les connaissances des ancêtres, transporte des pans entiers de ce qui fait la culture, l'histoire et l'identité particulière des peuples. Il explique les phénomènes et les événements de la vie, il dicte la ligne de conduite. Ainsi, un proverbe peut être adressé à

[38] Jean Lacan, Fonction et champ de la parole et du langage en Psychanalyse, Seuil, Paris, 1953.

quelqu'un ou à un groupe en particulier. Sa formulation archaïsante lui confère une sorte d'autorité qui relève de la sagesse des anciens. En effet, le caractère archaïque des proverbes constitue une mise hors du temps des significations véhiculées. Le proverbe peut s'avérer aussi être une critique. Il est alors souvent fait usage du présent, temps anhistorique qui aide à énoncer, sous forme de simples constatations, des vérités éternelles.

Le théâtre pour le développement propose une méthode ayant pour but d'aider le public, par une prise de conscience de son rôle, à déterminer son imaginaire social. L'art ici mime et reproduit le réel. L'exemple le plus parlant est sans doute celui du Mali, où le koteba, forme de théâtre populaire, propose, de village en village, une sorte d'audit sur la situation de la communauté où se déroule le spectacle. La vie de la scène se pose en miroir de la scène de la vie, non pour la refléter mais surtout pour en rehausser les incohérences et les contradictions.

Au Zimbabwe, le théâtre pour l'action communautaire appui et facilite la participation des membres des communautés dans le Matabeleland dans la lutte contre le VIH Sida. L'art comique sert de ce point de vue à dédramatiser les situations en développant le sens de l'humour. Quant à la palabre, elle permet d'atteindre l'harmonie de l'être, d'améliorer le vivre ensemble. En effet, la palabre africaine est productrice de consensus et vise à établir l'unité, à renforcer une identité réconciliatrice. Une palabre qui n'aboutit pas à un accord est ainsi considérée comme ratée ou non achevée. Au Nigéria, la musique traditionnelle est utilisée dans l'information agricole destinée aux fermiers des communautés rurales. La musique aide également à aborder la question des inégalités entre les sexes au Malawi, au Kenya, au Ghana...

Tout en reconnaissant les limites de l'expression « société de l'information », nous ne saurions affirmer qu'il y a des sociétés sans information. De ce fait, toute société serait société de l'information. La technologie, considérée à tort comme caractéristique principale, n'est pas l'élément fondamental de la société de l'information.

La société de l'information globale est celle qui saura donner la place qui convient aux « systèmes socialisés »[39] de l'information, c'est-à-dire, ces pratiques culturelles qui permettent une réflexion en profondeur sur les problèmes actuels, questionnent la société et portent en elles, une autre vision de la réalité, une autre version de la mémoire et de l'Histoire. La conférence régionale préparatoire au SMSI (Bamako 2002) affirme, de façon

[39] Nous entendons par systèmes socialisés, ceux qui reflètent les valeurs et normes du groupe.

très nette, que si les nouvelles technologies ont un rôle important à jouer dans le développement, la société de l'information ne doit pas faire oublier l'importance des systèmes non technologiques de communication qui, bien entendu, s'inscrivent dans la perspective de satisfaction des besoins humains et donc de développement individuel et/ou communautaire. La société technologique, appelée société de l'information, n'est aucunement universelle, puisqu'elle balaye les cultures minoritaires en imposant ses valeurs et ses usages des TIC.

Le sous-développement communicationnel se manifeste par l'exclusion progressive de l'homme au profit des instruments technologiques qui ne sont pas dépourvus de faiblesse. Le développement de la technique a souvent conduit à des abus. C'est au nom de la science et de la technique que se développe le nucléaire, prolifération qui se fait d'ailleurs dans un contexte de sous-développement moral, spirituel et éthique. Les moyens techniques améliorent les moyens de contrôle et en accélèrent le processus[40]. Un lien est d'ailleurs à établir entre la société de surveillance généralisée et le panoptique, ce type d'architecture carcérale imaginée par le philosophe Jeremy Bentham en 1791. Il s'agissait alors de permettre à un gardien d'observer tous les prisonniers sans que ceux-ci ne puissent savoir s'ils sont observés, créant ainsi un « sentiment d'omniscience invisible » chez les détenus. Les technologies de l'information susciteraient-elles plus de problèmes qu'elles n'en résoudraient ?

Quand la technologie devient dangereuse, peut-elle encore être considérée comme signe d'épanouissement ?

S'il est difficile de répondre à cette question, nous pouvons, tout au moins, constater qu'à cause de l'euphorie contemporaine, les coûts des nouvelles technologies limitent les investissements dans d'autres secteurs, ce qui est loin d'encourager la dynamique du développement qu'elles sont censées accélérer. En outre, l'importance des échanges et l'inégalité des moyens de production, entre les pays, crée des situations de dépendance, que d'aucuns qualifieraient d'aliénation culturelle. La subordination est également technologique et par conséquent économique vis-à-vis du Nord dit développé, mais aussi, vis-à-vis des personnes maîtrisant, plus que les autres, l'utilisation de ces nouveaux outils. Loin d'aplanir les différences, la société de l'information en provoque d'autres. Ainsi parle-t-on de fragmentation, de spectre ou d'arc-en-ciel numérique.

---

[40] Jacques Ellul, Le bluff technologique, Hachette, Paris, 1988.

Ce que nous considérons comme évolution en matière de communication peut être synonyme de régression, surtout si nous délaissons les autres moyens de communication. Notre perception est biaisée par l'illusion d'une technologie salvatrice, dans la mesure où elle est à nos yeux la science et le progrès faits chaire. Malheureusement notre « fanatisme » nous empêche de nous interroger sur les conditions de son efficience, sur ses limites, ses absurdités, les préjugés qu'elle colporte. Le désir d'utiliser les nouvelles technologies se manifeste dans l'enfant qui est en chacun de nous et, souvent, celui-ci est plus marqué que notre moi adulte. Ne sommes-nous pas dans une « société malade de ses communications » ?[41] Au-delà de la communication, c'est de notre mode de vie qu'il s'agit, de l'isolement dans lequel nous nous enfermons, de la peur que nous avons de l'autre. De la foi inébranlable que nous avons en notre supériorité, en tant que héritiers des Lumières que nous essayons de projeter dans le monde. C'est, pour nous, plus qu'une mission, c'est un devoir citoyen que d'éclairer le monde supposé obscur. Mais nous nous trompons sur toute la longueur. Nous ne voyons le monde qu'à travers un tout petit prisme et nous croyons en avoir saisi les fondements. Nos défaillances, nous les couvrons par la technique qui, paraît-il, « voit », « sent », « écoute », « comprend », « analyse », « calcule » et « prévoit » mieux que tout être humain. C'est d'ailleurs sur cette technique que nous comptons pour rétablir la cohésion sociale, veiller sur les malades, les vieillards, les nourrissons, les handicapés, toutes ces personnes qui ont besoin de notre assistance mais que nous ne pouvons apporter faute de temps. Les hommes politiques, les premiers, y croient dur comme fer et se lancent à tout va dans des programmes de réunification sociale, de développement, de rétablissement des équilibres à travers les nouvelles technologies. Ce sont donc tout autant les espoirs que nous y mettons et la complexité des technologies en œuvre qui rendent difficile la définition de la société de l'information. A ce terme, Manuel Castells préfère d'ailleurs celui de société informationnelle, expliquant son choix en se référant à la différence entre industrie et industriel. Victor Scardigli considère que « nous ne sommes pas encore dans la société de l'information »[42]. L'expression est, en soi, une commodité de langage, qui permet d'insister sur l'importance des nouvelles technologies. L'auteur envisage donc cette société dans un futur, un monde complexe différent de l'actuel. Il dénonce, de ce fait, une imposture, un positionnement qui se

---

[41] Cf. Gérard Metayer, La société malade de ses communications, Dunod, Paris, 1980.

[42] Victor Scardigli, « La société de l'information », in Anne-Marie Laulan (dir), L'espace social de la communication, Retz, Paris, 1986, pp.33-61.

situerait dans la logique du « mieux vendre la société de l'information », autrement dit la technologie qui en est le cœur même. Cette hypothèse n'est nullement à exclure dans la mesure où la dynamique de cette société renforce de plus belle la position des institutions comme l'UIT[43] (Union Internationale des Télécommunications) tout en garantissant des profits substantiels aux maîtres du réseau. S'appuyant sur l'idée de partage, Yves Jeanneret ajoute qu'

> *« il ne saurait y avoir de société de l'information et celle-ci ne saurait assurer un partage général des savoirs, parce que, tout simplement, l'information ne se transporte pas, ne se conserve pas, ne se transmet pas en tant que telle »*[44].

Notre position est radicalement différente. La société de l'information existe, elle est partout où les hommes vivent en société. Elle n'est pas unique puisque toute société est une société de l'information. La question centrale est avant tout celle du concept d'information, sans lequel, bien entendu, nous ne saurions comprendre ce que revêt l'expression « société de l'information ».

- En effet, de quelle information s'agit-il quand nous l'utilisons ?
- Qui la crée et la diffuse ?
- A qui profite-t-elle ?
- Qu'est-ce qui facilite ou limite sa diffusion ?
- Pouvons-nous substituer au terme d'» information » ceux de « communication », « connaissance » ou de « savoir » ?

SOCIÉTÉ DE L'INFORMATION OU SOCIÉTÉ DE LA COMMUNICATION ?

Le concept de société de l'information a été précédé par celui de société de la communication. Il recouvre une multitude de sens[45]. La prolifération

---

[43] C'est le 1er janvier 1934 que prit naissance l'Union internationale des télécommunications dont le siège est à Genève (Suisse). Organisation internationale du système des Nations unies au sein de laquelle les États et le secteur privé coordonnent les réseaux et services mondiaux de télécommunication. Bâtie sur le modèle de l'Union postale universelle, l'UIT a organisé plusieurs conférences mondiales dont celle du Caire en 1938, Atlantic-City en 1947, Paris en 1949, Buenos-Aires en 1952.

[44] Yves Jeanneret, Y a-t-il (vraiment) des technologies de l'information ?, Septentrion, Lille, 2000, p.79.

[45] Armand et Michèle Mattelart, Histoire des théories de la communication, La Découverte, Paris, 1995.

des technologies et la professionnalisation des pratiques n'ont fait qu'ajouter de nouvelles voix à cette polyphonie. Du point de vue étymologique, communiquer c'est rendre commun. En effet, le premier sens du mot communication (XIVe siècle) est « communier » c'est-à-dire « partager », « échanger ». Le deuxième sens (XVIe siècle) est « transmettre », « diffuser » voire « transporter ». Il est lié au développement des techniques, à commencer par la première d'entre elles, l'imprimerie. Communiquer devient donc diffuser par l'écrit, le livre et le journal, puis par le téléphone, la radio et le cinéma, enfin par la télévision et l'informatique. Le terme « communication » s'est par la suite étendu à tout ce qui met en relation englobant ainsi les routes, le chemin de fer et autre moyens de transport. Mais actuellement, il ne signifie plus transporter (de la matière inerte et vivante), « elle évoque toutes les activités qui permettent aux êtres d'échanger de l'information »[46]. Elle est « l'action d'établir une relation avec quelqu'un ou de mettre quelque chose en commun avec une autre personne ou un autre groupe de personnes »[47].

Appliquée au développement, la communication devient un processus par lequel une idée est transférée d'une source à un récepteur avec l'intention de changer son comportement[48]. Cette définition de la communication correspond à une vision du développement et de l'histoire du monde compris comme un processus unilinéaire et irréversible. Au-delà de la simple diffusion, il convient, notamment dans le cadre de la société de la communication, de se rappeler que communiquer n'est pas uniquement produire de l'information et la distribuer, c'est aussi être attentif aux conditions dans lesquelles le récepteur la reçoit, l'accepte, la refuse, la remodèle en fonction de son horizon culturel, politique, philosophique et y répond à son tour. La question de la participation revêt tout son sens ici puisque la communication est aussi « l'action de faire participer un organisme ou un système situé en un point donné R aux stimuli et aux expériences de l'environnement d'un autre…»[49]. L'expansion des TIC nous donne en effet une panoplie d'instruments qui permettent de relever ou mesurer les réactions diverses et plurielles de nos interlocuteurs.

Dans ce contexte, nous proposons une autre définition de la communication. Elle est, avant tout, rapport, c'est-à-dire, une relation

---

[46] Alain Cotta, « Aspect économiques de la communication », Lucien Sfez (dir.), Dictionnaire critique de la communication, PUF, Paris, 1993, p.5.

[47] Bernard Lamizet, Ahmed Silem, Dictionnaire encyclopédique des sciences de l'information et de la communication, Ellipses, Paris, 1997, p.120.

[48] Everett Rogers, Diffusion of innovation, Free Press, New York, 1962.

[49] Abraham Moles, Théorie structurale de la communication et société, Masson, Paris, 1986, p.25.

reflétant les postures et rythmes culturels, économiques, politiques, ainsi que les verbes, écrits, sons et images connues et reconnues par les acteurs.

L'importance accordée ici aux facteurs culturels, économique, politique nous interroge, toutefois, sur la capacité des TIC à faire participer des populations en proie à la fracture numérique.

Communication comme expérience anthropologique

Cette vision de la communication est nécessaire pour la compréhension de la société de la communication, voire sa délimitation. Elle nous permet aussi de mieux saisir les problèmes communicationnels de la société de l'information. Elle est une expérience anthropologique fondamentale dans la mesure où il n'y a tout simplement pas de vie individuelle ou collective sans communication[50]. De même qu'il n'y a pas d'Hommes sans société, il n'y a pas de société sans communication. La communication renvoie donc au fondement de toute l'expérience humaine. S'exprimer, parler à autrui et partager avec lui, c'est ce qui définit l'être humain. Elle est le moyen d'entrer en contact avec l'autre. En effet, avec la communication, le plus compliqué reste l'autre. Plus il est facile d'entrer en contact avec lui, d'un bout du monde à l'autre, à tout moment, plus nous nous apercevons rapidement des limites de la compréhension[51].

La question du sens, qui apparaît à peine en filigrane, est l'un des plus grands problèmes communicationnels du développement dans le cadre de la société de l'information. C'est également le principal argument qui empêche de penser la société de l'information comme un processus général qui engloberait tous les peuples du monde. Ce rapprochement, évoqué dans la Déclaration de principes de Genève et dans l'Engagement de Tunis, ne saurait se réaliser sans la prise en compte des identités particulières.

Communiquer c'est aussi être, c'est-à-dire chercher son identité et son autonomie, faire, c'est-à-dire reconnaître l'importance de l'autre. Tenir compte du destinataire, c'est le reconnaître en tant qu'acteur à part entière. Cela suppose, avant tout, de prendre conscience de ses propres limites, en tant qu'émetteur, ou tout au moins son incapacité à imposer sa vision du monde. La communication pour le développement met donc en jeu la confrontation des idées, c'est-à-dire des références, des croyances, des modes de pensée. La référence à l'autre et à son univers est encore plus importante

[50] Dominique Wolton, Penser la communication, Flammarion, Paris, 1997.

[51] Dominique Wolton, Il faut sauver la communication, Flammarion, Paris, 2005.

dans la société de l'information puisque les univers qui séparent les différents protagonistes sont très grands. La communication n'est donc pas une sorte de substance que l'on pourrait doter d'attributs précis, mais plutôt un ensemble de pratiques sociales diversifiées, une constellation de processus sociaux. Si les outils y sont identiques, les modèles culturels et sociaux sont différents. La communication inclut la création de sens. Elle suppose l'appartenance au même univers socioculturel et le partage de mêmes valeurs, quand il ne s'agit pas de souvenirs, de références, d'expériences, de langues ou de stéréotypes.

Communiquer dans la société de l'information

Dans le cadre de la société de l'information, communiquer équivaut à s'opposer à l'idéal de transmission unidirectionnelle pour une meilleure prise en compte de la participation aux processus de communication. C'est rendre compte du véritable enjeu qui n'est pas l'information et sa transmission, mais les conditions de sa réception et de son utilisation. C'est réintroduire la culture, entendue à la fois comme patrimoine au sens large, mais aussi et peut-être surtout, comme l'ensemble des moyens qui, de la langue, à la mémoire, aux modes de vie, de consommation, aux valeurs... permettent aux êtres humains, de comprendre le monde dans lequel ils vivent et d'y agir. Nous sortons alors de la technique et de ses performances pour aborder la réalité et sa diversité. Dans cette optique,

« Internet présenté comme l'idéal d'une communication universelle est finalement le symbole d'une communication qui impose le maximum des contraintes : les nôtres. Internet est le contraire d'un modèle de communication universelle, c'est l'idéal de la modernité, aliénant ceux qui n'en font pas partie »[52].

Cette idée nous permet de mettre en évidence un des principaux problèmes communicationnels du développement, dans le cadre de la société de l'information, à savoir le caractère aliénant de la technologie qui en est le trait principal. La technologie, qui n'est pas neutre, est porteuse d'une vision « occidentalocentriste » du monde. Au-delà de l'imposition du modèle occidental, il est intéressant de voir comment la société de l'information s'emploie à exclure les sociétés qui ne s'inscrivent pas dans le cadre de la modernité. Il ne serait pas exagéré de parler de mépris. Mépris de l'irrationnel, des savoirs, croyances et modes de pensée, des codes

---

[52] Dominique Wolton, Penser la communication, Flammarion, Paris, 1997, p.58.

culturels et linguistiques des peuples marginalisés. Mais, communiquer ne serait-il pas aussi se mettre en relation avec le monde non visible, celui des « ancêtres » par exemple ?

Ne serait-ce pas manipuler les forces bénéfiques et maléfiques de la nature ?

Cette vision ne nous paraît pas crédible. Elle ne l'est pas parce que nous nous situons dans un cadre régi par la rationalité moderne, par le savoir scientifique. Parler de communication avec la nature, c'est supposer que celle-ci est animée de forces conscientes, ce qui relève de l'irrationnel que nous avons d'ailleurs tendance à associer à l'immaturité et à la primitivité. En ignorant qu'il y a une forme de rationalité dans toute forme de civilisation, nous étalons au grand jour notre incapacité à concevoir une vision différente. Nous dévoilons le fondement de notre supposée rationalité un amas de préjugés auxquels Montesquieu tenta de donner une caution pseudo-scientifique. La « lâcheté des peuples des climats chauds » qui les a rendu esclaves « le courage des peuples des climats froids » qui les a maintenus libres[53]. Quant à Lévy Brühl[54], il a échafaudé une théorie sur la distinction entre « l'homme occidental » doué de raison et les peuples et races non occidentaux enfermés dans le cycle de la répétition et du mythe. Pourtant, la raison n'est pas hellène (de nombreux philosophes égyptiens ayant été élèves d'Égyptiens et de Chaldéens). Il y a dans toute société à la fois une pensée rationnelle, technique et pratique. Mais le monde, à l'instar de l'homme qui n'utilise qu'une partie infime de son cerveau, n'utilise que « l'hémisphère occidental », laissant les autres zones dans l'hypertrophie la plus totale.

La communication, valeur de la culture occidentale ?

La communication, selon Dominique Wolton, est une des valeurs essentielles de la culture politique occidentale au même titre que les concepts de liberté, fraternité, égalité[55]. Elle est » d'abord l'idéal d'expression et d'échange qui est à l'origine de la culture occidentale »[56]. Pour qu'elle

---

[53] Montesquieu, Charles-Louis de Secondat, L'Esprit des lois, 3 ème partie, Livre XVIII, Gallimard, Paris, 1958.

[54] Levy Bruhl, La mentalité primitive, 1922, Presses universitaires de France, Paris.

[55] Dominique Wolton, Internet et après. Théorie critique des nouveaux médias, Flammarion, Paris, 2000.

[56] Dominique Wolton, « Communication », La société de l'information : glossaire critique, La documentation française, Paris, 2004, pp.46-47.

s'impose comme une valeur, il faut aussi une société dégagée de l'emprise de la nature et de la matière et où les rapports sociaux sont libres. Et il ajoute que la communication se développe avec la croissance urbaine, l'exode rural, l'éclatement des structures traditionnelles, l'affaiblissement des classes sociales et de la famille élargie. Cette approche, qui est, l'opposé même de celle que nous venons d'évoquer, repose sur quelques paradoxes. Il suffit de s'inspirer d'ailleurs de la pensée de l'auteur lui-même pour en fixer la teneur.

Le premier point qu'il convient de rappeler concerne la distinction à établir entre qualité et quantité de l'information. Ce sont uniquement la quantité de l'information et les techniques utilisées qui se développent avec la croissance urbaine et l'éclatement de la cellule familiale. Ces derniers n'ont rien à voir ni avec la qualité de l'information, ni avec le sens. Mais une confusion pourrait naître de l'influence de l'idéologie technique. Elle consiste à « croire que l'information crée la communication... que le haut débit, parce qu'il permet de transmettre plus d'informations, est un facteur de communication supplémentaire...On confond le progrès technique à une révolution de la communication »[57].

La communication est plus simple que cela. C'est un échange d'informations, quel que soit le vecteur utilisé et les acteurs en présence. C'est « ce qui permet d'établir des relations entre des personnes, entre des objets, ou entre des personnes et des objets »[58]. La communication est un élément essentiel de l'existence du groupe, c'est « l'énergie de la vie sociale »[59]. Elle est partout, mais l'expansion des TIC occulte le fait qu'elle est le propre de toutes les sociétés, de toutes les cultures, de tous les temps[60]. Le fait de tisser des relations n'est pas exclusif à certaines sociétés, la fraternité, l'égalité, la liberté non plus. Croire que les échanges y sont meilleurs est un a priori dénué de tout fondement scientifique. La société de la communication ne saurait être conditionnée par l'usage des outils techniques de communication. Il s'agit donc de sortir d'une vision quantitative, pour une approche plus qualitative de la société. Ceci renforce donc notre approche qui consiste à penser la société de la communication, ainsi que la société de l'information, autrement, c'est-à-dire en laissant la place à l'expression des cultures, valeurs et croyances.

---

[57] Dominique Wolton, Il faut sauver la communication, Flammarion, Paris, 2005, p.81.

[58] Sophie Griveaud et al, « Étude sémantique quantitative des termes information, communication », Schéma et schématisation, n° 19, 1983, p.28.

[59] Bernard Voyenne, L'information aujourd'hui, Armand Colin, Paris, 1979, p.9.

[60] Georges Balandier, « Détours en communication », Lucien Sfez (dir.), Dictionnaire critique de la communication, PUF, Paris, 1993, pp.1533-1538.

DE LA SOCIÉTÉ DE L'INFORMATION À LA SOCIÉTÉ DE LA CONNAISSANCE

Au fil des conférences internationales, les termes utilisés pour désigner la société de l'information ont évolué. Le terme de « société de la connaissance » est de plus en plus utilisé. Même si cette nuance concerne particulièrement les langues latines[61], se pose la question du lien entre information, connaissance et savoir. Si la juxtaposition de ces termes semble indiquer une succession sans heurt, au sens qu'on passerait d'une bonne information à la connaissance, puis au savoir, la réalité semble bien différente. Il y a plutôt, « coupure entre information et connaissance »[62], puisque contrairement à l'information, la connaissance est une mise en ordre. S'ils n'évoquent pas le terme de coupure, Paul David et Dominique Foray pensent néanmoins qu'il convient de distinguer la connaissance de l'information. Pour eux, « posséder une connaissance, c'est être capable d'actions intellectuelles et manuelles »[63]. La connaissance[64] apparaît comme une capacité cognitive, alors que l'information serait un ensemble de données inertes et inactives tant qu'elles ne sont pas utilisées par ceux qui ont la connaissance pour les interpréter et les manipuler[65]. La Banque mondiale établit le lien entre la connaissance et le développement en insistant sur le fait qu'être pauvre, ce n'est pas seulement avoir moins d'argent, c'est aussi avoir moins de connaissances[66]. Mais comment parler de société de la connaissance dès lors que nous nous accordons sur le fait que les connaissances ne sont pas l'invention d'individus isolés ?

Pour la sociologie de la connaissance, elles sont relatives, contextuelles, toujours dépendantes des cadres et conditions multiples de nature socioculturelle : souvenirs, oublis, peurs, joies, refoulements, interdits, idéaux, désirs, espoirs et aspirations diverses. En d'autres termes, la connaissance n'est pas l'acte d'un sujet autonome et souverain, vivant hors du temps et de l'espace. Tout sujet connaissant, avec les expériences qu'il

---

[61] En anglais, en revanche, le terme « knowledge Society » désigne à la fois la société de la connaissance et la société du savoir.

[62] Lucien Sfez, op.cit. p.13.

[63] Paul David et Dominique Foray, « une introduction à l'économie et à la société du savoir », Revue internationale des sciences sociales n° 171, Unesco, 2002, p.17.

[64] Les connaissances humaines se présentent sous différentes formes : elles peuvent être implicites ou explicites. Implicites, elles sont difficiles à formaliser et à communiquer, alors qu'explicites, elles se prêtent plus facilement à la transmission.

[65] Dominique Forray, L'économie de la connaissance, La Découverte, Paris, 2000.

[66] Banque mondiale, Le savoir au service du développement, rapport sur le développement dans le monde, Eska, Paris, 1998.

éprouve, est à approcher d'un point de vue sociologique et pas seulement psycho-cognitif. La connaissance étant un produit social[67], elle s'inscrit dans un réseau et faisceau de relations sociales. Mais si l'accent est mis ici sur la dimension sociale de la connaissance, de nombreux auteurs commencent aujourd'hui à mettre en doute ce fait.

Abbe Mowshowitz pose, par exemple, la question de savoir pourquoi la connaissance ne serait que le monopole de l'homme. Il articule son argumentation autour du fait qu'aujourd'hui, les ordinateurs offrent des possibilités entièrement nouvelles qu'il convient de prendre en compte. Non seulement ils peuvent servir de support, mais ils agissent également par eux-mêmes. Toutefois, s'il est important d'évoquer ce point de vue, il reste bien entendu discutable. Nous considérons que l'auteur confond vraisemblablement information et connaissance.

Dans le cadre du SMSI, l'évolution du terme original vers celui de « société de la connaissance » traduit le passage d'une vision mathématique de l'information basée sur les techniques de transmission à une approche plus sociale de la communication. Mais, mettre en équivalence « société de l'information » et « société de la connaissance » procède d'une simplification risquée. En effet, produire des informations et les transmettre ne signifie pas nécessairement produire un échange de connaissances. Cela nécessite des processus particuliers qui ne sont pas nécessairement technologiques. Il faut souligner que la connaissance possède quelque chose de plus que l'information :

> *« elle renvoie à la capacité que donne la connaissance à engendrer, extrapoler et inférer de nouvelles connaissances et informations »*[68].

Parler de la société de la connaissance, c'est donc faire appel à une création de sens. Pourtant, elle apparaît davantage comme une société uniforme. Nous savons, par exemple, que l'Internet favorise davantage la culture écrite que la culture orale. L'utilisation des TIC, qui sont au centre de la « nouvelle société », est basée sur une culture de l'abstraction qui procède des dispositifs technologiques de la numérisation et qui exclut ceux qui ne la possèdent pas.

Si nous ne pouvons apporter une réponse précise à cette question, nous tenons à signaler que nous n'envisageons aucunement l'existence d'un corpus de connaissances universelles et donc passe-partout dans la mesure

---

[67] Francis Farrugia (dir.), La connaissance sociologique, Contribution à la sociologie de la connaissance, L'Harmattan, Paris, 2002.

[68] Dominique Foray, L'économie de la connaissance, La Découverte, Paris, 2000, p.9.

où la connaissance est elle-même une construction interne. Pour Jürgen Habermas « chaque type de connaissance est commandé par un intérêt spécifique »[69].

Une des difficultés de la transmission ou du partage des connaissances est liée à sa nature. La connaissance n'est pas toujours un objet recherché comme nous avons tendance à le croire, elle est pouvoir, elle est parfois implicite ou fonctionnelle. En effet, si la connaissance est un objet recherché dans la culture occidentale, dans bien d'autres, vouloir la connaissance à tout prix, c'est aller à l'encontre des lois, c'est rompre le contrat social qui lie les uns avec les autres et la nature. La connaissance s'acquiert surtout avec l'expérience et donc avec l'âge. Elle se transmet de génération en génération et peut faire l'objet d'un don. En d'autres termes, ce ne sont pas les hommes qui vont vers la connaissance, c'est la connaissance qui vient à eux. Chez les Bantous, par exemple, ce sont avant tout les ancêtres et parmi eux, les aînés morts ou vivants qui savent. La vraie connaissance, la sagesse humaine est donc métaphysique. Placide Tempels[70] ajoute, c'est l'intelligence des forces, de la hiérarchie, de leur cohésion et de leur interaction. La connaissance est, comme l'être lui-même, dépendante de la sagesse des aînés. La vraie connaissance consiste donc à comprendre la nature et l'action des forces autres. La notion même de « société de la connaissance » pose problème aussi bien du point de vue conceptuel que pratique puisqu'une telle société n'est ni souhaitée ni imaginable. Il convient, par ailleurs, de garder à l'esprit que la connaissance est aussi avantage et pouvoir. C'est un pouvoir réservé, le haut lieu du secret aussi bien pour les sociétés occidentales que pour les autres. Le pouvoir sur les autres que confère la possession des connaissances pousse à ce qu'elles soient jalousement gardées.

Les connaissances et les savoirs ont une dimension tacite importante qui rend les échanges difficiles voire impossibles à réaliser. Le fait de les posséder est même ignoré ou négligé par leur détenteur[71]. En effet, nous savons plus que nous ne pouvons exprimer et la transmission des connaissances d'une génération à une autre est de façon prédominante tacite. Or, le savoir ne passe dans les nouveaux canaux et ne devient opérationnel que si la connaissance peut être traduite en quantité d'informations[72]. Dans la plupart des cas, ce qui est tacite sera délaissé. Mais cela suppose également de tenir compte de tous les biais liés. En

[69] Jürgen Habermas, Connaissance et intérêt, Gallimard, Paris, 1976, p.17.

[70] Placide Tempels, La philosophie Bantoue, Lovania, Élisabethville, 1945.

[71] Michael Polany, The tacit dimension, Routledge and Kegan Paul, Londres, 1966.

[72] Jean-François Lyotard, La condition post moderne, Éditions de minuit, Paris, 1979.

conséquence, le véritable problème de la société de l'information n'est pas forcément l'information mais bien la connaissance en tant que capacité d'apprentissage[73].

APPARITION D'UN NOUVEAU CONCEPT : LA SOCIÉTÉ DES SAVOIRS

Un autre concept utilisé pour désigner la société de l'information est la « société des savoirs »[74], issu du mot anglais knowledge. Celui-ci a été utilisé pour la première fois en 1969 par Peter Drucker[75]. Il a été par la suite approfondi par les études de Robin Mansell et Ulrich Wehn[76] ainsi que celles de Nico Stehr[77]. Ce concept apparaît donc au même moment que celui de « sociétés apprenantes » et d'« éducation tout au long de la vie »[78].

Rappelons que l'expression « société apprenante » renvoie à un nouveau type de société où l'acquisition des savoirs continue au-delà de l'école et de la fin des études. La nécessité d'apprendre tout au long de la vie devient donc impérative dans une société orientée vers les idéaux de paix, de liberté et de justice sociale.

Le concept d'» éducation tout au long de la vie » met donc un terme à l'association entre l'éducatif et le scolaire. Les politiques de l'éducation s'inscrivant dans un processus permanent d'enrichissement des connaissances, des savoir-faire, mais aussi et peut-être surtout, comme une construction privilégiée de la personne et des relations entre les individus, entre les groupes, entre les nations. La question sous-jacente est celle de savoir comment réduire la fracture cognitive.

---

[73] Lucien Sfez, Information, savoir et communication, Centre Galilée, Paris, 2003.

[74] L'économiste Daniel Bell (1973), souvent cité comme référence d'une définition conceptuelle de l'» information Society », établit déjà une équivalence entre les expressions « information Society » et « knowledge Society ». Pour Bell, le personnage central de la société post-industrielle est le spécialiste capable d'apporter les types de savoirs demandés.

[75] Peter Drucker, The age of discontinuity. Guidelines to our changing Society, Farper & Row, New York, 1969.

[76] Robin Mansell, Ulrich Wehn, Knowledge Societies : information technology for sustainable development, United Nations commission on science and technology for development, Oxford university press, New York, 1998.

[77] Nico Stehr, Knowledge Societies: the transformation of labour, property and knowledge in Contemporary Society, Sage, Londres, 1994.

[78] Unesco, L'éducation tout au long de la vie. Défis du vingt et unième siècle, Unesco, Paris, 2002.

Le savoir est avant tout un ensemble organisé de connaissances[79]. Ces connaissances ne sont pas uniquement scientifiques, elles concernent tout ce que nous pouvons apprendre et transmettre. Il n'est pas mécanique, « il requiert la mise à distance, l'établissement des priorités, de hiérarchisation »[80]. Selon l'Unesco[81], la transformation d'une information en savoir suppose un travail de réflexion. Elle souligne qu'une information n'est que donnée brute, la matière première de l'élaboration d'un savoir. L'accès à l'information reste donc inutile sans la capacité d'en comprendre et d'en utiliser la substance. S'appuyant sur le fait que la moitié des informations diffusées sur Internet sont fausses ou inexactes, l'Unesco conclut que l'information peut être du non-savoir. Les réseaux favorisent d'ailleurs la circulation des rumeurs. Le site internet Hoaxbuster est devenu la référence en matière de débusquage des rumeurs et principalement de ces fausses informations dont les conséquences peuvent être nombreuses notamment en faisant admettre de faux concepts ou de fausses vérités.

On a ainsi appris que répondre à un appel téléphonique sur un téléphone portable en cours de chargement pouvait provoquer la mort, que deux journalistes russes ont réussis à cuire un œuf sur un téléphone portable…

La transformation de l'information en savoir exige la maîtrise de certaines compétences cognitives, critiques et théoriques dont le développement est précisément l'objet des sociétés du savoir. Si l'on peut se noyer dans le flot des informations, le savoir est précisément ce qui permet de « s'orienter dans la pensée ». En revanche, il faut tenir compte du processus de mise en forme d'un savoir en information, dite informationalisation du savoir. L'information est ce que l'on transforme, par un traitement adéquat, tandis que le savoir est ce que l'on produit. C'est bien une forme de transformation de l'information qui conduit à la production du savoir, mais le savoir est lui-même transformé en information pour pouvoir être traité et produire de nouveaux savoirs. Il s'agit donc d'un processus en cascade.

En un mot, même si l'information est accessible à tous, il ne s'ensuit pas que le savoir puisse l'être de la même manière. Le passage de la société de l'information à la société des savoirs exprime donc la volonté de s'intéresser aux contenus et aux usages plutôt qu'à la connectivité. Parler de société des savoirs, c'est s'intéresser au partage plutôt qu'au stockage et s'intéresser au

---

[79] La notion de savoir fait également référence aux aptitudes reproductibles, acquises par l'étude ou l'expérience.

[80] Lucien Sfez, Information, savoir et communication, Centre Galilée, Paris, 2003 p.13.

[81] Unesco, Vers les sociétés du savoir, Unesco, Paris, 2005.

partage des savoirs, c'est penser le développement humain. En effet, le savoir est à la fois un instrument de la satisfaction des besoins économiques et une composante à part entière du développement. C'est pourquoi, comme le souligne l'Unesco, « l'utilisation des TIC pour édifier des sociétés du savoir doit tendre au développement humain fondé sur les droits de l'homme »[82].

L'un des fondements de la société des savoirs est que la communauté humaine est souvent assimilée à un grand organisme qui met en commun les expériences de ses membres. C'est là qu'apparaît la notion de partage, encore faudrait-il s'interroger sur les bénéficiaires de ce partage social et ses éventuelles limites. En effet, l'une des conséquences d'un partage inégal des savoirs pourrait être de voir les pays riches devenir encore plus riches et les pays pauvres stagner (ou vice-versa), que ce soit par manque d'investissement dans les infrastructures, de potentiel productif du savoir, ou par absence de normes garantissant des conditions optimales à la production de celui-ci. Cela pose évidement la question de l'accessibilité tout en mettant en exergue ce qu'il est convenu d'appeler la fracture numérique[83].

Or la notion de savoir est hétérogène. Pour Sven Ove Hansson[84], c'est d'abord une espèce de croyance puisque ce que l'on ne croit pas ne saurait être du savoir. En effet, pour qu'un objet puisse être considéré comme un savoir, il faut qu'il soit assimilé dans le système de croyances du sujet connaissant. C'est d'ailleurs ce qu'il appelle l'assimilation cognitive. Ainsi, la société, qu'elle soit industrielle ou tribale, influe-t-elle aussi sur la construction du savoir. Deux psychologues sociaux, Paul Light et Anne Nelly Perret-Clermont, suggèrent que les concepts de montant, de nombre, de surface, de volume, de poids, ne sont pas des unités logiques transcendantes, mais des produits de pratiques sociales élaborées au cours de l'histoire[85]. En effet, dans notre for intérieur, sont cachés des principes, des biais, des préjugés qui déterminent la façon dont nous percevons la réalité. C'est en fonction de ces éléments que nous reconnaissons un savoir comme tel, le jugeons important ou non.

Le savoir est devenu une ressource vitale dans les sociétés modernes. Selon le rapport de la Banque mondiale, Construire les sociétés du

---

[82] Unesco, op.cit, p.28.

[83] Cf. chapitre sur la fracture numérique.

[84] Sven Ove Hansson, « les incertitudes de la société du savoir », Revue internationale des sciences sociales n° 171, Unesco 2002, pp 43-51.

[85] Paul Light et Anne Nelly Perret-Clermon, cités par Jacques Perriault, L'accès au savoir en ligne, Odile Jacob, Paris, 2001.

savoir : nouveaux défis pour l'enseignement supérieur[86], la capacité d'une société à produire, sélectionner, adapter, commercialiser et utiliser le savoir est utile à une croissance économique durable et à l'amélioration des niveaux de vie. En effet, le savoir est de plus en plus au cœur de l'avantage comparatif d'un pays au détriment des matières premières ou de la disponibilité d'une main d'œuvre bon marché. C'est, en tout cas, la leçon à tirer de la réussite de Bangalore, capitale indienne des industries de logiciels. Toutefois, Bangalore et l'Inde font figure d'exception puisque la plupart des pays du Sud n'ont pas su développer leur capacité à exploiter cette ressource dans la quête d'un développement durable.

L'Unesco explique sa préférence pour le concept de « société des savoirs » par le fait que celui-ci apparaît comme étant le résultat d'une réflexion sur le type de société dans laquelle nous souhaitons vivre[87]. Il serait plus riche et favoriserait davantage l'autonomisation que le concept de technologie et de connectivité, qui souvent est au centre des débats sur la société de l'information[88].

Celle-ci n'a de sens que si elle favorise l'essor des sociétés du savoir et se propose pour fin de tendre au développement humain fondé sur les Droits de l'Homme.

Aborder la question de la société des savoirs impose de préciser si nous voulons une société uniquement technologique ou une société respectueuse de la diversité des cultures. Cette notion s'inscrit donc dans une approche de la société, s'appuyant sur l'intégration, la solidarité et la participation de tous. Les savoirs locaux[89] ou SL apparaissent dans ce cadre comme une

---

[86] Banque mondiale, Construire les sociétés du savoir : nouveaux défis pour l'enseignement supérieur, Les presses de l'Université de Laval, Laval, 2003.

[87] Jean Favier, « Avant propos », La société de l'information : glossaire critique, La Documentation française, Paris, 2004, pp.5-7.

[88] Unesco, Vers les sociétés du savoir, Unesco, Paris, 2005.

[89] La Déclaration de Rio et le Programme Action 21 de la Conférence des Nations unies sur l'Environnement et le Développement de 1992 (CNUED) ont accordé une attention particulière aux savoirs autochtones. En 1999, la Conférence mondiale sur la science a mis l'accent sur le rôle qui revient aux savoirs locaux et autochtones dans les efforts pour concilier les objectifs de la science, les préoccupations sociétales et le développement durable. L'Unesco s'est récemment concentrée sur deux préoccupations essentielles : l'éradication de la pauvreté et l'édification d'une société des savoirs. Les activités visant à traiter ces deux priorités prennent en compte l'importance des savoirs locaux et autochtones dans la lutte contre la marginalisation et l'appauvrissement.

précieuse ressource pouvant contribuer à améliorer l'efficience, l'efficacité et la durabilité du processus de développement[90].

Derrière la société des savoirs se cache donc une vision, celle qui consiste à réexaminer de nombreuses notions fondamentales en matière de développement, de préservation de l'environnement, d'accès à l'information. C'est sur la base de ces considérations que de nombreuses organisations internationales se sont lancées dans la préservation et la diffusion des savoirs endogènes. Mais, quand nous observons les activités menées en vue d'inclure les savoirs locaux dans la société de l'information, nous nous rendons vite compte que ceux-ci ont été souvent dénaturés et « décontextualisés ».

A la « société des savoirs », se voit de plus en plus substituer le concept de « sociétés des savoirs »[91]. Le pluriel vient récuser l'unicité d'un modèle qui serait fourni « clés en mains » et qui refléterait insuffisamment la diversité culturelle et linguistique, seules, selon l'Unesco, à même de permettre à tout un chacun de se reconnaître dans les évolutions en cours[92]. Mais cette approche n'échappe pas non plus à la critique.

S'appuyant sur les difficultés inhérentes à la transmission des savoirs, Sven Ove Hansson[93] met en doute le concept de « société des savoirs ». Pour lui, il serait plus exact de parler de société de l'information, voire de « société des données » que de « société des savoirs ». En effet, si les TIC permettent de stocker et de transporter des données, elles ne le peuvent pas pour ce qui est du savoir qui, lui, est une construction qui relève de l'interprétation des données et de leur confrontation avec des métadonnées[94].

Une variante intéressante, apparue dans le cadre des débats relatifs au SMSI et qui n'a guère eu d'écho, est celle de la société des savoirs partagés. Elle a été proposée notamment par Adama Samassekou (alors Président du Bureau du SMSI), qui a déclaré au sujet de la société de l'information :

---

[90] A propos des savoirs locaux, se rapporter au chapitre intitulé TIC et le développement culturel.

[91] Pour des raisons de commodité, nous utilisons le terme « société des savoirs ».

[92] Unesco, Vers les sociétés du savoir, Unesco, Paris, 2005.

[93] Sven Ove Hansson, « Les incertitudes de la société du savoir », Revue internationale des sciences sociale,s n° 171, Unesco, 2002, pp 43-51.

[94] Donnée au sujet des caractéristiques d'une autre telles que sa propriété, son contenu, sa qualité (conditions, précision, etc.), la date de saisie, les restrictions d'accès aux utilisateurs.

« il s'agit moins d'une information qui se diffuse et se partage, que d'une société où nous sommes en train de communiquer autrement et de partager un savoir. Il s'agit donc d'une société du savoir partagé et de la connaissance »[95].

L'approche ainsi proposée insère la société de l'information dans un cadre où la volonté de sortir des schémas de communication classique est nettement affirmée. Il s'agit avant tout de tenir compte de l'autre et, aussi et surtout, d'éviter la logique diffusionniste pour une conception plus dialogique. Mais supposons qu'il nous soit véritablement possible de construire cette société des savoirs, serait-elle aussi idyllique que beaucoup l'espèrent ?

Ne pourrait-elle pas contribuer à rendre plus dangereux encore le monde de demain ?

La société des savoirs concerne aussi un monde où les malfaiteurs les plus crapuleux bénéficient d'autant d'informations que la police pour pouvoir lui échapper, des informations nécessaires pour pouvoir réaliser les coups les plus désastreux pour l'homme et pour la société. La société des savoirs est aussi celle du contrôle généralisé, une société sous surveillance.

En résumé, le concept de « société de l'information » n'est pas nouveau, bien que revêtant des aspects différents en fonction des auteurs et des époques. Toutefois, il est souvent confondu avec d'autres comme la « société de communication », la « société de la connaissance », la « société du savoir »[96]...

Cette confusion vient du fait que les institutions et acteurs directement concernées se focalisent avant tout sur la technique plutôt que sur les contenus diffusés dans la société de l'information. Le regard sur la société de l'information est ainsi façonné, déformé, biaisé par la fascination, mais aussi par l'aliénation envers l'outil[97]. Le passage de la société de l'information à la société du savoir marque la volonté d'humaniser cette société sous influence technologique. L'accent est mis sur la volonté de revaloriser cet homme quelque peu oublié. Celui qui est au centre de la connaissance, qui acquiert la connaissance et le savoir, qui interprète et donne du sens. Ceci nous éloigne donc de la conception mathématique de l'information et nous inscrit un peu plus dans une situation dialogique. C'est sur cette dimension que

---

[95] Citations tirées des débats du 2e Colloque des trois espaces linguistiques « coopération, diversité et paix », tenu à Mexico du 2 au 4 avril 2003.

[96] Toutefois, nos différentes recherches font remonter l'apparition du terme société de la communication à 1940, celui de société de l'information à 1960, celui de société du savoir à 1969, celui de société de la connaissance aux années 1990.

[97] Jacques Perriault, Éléments pour un dialogue avec l'informaticien, Mouton, Paris, 1971.

s'appuie le concept de société de la communication, qui est d'ailleurs à replacer dans un contexte de profusion médiatique. Il est toutefois difficile d'attribuer une périodicité à chacun des concepts, les différents acteurs ayant une préférence pour tel ou tel autre et, parfois, les utilisant indistinctement.

Du point de vue historique, ce concept est à rattacher aux différents écrits sur la relation homme-machine, sur la télématique, mais aussi à ceux sur la société technétronique voire postmoderne.

Sur le plan idéologique, la société de l'information puise ses fondements dans la croyance aux bienfaits de la libre concurrence. C'est la concurrence, c'est-à-dire la compétition entre les offreurs qui met un juste prix aux marchandises et qui établit les vrais rapports entre elles. Les acheteurs auraient ainsi la possibilité de choisir les meilleures conditions de prix, de qualité, de garantie. Pour les tenants de cette approche, il s'agirait donc d'un principe garantissant la liberté individuelle, l'efficience économique et l'innovation.

Le terme prend d'ailleurs son envergure dans un contexte de mondialisation et d'ouverture. Le constat est que la société de l'information souffre de sa dimension technologique, sur laquelle s'appuie une idéologie de la circulation des savoirs considérée ici comme valeur universelle. En effet, cette notion repose sur l'hypothèse implicite d'une substitution technique impliquant des transformations de la structure sociale ainsi que des valeurs. La relation complexe et dialectique, qui existe entre changement technique et changement social, est réduite à sa plus simple expression. Tout se passe comme si la compréhension des messages et leur adéquation à nos besoins dépendaient exclusivement de la technologie. Ce qui équivaut à nier le rôle de l'être humain, du sens qu'il peut donner à une information en fonction de son répertoire, de ses valeurs. C'est également nier la place du contexte d'émission et de réception dans la compréhension de l'information, du contexte d'usage dans la valeur à lui accorder.

Une autre définition s'impose en conséquence. Pour nous, la société de l'information est une société dans laquelle l'information est, indépendamment du canal emprunté, intensivement partagée pour le bien-être social, politique, économique et financier des hommes.

Cette définition pose l'indépendance de la société de l'information vis-à-vis de tout essor technologique et fait du partage et de la connaissance de l'autre, un élément fondamental. En effet, l'information peut être plus efficace, c'est-à-dire mieux comprise et acceptée en utilisant des canaux moins complexes. Le tout, c'est d'être en rapport (au sens d'Eric Berne) avec ses interlocuteurs. Nous pouvons d'ailleurs rapprocher cette vision du Joho Shakaï, en ce qu'elle fait du kagaku, c'est-à-dire la participation, un élément fondamental. La société de l'information devient donc celle qui se nourrit de ses diversités et de ses capacités, c'est-à-dire qui s'inscrit dans un mouvement dialogique.

La question de l'abondance de l'information, de sa vitesse souvent liée à l'usage des TIC, s'oppose ici à celle de son utilité, de sa valeur, de son usabilité. La définition, que nous proposons, nous éloigne de cette juxtaposition caricaturale, société de l'information /reste du monde, partition basée sur la croyance en la supériorité d'un mode de vie dit moderne sur celui considéré à tort comme archaïque. Mais, le monde n'est pas homogène, aussi nous considérons qu'il existe d'autres rationalités (ou irrationalités) et donc d'autres visions de la société de l'information. Il est déraisonnable de penser qu'il puisse y avoir une vision universelle de la société de l'information ou d'imposer celle ayant prévalu au SMSI, comme norme universelle. La non prise en compte de la dimension plurielle de la société de l'information est en soi un obstacle, car celle-ci contribue à la négation des identités et donc au rejet du type de développement proposé. Mais dans le cadre du développement, le partage de l'information ne suffit pas, c'est pourquoi il est utile de s'interroger sur l'information appropriée et par la suite sur son contexte d'usage. Ces deux points sont particulièrement importants dans une situation d'» échanges inégaux », mais aussi au regard des particularités des pays en développement.

CHAPITRE II
POUR UNE SOCIÉTÉ DE L'INFO-ÉTHIQUE : UN NÉCESSAIRE RECADRAGE

Derrière la communication, il y a des fondements éthiques, puisqu'elle s'inscrit dans la relation à l'altérité. Au delà de l'échange, se trouve la nécessité de comprendre l'autre, l'interlocuteur et l'échange peut se concevoir comme don de soi ou de ses informations, en vue de la réduction des incertitudes de l'autre. L'éthique n'est donc pas étrangère à notre discipline dont les recherches s'appuient sur la compréhension des valeurs, qu'elles soient morales, économiques, politiques ou culturelles. Si au départ cette dimension a été un peu oubliée, l'actualité, la réalité de la société de l'information avec la multiplication des échanges qui concernent des populations ayant des valeurs et des niveaux technologiques différents impose de tenir compte de cet aspect. C'est là qu'apparaît la nécessité d'un recadrage, entendu par là, nécessité de penser, de concevoir, voire de mettre en œuvre la société de l'information autrement. Il s'agit de changer de perspective, de grille d'analyse, de procéder à un décentrement pour reprendre les termes de François Jullien[98].

DE LA NÉCESSITÉ DE RECADRER L'ÉCOUTE

La communication est avant tout la science de l'écoute, une écoute décuplée par les moyens technologiques. Malheureusement, les frontières entre l'écoute et la surveillance sont minces. En effet, la société de l'information dite aussi de contrôle offre des moyens de plus en plus « efficaces » pour le profilage, le traçage, l'identification, la localisation des individus à la fois pour des raisons économiques, politiques et sécuritaires. Ces moyens recouvrent les différents aspects de l'informatique. On peut y placer la puce RFID *(Radio Frequency Identification)*, les systèmes biométriques, la géolocalisation par Smartphone[99], GPS..., le traçage par

[98] Jullien François, De l'universel, de l'uniforme, du commun et du dialogue entre les cultures, Fayard, Paris, 2008.

[99] Un Smartphone est un téléphone mobile couplé à un PDA. Il permet une meilleure gestion du temps grâce à des fonctionnalités agenda/calendrier mais également de la navigation web, de la consultation de courrier, une connectivité à un client de messagerie instantanée, la navigation GPS, etc. Il permet d'installer des applications additionnelles sur l'appareil.

cookies, le *profiling* par des agents intelligents...C'est donc autour de ce dispositif que se conçoit et se construit l'activité de surveillance. Celle-ci pouvant se faire au sein de différentes sphères de l'Internet : web, forum de discussion, web invisible, bases de données...

Les outils de recherche d'information

La mise en œuvre de la société de l'information s'accompagne d'une boulimie caractérisée par la mise en place d'activités de veille pointues, s'appuyant notamment sur les agents intelligents. Parmi eux se trouve Insyder, programme capable de surveiller les actualités nationales et internationales, les marchés, les pays, les individus, les technologies... Dans le cas d'une écoute du marché par exemple, il arrive nettement à définir les besoins des utilisateurs potentiels d'un produit avec une identification du profil utilisateur (qui est-il, que sait-il du produit, que dit-il du produit...) et une évaluation des attentes (quelles sont les besoins, quelles sources d'information...). Comme d'autres agents intelligents, voire de veille (Webspector, Nettattache pro, C4U, Watch4U...). Il permet d'inscrire l'analyse dans la durée. Il reconnaît les internautes et se sert des requêtes déjà envoyées par ces derniers. Par exemple, si un individu donne un avis sur un objet, l'agent intelligent se souvient parfaitement de la conversation et même des objections de ce dernier. Si l'on est loin du panoptique, la technologie nous donne la possibilité de devenir une sorte de *Big brother* qui voit tout, entend tout.

L'analyse des documents au service de l'écoute

L'analyse automatique d'un texte consiste à identifier les concepts principaux qui le composent afin de créer sa représentation interne. On peut se livrer à une identification des concepts, se baser sur la fréquence. Une idée généralement admise est qu'un mot qui apparaît souvent dans un texte représente un concept important. On procède aussi par un filtrage. Il s'agit d'éliminer certains mots vides de sens à partir d'une liste appelée *stoplist* qui contient tous les mots qu'on ne souhaite pas voir apparaître. On peut utiliser également des méthodes d'analyse linguistique comme l'analyse pragmatique qui consiste à étudier la signification du mot en fonction du contexte. Evidement, toutes ces méthodes ont leurs limites. On se heurte souvent à des erreurs liées au fait que les mots sont examinés hors contexte.

En plus, la variabilité des expressions rend l'extraction plus difficile. Péricles, progiciel multilingue de veille propose un module d'analyse de tonalité des messages. Les messages sont répartis en trois groupes, les messages à caractère positif, les messages négatifs, neutres. La limite ici c'est que le logiciel ne sait pas faire la part de ce qui relève de l'ironie. Ces analyses peuvent s'appliquer à des forums. Les logiciels de cartographie comme Leximine ou Inwight construisent des vues cartographiques des documents. Ces vues permettent de voir les concepts importants qui ressortent d'un document et la façon dont ils sont liés les uns aux autres. On peut, ainsi, voir qui parle de quoi avec qui et faire apparaître l'évolution temporelle de ces liens.

La surveillance des échanges électroniques

Le développement des échanges électroniques tend à l'identification la plus exacte des personnes. On en arrive ainsi à discerner les personnes en fonction de leurs revenus, leur catégorie socioprofessionnelle, leur zone et/ou type d'habitat... Dans le domaine commercial on s'active à repérer les goûts et préférences qui débouchent sur les choix dans l'acte d'achat, le mode de consommation... Le système *Passport* de Microsoft par exemple prétend avoir rassemblé des données personnelles sur 150 millions d'usagers de son service Web hotmail.com. L'entreprise de ventes de livres en ligne, Amazon.com, est aujourd'hui capable de proposer des produits musicaux à ses clients acheteurs de livres, à partir de profilages permettant d'identifier des goûts communs entre même type de consommateurs. Ces deux approches peuvent devenir complémentaires et permettre la mise en place de doubles numériques très détaillés sans que les consommateurs en soient informés ou aient un droit de regard, avec la possibilité de centraliser les doubles numériques avec une clé unique sous forme d'un identifiant personnel ignoré de l'usager. La segmentation des analyses de marchés permet de saisir les personnes à des moments différents de leur quotidien, dans des tranches de vie parfaitement reconstituées : autrement dit, une même personne peut appartenir à des groupes différents selon les heures du jour et les endroits où elle se trouve tout en restant sans cesse parfaitement identifiable au niveau de ses impulsions d'achat.

Le traçage généralisé

La technique du traçage de chaque bien est rendue possible par l'utilisation de puces électroniques permettant de l'identifier tout au long de son cycle de production et d'usage. Les récents développements en radio fréquence font qu'il est possible de suivre géographiquement un individu. Un rapide examen au scanner de ce dernier dans la rue et sans qu'il s'en rende compte, permettra de repérer la provenance de ses vêtements, donnant ainsi la possibilité de reconstituer son itinéraire. En intégrant les nouvelles technologies, de nombreux matériaux sont devenus intelligents, c'est-à-dire à l'écoute de leurs utilisateurs. Le domaine de l'aéronautique est le plus à la pointe, mais on note des progrès substantiels dans des secteurs plus proches de la vie courante comme l'habitat, le textile ou l'agroalimentaire. La nouvelle génération des textiles fonctionnels s'adapte à la fois aux conditions corporelles et aux conditions extérieures de l'environnement. Ils sont intelligents c'est-à-dire sensibles, adaptatifs, évolutifs et interactifs. Des fonctions intégrées leur permettent de détecter des signaux, d'effectuer des actions sur leur environnement, de traiter, comparer, stocker des informations...

La mise au point récente de membranes, de fibres creuses, de micro-capsules à changement de phase, met fin à cette idée que les fibres et à fortiori le vêtement, protègent seulement le corps de l'air chaud ou froid. La découverte de ce système de réseau à l'intérieur de la fibre, à l'origine utilisé pour maintenir la température du vêtement à chaleur constante, est aujourd'hui développée pour d'autres applications.

En cosmétologie par exemple, des substances hydratantes, énergisantes ou encore amincissantes sont encapsulées dans les fibres des sous-vêtements et des collants. Par frottements mécaniques, les capsules se brisent et libèrent les agents actifs. Avec des produits analgésiques, ce procédé est aussi en mesure d'être appliqué à des besoins thérapeutiques. Le secret de ces fibres repose sur des microcapsules réparties dans l'ensemble du matériau synthétique et qui contiennent des produits chimiques particuliers. Ces produits sont capables de réagir à la température, à la lumière ou au frottement. Ils modifient alors la couleur du textile ou émettent des parfums[100].

On voit donc que le tissu est désormais envisagé comme une peau capable de veiller sur notre santé, mais aussi de diffuser des informations de

---

[100] Joel De Rosnay, *Les matériaux intelligents*, Conférence UTLS du 04 Octobre 2000, Université de tous les savoirs (CNAM).

notre quotidien. Avec la participation de Nokia et Sony, les e-costumes sont devenus des vêtements téléphoniques et les robes des sources d'images ou de son. Il s'agissait pour le couturier d'intégrer les composants électroniques directement au tissage de la fibre, à commencer par le téléphone portable et non sous forme d'objets placés ici ou là. Dans le domaine domestique, des capteurs biométriques sont susceptibles de détecter la présence humaine et même de reconnaître précisément quelles personnes entrent dans une pièce en fonction de certains paramètres biologiques spécifiques. La question qui se pose est donc celle de l'usage de ces données, ce qui n'est pas uniquement une question de droit. Les bâtiments ressemblent à des organismes vivants dotés d'un squelette, de muscles, d'un système nerveux, ou d'un cerveau. Les personnes habitants dans ces espaces vivent ainsi sous le regard de leur environnement.

L'écoute au service de la sécurité

Les systèmes d'écoute ont également leurs applications dans les systèmes de sécurité. Les évènements de Londres tendent à le prouver. En effet, un important complot terroriste censé faire exploser des appareils en plein vol a été déjoué à Londres. L'enquête qui a permis de déjouer les attentats contre des avions de ligne en vol transatlantique a débuté, après les attentats contre le métro de Londres (56 morts). En Juillet 2005, un membre de la communauté musulmane informe la police britannique des activités suspectes de l'une de ses connaissances. Ce renseignement mène les enquêteurs sur la piste du complot. Commence alors, la plus importante opération de surveillance antiterroriste menée en Grande-Bretagne. Plusieurs centaines d'enquêteurs surveillent les communications et les mouvements bancaires d'une cinquantaine de suspects sur trois continents. Dans la semaine du 31 juillet au 6 août, sept suspects sont interpellés au Pakistan dont deux Britanniques d'origine pakistanaise.

Nous savons aussi qu'en couplant Google maps avec des bases de données publiques disponibles, il est désormais possible de localiser les habitations d'anciens criminels. Le site chicagocrime.org par exemple, permet à tout un chacun de suivre presque en temps réels l'évolution des crimes dans la ville de Chicago, rue par rue. Le géant américain Google a mis au point un vaste projet d'utilisation d'images satellites. On peut ainsi visiter à distance une maison à acheter ou communiquer avec le client pendant qu'il examine le bâtiment à acheter sur tous les profils. Le potentiel est donc énorme et les applications multiples : cartes dynamiques, reliefs, matérialisation des buildings, positionnement des hôtels et liens permettant d'accéder aux sites Internet des monuments, restaurants, hôtels et autres musées sélectionnés...). La première version de Google Earth (http://earth.google.com), déjà en ligne, offre une image d'assez bonne qualité.

Fondé en 2006 par Jay Bhatti et Jaideep Singh, Spock, le moteur de recherche spécialisé sur les individus est aujourd'hui opérationnel. Il suffit de renseigner le nom d'un individu et éventuellement d'affiner la requête avec son âge, son sexe et son origine géographique. Spock offre aussi la possibilité de rechercher des individus à partir de mots-clés. Chaque profil apparaît sous forme de fiche renseignée d'une photo, de mots-clés censés décrire l'individu et d'une liste de proches. Spock a indexé plus de 100 millions de personnes, ce qui représente plus d'1,5 milliard d'enregistrements de données. Ces données proviennent de sources publiques, avec entre autres Myspace, Friendster, Wikipédia.

Les systèmes non conventionnels

Champion de l'espionnage, un *spyware* (logiciel espion ou espiogiciel) envoie à votre insu vos informations personnelles (sites visités, liste de vos logiciels, vos centres d'intérêts, etc.) à un serveur distant, le plus souvent à des fins marketing. Il est installé en même temps qu'un autre programme (système d'exploitation, accélérateur de téléchargement,...). Installé par un troyen, un logiciel *keylogger* enregistre les frappes au clavier, en particulier les pseudonymes et mot de passe, pour les envoyer ensuite à un pirate. Quant aux cookies, ces fichiers d'informations enregistrés sur l'ordinateur par le navigateur à la demande d'un site Web, ils permettent d'attribuer à l'internaute un profil òu une qualité. Cousins des *spyware*, les *adware* sont aussi installés avec un programme mais sont inoffensifs. Réservés à l'affichage de publicité, ils permettent de financer des programmes gratuits. Malheureusement des associations engendrent des *spadware* qui remplissent les deux fonctions.

Toutes ces technologies non conventionnelles sont utilisées dans les dispositifs d'écoute, avec tous les problèmes éthiques que l'on peut supposer.

Ecoute et éthique

Si, les différentes informations sont parcellaires, la tendance est celle de la convergence des données individuelles. Les différents dispositifs privés et publics vont dans ce sens. Si on ajoute les informations de la carte vitale sur laquelle on prévoit d'ailleurs d'insérer une photo d'identité, à celles du passeport biométrique sécurisé (*ePass*), celles des caméras de vidéosurveillance, des différentes étiquettes RFID, des systèmes de géolocalisation, des administrations financières, préfectorales, on aboutit à un cocktail d'informations dangereuses et liberticides. Cette convergence qu'on redoute tant est pourtant au centre des préoccupations d'instances aussi bien publiques que privées. Le programme français de carte d'identité électronique INES, par exemple, propose d'associer les services d'identification policière, administrative et commerciale autour d'une procédure d'authentification unique de la personne. Mais au-delà des possibilités techniques, se pose la question éthique c'est-à-dire celle de faire ou ne pas faire comme celle de la surabondance de l'information liée à l'imperfection des dispositifs de tri, au bruit, ainsi que celle de la fiabilité de l'information, des dispositifs qui comme on le sait sont susceptibles d'être détournés. De Shamrock[101] à Swift[102] en passant par Minaret[103], Watergate[104],

---

[101] Durant les années 50, les compagnies de télégraphe américaines, la Western Union en particulier, remettaient tous les soirs à un officier de la NSA une copie de l'ensemble du trafic qui entrait aux États-Unis ou en sortait. De 1966 à 1973, la circulation totale de télégrammes aux Etats-Unis était d'environ 72 millions de messages par an. Selon la Commission Church du Sénat américain, les analystes de la NASA en sélectionnaient environ 1,8 million, soit un sur quarante, pour les exploiter avec l'aide des autres agences américaines.

[102] SWIFT transmettait régulièrement depuis les attentats du 11 septembre 2001 (WTC) des données confidentielles aux autorités de la CIA et au Département du Trésor (UST) au nom de la lutte contre le financement du terrorisme international.

[103] A partir de 1967, l'opération Minaret débute. Les pacifistes (contre la guerre du Vietnam), les militants pour l'égalité des droits civiques (Martin Luther King, Malcolm X, Jane Fonda, ...) sont mis systématiquement sur écoute. Pour légitimer leurs actions, les différentes agences américaines ont volontairement porté des accusations à leur encontre. Ainsi 450 américains et 3000 étrangers étaient considérés comme des trafiquants de drogue internationaux, 1000 américains et 1700 étrangers étaient classés comme agitateurs publics ou terroristes, 30 organisations américaines et 700 étrangers étaient désignés comme extrémistes.

[104] Elu président des États-Unis en 1968 et nouveau candidat pour le parti républicain en 1972, Richard Nixon fait procéder à des écoutes téléphoniques illégales au siège du parti démocrate durant la campagne électorale. Le scandale du Watergate commence lorsque, dans la nuit du 17 juin 1972, des individus sont arrêtés dans l'immeuble du Watergate, au siège du Parti démocrate. Transportant du matériel d'écoute, ces hommes ressemblent plus à des agents secrets qu'à des cambrioleurs. Deux journalistes du *Washington Post*, Carl Bernstein et Bob Woodward, enquêtent pour démêler un écheveau compliqué dont tous les fils conduisent à la Maison Blanche, à travers le Comité pour la réélection du Président (CRP) de Richard Nixon.

les écoutes de l'Elysée[105], l'opération Echelon[106], la liste est longue de scandales politiques voire économiques mettant en cause l'utilisation illégale de ces dispositifs. Il y a, en tous cas, une réorientation des services de renseignement des grandes puissances vers un soutien direct à la politique commerciale de leur pays. Le réseau Echelon est bien entendu l'opération qui illustre le mieux ce type d'écoute.

L'on voit donc que le rapport de force est défavorable aux pays en développement. L'expression de pays sous surveillance illustre d'ailleurs cette situation. Chaque mouvement est analysé, toute ressource est épiée, toute velléité d'insubordination est écrasée et les prétextes sont nombreuses : l'instauration de la démocratie, libération du peuple opprimé par un dictateur (Irak)...La sécurité ne se fait plus chez soi, ni devant sa porte. La recherche du « risque zéro » recommande d'agir avant même que les situations ne se créent, sans même quand soit sûr qu'ils se créeront, quelque soit l'endroit. Les Etats-Unis n'ont pas hésité à se doter de nombreux satellites comme Magnum, Mentor, Orion, Trumpet, Mercury,

---

Les enquêtes de ce journal conduisirent à l'inculpation du président Nixon. Le scandale qui en résulta contraignit ce dernier à démissionner en 1974.

[105] L'affaire des écoutes de l'Élysée est une affaire d'écoutes téléphoniques illégales qui s'est déroulée sous le premier septennat de François Mitterrand (de 1983 à 1986). La cellule antiterroriste de l'Élysée dirigée par Christian Prouteau et créée par François Mitterrand en 1982 serait impliquée. Cette affaire, fut révélée pour la première fois par le quotidien *Libération* le 2 avril 1993. Elle aurait selon le dossier concerné 150 personnes, dont 7 dans des conditions contestables. Près de 3000 conversations auraient été enregistrées entre janvier 1983 et mars 1986. Comme la presse l'a rapporté, ce ne furent pas les premières écoutes téléphoniques effectuées par les services de la république.

[106] Sous le nom de code Echelon, les services de renseignement américains, ont pendant de nombreuses années intercepté des communications privées et publiques, avec l'appui du Royaume-Uni, le Canada, l'Australie et la Nouvelle-Zélande dans le cadre du Traité UKUSA (*UKUSA Agreement*). Appuyé par des satellites artificiels, de vastes bases d'écoutes situées aux États-Unis, au Canada (à Leitrim), au Royaume-Uni (à Morwenstow), en Australie (à Pine Gap) et en Nouvelle-Zélande (à Waihopai), des petites stations d'interception dans les ambassades et le sous-marin de classe Seawolf *USS Jimmy Carter,* les américains ont intercepté des télécopies, des communications téléphoniques, des courriels...Echelon aurait été utilisé pour faire gagner des contrats à des compagnies américaines, face à ses concurrents, comme Boeing contre Airbus. En effet, dans le cadre d'un contrat d'achat d'avions de 6 milliards de $ entre Airbus et la compagnie d'Arabie Saoudite, la NSA (National Security Agency) a intercepté les fax et les communications téléphoniques - transitant par satellites de communications - entre les deux partenaires. Les informations ainsi collectées ont été transmises à Boeing et Mc Donell-Douglas. Ce dernier a obtenu le marché. En 1994, la NSA a intercepté des appels téléphoniques entre Thomson-CSF et le Brésil pour le projet SIVAM, un système de surveillance de la Forêt Amazonienne de 1,3 milliards de USD. Thomson était - bien entendu - soupçonné d'avoir "acheté les membres stratégiques du gouvernement Brésilien".

Advanced Vortex et bien d'autres, capables de cibler sur demande nos téléphones et données informatiques[107].

Qu'est ce qu'une société de l'info-éthique

Le terme info-éthique vient de la contraction de deux mots : information et éthique. La question de l'information est à saisir sur le plan de la pertinence, mais aussi sur son origine, un point très important dans le cadre d'une communication mondialisée. Si la notion d'information paraît à peu près claire pour tous, il convient de signaler ici qu'elle est variable entendu par là que ce qui est information pour nous ne l'est pas toujours pour d'autres. On parle de potentiel, de capacité de stockage ou de diffusion, de giga ou de téraoctets, mais on ne s'interroge pas assez sur l'usabilité, la pertinence, la fiabilité des informations diffusées. L'information souhaitée est avant tout celle accessible aux destinataires et qui répond à leurs préoccupations. Elle utilise leur système de référence, s'adapte à leur mode de pensée tout en apportant quelque chose de substantiel aux savoirs existants. L'inadaptation au contexte culturel, le hiatus dans les différentes logiques expliquent bon nombre d'échecs connus dans le domaine de la communication pour le développement définie par Nora Québral[108], comme étant l'emploi des moyens de communication dans le but d'améliorer les conditions de vie et de travail des populations.

L'origine de l'information

Un autre aspect qui mérite qu'on s'y arrête est le fait que dans le cadre de la société de l'information, l'information va trop souvent du Nord vers « *le Sud, sous-développé et ignorant qui a tout à apprendre* ». Nous sommes donc dans une situation d'« *échange inégal* » et la question de la circulation de l'information soulignée par Hamid Mowlana, Dallas Smith, Karl Nordenstreng et Tapio Varis est certainement à remettre sur le tapis. Le rapport Mac Bride est encore d'actualité, en tous cas dans une certaine mesure la situation actuelle, ne saurait faire oublier le contexte du NOMIC, avec ses débats ayant déjà porté sur les inégalités en matière d'information

---

[107] Ces satellites de 100 mètres de diamètre coutent 1 milliard de dollars par exemplaire et l'Amérique est le seul pays à posséder de tels satellites.

[108] Nora Quebral cité par Guy Bessette, *Communication et participation communautaire*, Presses de l'Université de Laval, Laval, 2004.

et la publication du Rapport de Sean McBride en 1980, *Voix multiples, un seul monde.*

L'initiative de cette première réflexion d'envergure sur ce sujet revient au Symposium de l'information des pays non alignés, à Tunis en mars 1976, relayé par le directeur général de l'Unesco, Amadou Mahtar M'Bow. Celui-ci a créé, dès lors, la Commission Internationale d'étude des problèmes de la Communication (CIC) dont il a confié la présidence à l'ancien ministre des Affaires étrangères d'Irlande, fondateur d'Amnesty international, prix Nobel de la paix. On peut, d'ailleurs remonter plus loin et dire que les questions qui ont été posées au SMSI et le plan d'action sont malheureusement très proches du « chaînon manquant ». Je dis malheureusement, car, en 1985 déjà, le rapport de la commission Maitland se fixait comme objectif qu'au début du XXIe siècle tous les hommes devaient accéder au téléphone et profiter de tous les services que peuvent rendre les télécommunications. Ce rapport faisait suite à la Conférence de plénipotentiaires de l'UIT tenue à Nairobi en 1982 qui avait créé la Commission indépendante pour le développement mondial des télécommunications. Présidée par Sir Donald Maitland, la Commission avait reçu pour mandat de déterminer les obstacles au développement de l'infrastructure des télécommunications et de recommander des solutions pour stimuler l'expansion des télécommunications dans le monde entier. En 1985, la Commission a soumis au Secrétaire général de l'UIT d'alors, Richard Butler, un rapport intitulé Le Chaînon manquant, terme utilisé pour souligner l'absence chronique d'infrastructures des télécommunications dans les pays en développement. Au début de ses travaux, la Commission fut unanime à constater que « le profond déséquilibre qui ne cessait de croître en ce qui concerne la répartition des moyens de télécommunication au niveau de la planète était intolérable ». A cette époque, avant l'ère de la téléphonie mobile, on dénombrait dans le monde environ 600 millions de téléphones, dont les trois quarts étaient concentrés dans les neuf pays les plus industrialisés. Le quart restant était inégalement réparti dans le reste du monde, les pays les plus pauvres d'Afrique subsaharienne disposant souvent de moins d'une ligne fixe pour 500 personnes. Deux décennies plus tard, nous en sommes encore là.

Nécessité d'une production locale

La question de la production de l'information locale semble cruciale, elle ne peut être dissociée du contexte socio culturel, économique ou politique dans lequel vivent les populations du Sud. C'est d'ailleurs là la vision d'André-Jean Tudesq qui affirme que « *les inégalités de développement économique se traduisent aussi par des inégalités d'information* »[109].

Nous touchons ici à des questions polémiques mais qui méritent d'être soulignées. Ces problèmes relèvent de la gestion politique et sont en partie liées au fonctionnement du système international. On pourrait évoquer la propriété intellectuelle, toutes ces solutions que l'on essaie d'apporter à la fracture numérique mais aussi la façon dont on aborde la question de la gouvernance et qu'on réparti les noms de domaine à travers le monde. Nous savons tous que ces questions relèvent rarement de considérations éthiques. Elles procèdent davantage de stratégies de domination politique, culturelle ou économique. La question de la propriété intellectuelle peut être résumée par cette affirmation de Cees Hamelink :

« Ces dernières années, le régime international s'est éloigné des aspects d'intérêt public pour privilégier plutôt les intérêts économiques des propriétaires »[110], allusion faite au cycle général de révision du droit de la propriété intellectuelle qui va de la révision de la loi sur le droit d'auteur (*Copyright Act*) aux États-Unis de 1976[111] aux Accords internationaux sur la protection des droits intellectuels (Adpic[112]). La conséquence visible est l'apparition de nouvelles formes d'inégalité d'accès aux savoirs, les pays industrialisés détenant 97% de l'ensemble des brevets. En effet, une des difficultés tient à ce que les connaissances autochtones répondent mal aux exigences de protection prévues par les lois actuelles. En effet, la propriété intellectuelle doit être nouvelle, originale, innovatrice ou distincte pour pouvoir faire l'objet d'une telle protection. Si une collectivité autochtone dépose une demande de brevet pour une invention tirée de connaissances traditionnelles, on se demandera si elle peut satisfaire aux critères de la nouveauté, de l'utilité et de l'apport inventif. En outre, le caractère de droit individuel sur lequel repose la propriété intellectuelle ne tient pas compte de la nature collective du savoir traditionnel. Là où la protection de la propriété intellectuelle pourrait s'appliquer, les coûts excessifs d'enregistrement et de défense d'un brevet ou d'autres droits de propriété intellectuelle limitent en

---

109 André Jean Tudesq, *La radio en Afrique noire*, Pedone, Paris, 1993.

110 Cees Hamelink, ICTs and social development, the global policy context, UNRISD, Genève, 1999, p.5.

111 Le *Copyright Act* américain de 1976 fixe les droits des auteurs sur les œuvres originales et se présente sous la forme d'un contrat qui permet à l'auteur de céder ses droits à une tierce personne en échange d'une rémunération.

112 Aspects de droits de propriété intellectuelle qui touchent au commerce.

fait son utilisation pour la grande majorité des collectivités autochtones, surtout dans les pays en développement.

L'ÉTHIQUE

Le deuxième concept important pour comprendre l'info-éthique est l'éthique. Elle concerne la manière dont nous vivons les uns avec les autres, les uns par rapport aux autres et la prise en compte de l'autre dans nos actions, nos pensées, nos pratiques.

Rappelons que le besoin éthique n'est pas nouveau. Au IVème siècle avant JC, le serment d'Hypocrate garantissant les liens entre le médecin et ses patients. Dans le domaine des communications électroniques, il est intéressant de comprendre qu'autrefois, en France, par exemple, l'échange de correspondance relevait du Code des Postes Télégraphe et Téléphone (PTT) qui garantissait le principe de confidentialité (secret postal). Il était assuré par des fonctionnaires assermentés. Si le besoin éthique n'est pas nouveau il a resurgi avec une ampleur sans précédent dans la société moderne à cause de la forte croissance des échanges générant une profusion d'informations immédiates (ou en « temps réel ») et des questions posées dans la plupart des domaines où l'être humain est un acteur de premier plan. Mais aujourd'hui ce besoin est encore plus grand vues les dérives actuelles dans les usages des TIC. On pourrait évoquer la Vidéosurveillance, le traçage par RFID (*Radio Frequency Identification Data*), les systèmes de géolocalisation, de biométrie... Dans le domaine vestimentaire une société américaine a mis au point des chaussures intégrant une puce qui, moyennant un abonnement de 15 dollars par mois, permet de localiser le porteur à tout instant. Conçu pour la surveillance des enfants et des malades d'Alzheimer. Il est facile d'imaginer les autres usages qui peuvent en être fait. Bien entendu, il s'agira de rapports de force et la fracture se situera également à ce niveau, entre les pays qui surveillent et ceux qui sont surveillées. Les implications en matière économique sont importantes, mais c'est avant tout une question de liberté individuelle. Il s'agit de respecter l'article 12 de la convention des droits de l'homme qui est relative à la protection de la vie privée des individus. Cela est d'autant important qu'il y a un décalage entre l'emballement des innovations et la mise en place des cadres normatifs. C'est ainsi que de nombreux spécialistes incitent à la création d'observatoires, à l'implication de tous les acteurs sociaux, à la solidarité internationale et à la bonne gouvernance des institutions internationales régionales. La position éthique serait donc celle qui engendrerait le moins de bouleversements nocifs et qui n'irait ni dans le sens de l'exagération, ni dans le défaut. Mais comme le précise Rawls, la justice doit être fondée sur des principes d'équité.

Prise en compte des acteurs du sud

La communication avec les acteurs du Sud, met en jeu la confrontation des idées, c'est-à-dire des références, des croyances, des modes de pensée. La référence à l'autre et à son univers est encore plus importante dans la société de l'information puisque les univers qui séparent les différents protagonistes sont très grands. En effet, la communication n'est pas une sorte de substance que l'on pourrait doter d'attributs précis, mais plutôt un ensemble de pratiques sociales diversifiées, une constellation de processus sociaux. Si les outils y sont identiques, les modèles culturels et sociaux sont différents. La communication inclut la création de sens qui, est essentiellement culturelle. Elle suppose donc l'appartenance au même univers socioculturel et le partage des mêmes valeurs, quand il ne s'agit pas de souvenirs, de références, d'expériences, de langues ou de stéréotypes identiques. On sait par exemple que la culture africaine se véhicule oralement et de nombreuses connaissances souffrent de l'ouverture renforcée par les TIC.

Qu'est ce que l'info-éthique ?

L'info-éthique est donc une information adaptée et qui reposerait sur des valeurs fondamentales de la société. Ces valeurs si l'on s'attache à la ligne d'action C10 du plan d'action de Genève, sont des valeurs de démocratie, de liberté de paix, de solidarité. L'info-éthique repose sur le respect de la diversité, sur la responsabilité partagée et le consentement éclairé. Le plan d'action de Genève, dans sa ligne d'action C10 stipule que : La société de l'information devrait reposer sur des valeurs universelles, chercher à promouvoir le bien commun et éviter les utilisations dommageables des TIC. Prendre des mesures pour promouvoir le respect de la paix et préserver les valeurs fondamentales que sont la liberté, l'égalité, la solidarité, la tolérance, le partage des responsabilités et le respect de la nature.

Qu'est-ce-que la société de l'info-éthique ?

La société de l'info-éthique serait donc une société dans laquelle l'information et les technologies nécessaires sont envisagées de manière responsable c'est à dire avec prudence et en associant à la réflexion, l'ensemble des populations concernées, ce qui revient à évoquer la nécessité d'» un vrai dialogue, fondé sur le respect de valeurs partagées par tous et la dignité de chaque civilisation et culture ». Le principe de l'autonomie c'est l'aptitude d'un individu à se construire lui-même sans le regard de l'autre et à pouvoir apporter un apport original à la construction de la société.

Autonomie individuelle et autonomie collective sont des biens communs. Nous avons besoin d'une société où les gens se différencient, or cette autonomie est mise en cause par les TIC. L'autonomie c'est le droit de se déconnecter, c'est le droit de protéger sa vie privée. Elle implique le devoir de transparence, la possibilité de savoir, qui détient mes données. Que penser de nombreuses données disponibles sur Spot, Landsat et autres sur les pays en développement, alors que les pays concernés n'y ont pas accès. Ces données permettent de biaiser les négociations avec les multinationales qui elles, y ont accès. C'est donc une question de responsabilité sociale. La notion de responsabilité sociale se fonde sur la reconnaissance du fait que la vie des individus en société entraîne des interdépendances, ce qui implique des obligations réciproques liées aux relations économiques, politiques et sociales qu'ils entretiennent mutuellement. La responsabilité sociale concerne avant tout les conséquences de nos actes. N'y aurait-il pas une réflexion à mener sur la responsabilité de certaines sociétés qui, en raison d'intérêt privées créent des applications qui peuvent être nocives pour certains utilisateurs ?

Peut-on naturellement penser que l'exploitation du coltan[113] n'ait pas eu d'implications dans les conflits meurtriers de la République du Congo démocratique ?

---

113 Ce minerai rare, indispensable pour la fabrication des téléphones portables, des navettes spatiales, des ordinateurs et des missiles apparaît comme un enjeu majeur des belligérants congolais. Il est plus cher que l'or et malheureusement, presque toutes les réserves connues sont dans les sables du Congo.

Pourquoi repenser la société de l'information ?

La société de l'information actuelle est fondée sur le principe de la nécessité. On assiste à un véritable engouement des acteurs politiques à transformer leurs villes en cités numériques. L'idée sous jacente c'est que la technologie entraîne le développement, elle est d'ailleurs signe palpable de l'élévation du niveau de vie. Construire la cité numérique c'est donner accès à tous au savoir, mais a-t-on une fois au moins pensé aux conséquences autres que celles prétendues bénéfiques ?

Le recadrage envisagé suppose donc de briser toutes les conventions tacites ou affirmées, de procéder à une certaine disruption.

CHAPITRE III
QUELLE INFORMATION POUR QUEL DÉVELOPPEMENT ?

Au-delà des considérations globales, la société de l'information ne peut être comprise qu'en lien avec le concept d'information. Le présent chapitre va donc nous permettre de mieux l'approcher sur le plan étymologique. Nous nous attacherons à en faire ressortir les glissements de sens et à l'intégrer dans son contexte d'usage, la quête du développement.

L'INFORMATION EN QUESTION

> *« Étymologiquement l'information signifie mettre en forme, forme désignant le contraire de ce qu'elle signifie aujourd'hui c'est-à-dire l'essence »*[114].
>
> *Cette définition rejoint celle qui considère que « l'information est ce qui forme, façonne, transforme un élément de la réalité et permet ainsi de la représenter »*[115].

A ce stade, l'information est saisie donc comme une matière première informe, en ce sens que personne ne lui aurait encore donné de véritable « *forme* ». Pour les juristes, l'information désignerait la construction de l'ensemble des renseignements à la recherche de la preuve. En tant que renseignement, l'information se rapproche de la notion de communication, entendue ici comme échange d'informations. En effet, celle-ci est parfois perçue comme une fraction de la connaissance, d'où la définition shannoniène de l'information réductrice de l'incertitude, définition se rapportant au contexte de l'ingénieur des télécommunications.

Toute relation d'information est précédée d'une interrogation et vise à éliminer un doute[116]. En effet, l'information permet de connaître, de comprendre et d'agir. Mais l'idée d'une information en rapport direct avec le monde extérieur apparaît plus clairement dans la définition de Norbert Wiener qui la décrit comme étant

---

[114] Bernard Voyenne, *L'information aujourd'hui*, Armand Colin, Paris, 1979, p.16.

[115] Jean-Pierre De Loof, Christian Le Maignan, Claude Mazeas, *Les attentes des utilisateurs en information scientifique et technique*, La Documentation française, Paris, 1978, p.15.

[116] Daniel Confland, *Économie de l'information spécialisée, valeur, usages professionnels, marchés*, ADBS, Paris, 1997.

« le nom du contenu de notre échange avec le monde extérieur pendant que nous nous ajustons à celui-ci et que nous lui faisons subir le processus de cette adaptation »[117].

Nous voyons, à partir de cette définition, l'influence de la vision cybernétique[118] de la société. Avec le développement de la presse mécanisée, l'information aura une acception nouvelle, celle de diffuser.

Certains auteurs soulignent la nécessité de distinguer l'information 1 dite mathématique de l'information 2 dite sociale[119]. L'information 1 s'apparenterait au code source[120] d'une page, une série de signes qui pour beaucoup n'ont aucun sens et qui s'inscrirait dans le cadre d'une procédure technique. Cette vision de l'information est celle représentée par Claude Shannon (théorie mathématique de la communication), qui ramène l'information à la notion de signal. Dans cette approche, la question du sens n'apparaît pas puisque les ingénieurs penchent pour une accessibilité immédiate. Quant à la vision sociale de l'information (information 2), elle confère à cette dernière une signification plus profonde dans la mesure où celle-ci s'inscrit dans le cadre des pratiques sociales. En effet, comme l'explique Robert Escarpit, il n'y a de l'information dans un système que s'il implique des êtres intelligents capables de l'interpréter[121]. En d'autres termes, l'information est la réponse à un besoin exprimé par les individus. Cette dimension humaine de l'information incite à nous poser la question suivante : *quelle information pour quel développement* ?

L'information est aussi, comme l'explique Roger Clausse, « effort d'argumentation qui, grâce aux techniques discursives, permet de provoquer ou d'accroître l'adhésion des esprits aux thèses que l'on présente à leur assentiment »[122]. L'information n'est donc plus cette relation des faits, situations, actions ou pensées mais une création en vue de convaincre, en faisant appel à un vocabulaire, à un lexique, à une syntaxe, à un style, à des méthodes autres que celles de l'information classique. Mais, au-delà de

---

[117] Norbert Wiener, *op.cit.*, p.291.

[118] La pensée cybernétique instaure un nouveau rapport à la machine en effaçant de manière symbolique la frontière entre le vivant et le non-vivant. En ce sens, elle propose une dévalorisation de la raison qui n'est plus l'apanage de l'humain puisqu'elle caractérise désormais le non-vivant, la machine.

[119] Yves Jeanneret, *Op.cit.*

[120] Le code source est un ensemble d'instructions écrites dans un langage de programmation informatique compréhensible par les humains permettant d'obtenir un programme pour un ordinateur.

[121] Robert Escarpit, *L'information et la communication : théorie générale*, Paris, Hachette, 1991.

[122] Roger Clausse, *Les nouvelles, synthèse critique*, Institut de sociologie de l'université libre de Bruxelles, Bruxelles, 1963, p.20.

l'argumentation, l'assentiment ou l'adhésion est fortement liée à la valeur de l'information diffusée. La question de la valeur nous incite à prendre en compte l'être dans toutes ses dimensions. En effet, l'être n'agit que si le bénéfice qu'il tire de l'acte est plus grand que le coût que celui-ci implique.

La notion de bénéfice[123], bien connue dans le domaine du marketing, a souvent expliqué le rejet ou l'acceptation des informations diffusées dans le cadre des projets de développement. Au regard de la société de l'information, cela équivaut à prendre en compte l'information diffusée et à l'adapter aux attentes des « *destinacteurs* ». Le bénéfice évoqué ici n'est pas simplement matériel ou financier, il peut être spirituel, social. La productivité, l'efficacité, le gain financier ne sont pas toujours des « *éléments moteurs* » du changement social. L'information est donc à analyser en interaction avec l'environnement concerné. En effet, la plupart des éléments avec lesquels nous n'avons pas de rapport nous laissent indifférents. L'intérêt d'un produit vient en partie de ce qu'il apporte à son environnement[124]. Bien entendu, dans cette appréciation, interviennent des facteurs aussi bien techniques, commerciaux que subjectifs. Cela suppose que l'appréciation d'une information peut varier en fonction du contexte et de l'individu. Certaines informations trop complexes perdent leur valeur parce que l'utilisateur potentiel ne possède pas le « *mode d'emploi* » ou simplement parce que le contexte d'application ne permet pas leur pleine utilisation. Or, dans le cadre de la communication pour le développement, l'information va trop souvent du Nord vers « *le Sud, sous-développé et ignorant qui a tout à apprendre* ». Mais au-delà de l'origine, l'information adaptée au développement souhaité est avant tout celle diffusée dans une langue compréhensible par les destinataires et qui répond à leurs préoccupations. Elle utilise leur système de référence, s'adapte à leur mode de pensée tout en apportant quelque chose de substantiel aux savoirs existants. Ce n'est donc pas le vecteur technologique qui la détermine, elle emprunte tous les moyens disponibles, sans exclusion.

---

123 Le bénéfice est l'avantage obtenu par le consommateur du produit. Il n'est pas dans le produit, mais dans l'esprit de celui-ci. La communication publicitaire est généralement utilisée pour mettre en valeur ce bénéfice consommateur, afin de sensibiliser celui-ci à l'intérêt pour lui de faire l'acquisition du produit. L'avantage promis doit être concret et appartenir à l'univers du consommateur.

124 Dans son ouvrage, *La gestion des sources d'information documentaire dans les pays en développement* (thèse Bordeaux 1993), Michel Menou dénonçait le fait que le mot information dans les pays en développement caractérise essentiellement l'information exogène.

DE LA VALEUR DE L'INFORMATION

La valeur de l'information est perçue comme le résultat d'une distinction floue, entre sa valeur d'usage et sa valeur d'échange[125]. Celle-ci est censée aboutir à une appréciation objective fondée sur les coûts[126] de production.

En effet, la valeur de l'information (quand elle relève d'un marché) est liée à un coût de collecte et d'élaboration[127]. Deux conceptions peuvent alors se mettre en opposition : celle des tenants de la mission d'intérêt général de l'information qui met en avant la formation des citoyens éclairés[128], ceux qui pensent avant tout à l'intérêt strict de l'entreprise chargée de produire et diffuser cette information. Il se pose ici, à n'en point douter, un véritable problème éthique dans la mise en place de la société de l'information et dans le choix des stratégies à adopter.

Le coût peut être lié au prix, mais aussi au temps, à l'énergie ou à la psychologie[129]. Le coût généralisé est la somme de temps, des efforts psychologiques, des prix et des énergies dissipées dans une action donnée.

Dans le cadre de la société de l'information, un axe majeur apparaît à savoir l'accessibilité de l'information qui est également liée à l'accessibilité des TIC et leur « *usabilité* ». L'accessibilité est généralement envisagée dans la perspective d'un déplacement physique c'est-à-dire en terme de distance, qu'il s'agisse de distance euclidienne, de distance topologique, de distance-temps ou encore de distance-coût. Or le concept d'accessibilité est plus complexe dans la mesure où il tient compte des conditions dans lesquelles des individus peuvent, dans les faits, accéder aux ressources dont ils ont besoin et des contraintes qui s'exercent. Le coût de l'accès à certaines ressources est un des motifs les plus évidents des inégalités d'accessibilité aux ressources. En effet, tout comme l'émission, la réception de l'information occasionne des coûts car elle prend du temps et nécessite des moyens à la fois techniques et culturels[130]. Ceci est d'autant plus vrai que

---

[125] Michel Mathien, *Économie générale des médias*, Ellipses, Paris, 2003.

[126] Le concept de « coût » a joué en économie un rôle déterminant. Il a été l'une des notions de base de l'économie politique du XIXe siècle. L'idée de coût a été liée au XIXe siècle à l'image du marché et à celle de l'homme économique avec une référence à l'argent.

[127] Michel Mathien, *op.cit.*

[128] Dans la théorie néoclassique et plus particulièrement pour les tenants de la valeur utilité, l'information est gratuite, directement disponible, elle existe comme l'air, l'atmosphère.

[129] Le coût énergétique s'entend comme le nombre de kilomètres ou kilowatts consommés, le coût psychologique désigne la mobilisation de l'aspect mental de l'être.

[130] Michel Mathien, *op.cit.*

dans la perspective de la société de l'information, des débats importants ont eu lieu autour de ces moyens.

La proposition faite par le Bangladesh au sujet des coûts d'accès pour les pays les moins avancés, par exemple, a entraîné une levée de boucliers mémorable avec, pour conséquence, une suspension de séance lors du PrepCom-3 de la phase de Tunis (Genève, 19–30 septembre 2005). Le Bangladesh a proposé que soit indiqué, dans le *Document politique,* la nécessité d'une bonne pratique dans le transfert de technologies vers les pays en développement. D'évidence, il y a des disparités considérables en matière de coûts de connexion et ceux-ci restent encore dissuasifs pour certaines catégories de la population mondiale. La conséquence est qu'aujourd'hui, seulement 11 % de la population mondiale ont accès à l'Internet et, parmi les connectés, 90 % sont issus des pays industrialisés. En effet, les coûts peuvent constituer un obstacle[131] (économique ou non) à l'appropriation de l'information. Cette question dépasse donc la simple connectivité pour intégrer d'autres aspects (financier, énergétique, temporel, psychologique...).

Le deuxième axe, celui de l'« *usabilité* », intègre aussi bien la question de l'acceptabilité, de l'appropriation que celle de la validité ou de l'adaptabilité des technologies et de l'information au contexte d'utilisation. L'« *usabilité* » mesure jusqu'à quel point un produit, un service ou un système est prêt à l'usage[132]. Cette notion est essentielle dans la compréhension des problèmes communicationnels du développement dans la mesure où celui-ci s'inscrit dans un cadre extrêmement complexe (complexité des moyens, informations, projets, processus...).

L'acceptabilité d'une information ou un dispositif par un public donné peut être comprise comme l'engagement des acteurs face à un choix qui ne correspond pas à un besoin non satisfait explicite vis-à-vis de cet outil technique[133]. L'acceptabilité « *se construit à partir de données mesurables et d'actions de communication qui ont pour objet d'établir une relation de confiance* »[134] entre les publics et les innovateurs. Elle se fonde sur « *des valeurs de respect et d'éthique* ». L'acceptabilité sociale d'une information

---

131 André Jean Tudesq, « Les obstacles à la lecture de la presse », *Les obstacles à l'information,* actes du congrès de la SFSIC, Talence, 1980.

132 Yves Le Coadic, *Usages et usagers de l'information,* Nathan, Paris, 1997.

133 Yves Ardourel, « Plates-formes numériques pour la formation et les apprentissages. Introduction de la notion d'acceptabilité », *Les recherches en information et communication et leurs perspectives,* actes du Congrès national de la Société Française des Sciences de l'Information et de la communication, SFSIC, Marseille, 2002, pp.115-123.

134 Yves Ardourel, *op.cit.,* p.117.

n'appartient pas au même champ d'intervention que son « *utilisabilité* ». Elle met en œuvre un certain nombre de conditions socioculturelles. En effet, la disponibilité de l'information ne suffit pas. Il faut que le message puisse être décodé du point de vue du langage et du point de vue de son sens. Outre le déchiffrement, la pleine valeur d'usage de l'information nécessite que puissent être repérées ses possibilités et conditions d'utilisation[135]. De nombreuses informations diffusées à travers les TIC ne peuvent pas être utilisées parce que l'univers auquel elles font référence est différent de celui de l'utilisateur. Dans le domaine de la santé, par exemple, la plupart des informations partent du fait que tout le monde a accès au médecin, à la pharmacie, au thermomètre... Or, beaucoup de personnes continuent à se soigner par les plantes et ne consultent que des tradithérapeutes. La diffusion de l'information n'implique donc pas nécessairement son appropriation par un tiers puisque celle-ci nécessite qu'elle soit reconnue comme information, c'est-à-dire comme ayant du sens, ce qui inclut la question de sa pertinence pour le système. Dans cette opération, le niveau d'alphabétisation joue un rôle important dans la mesure où la plupart des informations disponibles sur Internet sont en langue étrangère aux pays en développement. Le tableau suivant montre l'importance de l'analphabétisme dans le monde.

L'analyse développée par les chercheurs de Palo Alto[136] se positionne en rupture avec l'angle d'approche dominant dans les sciences du comportement, en particulier en matière de psychopathologie, qui consiste à considérer isolément un individu. Pour les chercheurs de cette « école », un phénomène demeure incompréhensible tant que le champ de communication n'est pas suffisamment large pour qu'y soit inclus le contexte dans lequel se produit ce phénomène. Il ressort de cette analyse que l'information ne se suffit pas à elle-même. « *Elle nécessite, pour être opérationnelle, une information liée, une information sur l'information, une méta information* »[137]. Nous abordons donc ici la question de la *décidabilité* de l'information souvent reliée au fait que toute information comporte une part d'incertitude. Pour être « *décidable* », l'information doit être combinée à une information qui joue en quelque sorte le « *mode d'emploi* ».

---

135 Anne Mayère, *Pour une économie de l'information*, CNRS, Paris, 1990.

136 L'École de Palo Alto, dont la naissance se situe aux environs de 1950, a pour centre d'intérêt la compréhension du fonctionnement des interelations entre individus et groupes et particulièrement les interactions « *malades* » dans le cadre d'opérations thérapeutiques (Gregory Bateson, Paul Watzlawik...)

137 Anne Mayère, *op.cit.* p.138.

Mais, est-il possible d'envisager un « *mode d'emploi* » universel, qui s'adapterait à tous ? Le risque est que la société de l'information en construction se contente d'acheminer des flux, sans se préoccuper de leur « *décidabilité* ». Cette idée est, d'ailleurs, à mettre en rapport avec le concept d'« *acceptabilité* ».

L'appropriation peut être comprise comme l'acte de rendre propre à une destination, une utilisation précise. L'appropriation suppose donc du bénéficiaire des prérogatives étendues sur l'information générale et spécialisée. En d'autres termes, il a le droit d'en jouir. Sauf que dans ce cas précis, l'appropriation n'est pas synonyme d'expropriation : l'information étant un bien indivisible, l'acte de s'en approprier ne se fait pas en défaveur d'une tierce personne. C'est ce qui fait dire à Daniel Confland[138] qu'elle est un bien partageable autrement dit duplicable à l'infini. L'appropriation n'est donc pas la simple acquisition, mais une nouvelle expression de l'information dans laquelle se combinent créativité et adaptabilité. C'est à ce niveau qu'intervient le récepteur inventeur qui aujourd'hui ne se situe plus à la fin du processus de communication puisqu'il en est le cœur. Ce destinataire qui braconne, ruse, insuffle une nouvelle dynamique.

La question de savoir *quelle information pour quel développement* n'est donc pas simple. Toutefois, il convient, dès le départ, d'établir un rapport étroit entre le type d'information diffusée et le développement voulu. Trop souvent, l'information diffusée par les instances officielles ne correspond ni aux capacités des populations destinataires, ni au modèle de développement approprié pour les utilisateurs. Notre approche intègre donc à la fois les possibilités techniques, culturelles, financières et matérielles des personnes, c'est-à-dire la capacité de donner forme à des données recueillies par quelque moyen que ce soit. En conséquence, nous nous attachons, non seulement à la notion de transmission, mais aussi à celle de réception, voire de résistance, cette dernière pouvant être mise en perspective avec la manipulation. L'information pour le développement devrait être celle qui renforce les potentialités endogènes, celle qui intègre les apports externes tout en sauvegardant les acquis, qui enrichit les savoirs locaux sans les dégrader et les nier. Mais cette information est indissociable de la communication, puisque c'est à travers elle que se réalise son adaptation. Ceci est d'autant plus important que dans le « *vent* » de la société de l'information, l'information tend à se substituer à la communication. Or, la réalité désignée n'est pas une simple fonction technique, mais une pratique sociale complexe. La revalorisation d'une information endogène pose les

---

138 Daniel Confland, *Économie de l'information spécialisée*, ADBS éditions, Paris, 1997.

bases d'un développement exogène, sans s'enfermer, puisque, pour se développer, l'être humain a besoin des autres qui à la fois le limitent et le renforcent. La communication pour le développement a pour fondement la bonne articulation des ressources endogènes et exogènes. L'information diffusée dans ce cadre doit, avant tout, permettre aux pays en développement de découvrir leurs potentialités et de tracer la voie du développement qu'ils souhaitent.

CHAPITRE IV
LE PARTAGE DES SAVOIRS

LA PLACE DES SAVOIRS AUTOCHTONES

On observe sur Internet une quasi-absence des savoirs autochtones, c'est-à-dire, ceux appartenant à une culture, à une société ou à une localité donnée. Pourtant, le *Rapport mondial sur le développement humain* de 1998[139] insiste sur la nécessité de s'appuyer sur les savoirs locaux pour un développement durable. En effet, il est aujourd'hui communément admis que les connaissances autochtones constituent la base des prises de décisions en matière d'agriculture, de santé, de gestion des ressources naturelles et donc de développement. Un rapport du Programme des Nations unies (PNUD) réalisé en 1994 estime que la population mondiale est aujourd'hui dépendante à 80 % du savoir indigène pour se nourrir et se soigner. Sur le plan économique, cela représente un marché important. A titre d'exemple, le marché des produits génétiques, en pleine expansion, représente 110 milliards de dollars en 2005. Les prévisions du groupe Monsanto[140] concernant le seul marché des plantes génétiquement modifiées s'élèvent à 6 milliards de dollars. Pour l'industrie pharmaceutique, l'extinction de chaque plante médicinale pourrait entraîner une perte potentielle de plus de 200 millions de dollars... Au-delà donc de l'aspect culturel, les savoirs endogènes sont au cœur de véritables enjeux économiques et financiers. Le but est, comme le stipule l'article 8 de la convention de la biodiversité, non seulement de les respecter mais aussi, d'arriver à un partage équitable des biens découlant de l'utilisation de ces connaissances. C'est là justement qu'apparaît la nécessité d'une gouvernance plus équitable car en même temps que nous nous confrontons à la difficulté de faire admettre l'idée de la connaissance comme « *bien public mondial* », s'organise le plus aisément possible le pillage des savoirs autochtones. Le Houdia[141] (*hoodia gordonii*), le

---

[139] PNUD, Rapport mondial sur le développement humain 1998, Economica, Paris, 1998.

[140] Créé en 1901 aux États-Unis, Monsanto, 6,3 milliard de dollars de chiffre d'affaires, est le troisième intervenant mondial de l'agrofourniture.

[141] Le hoodia (*hoodia gordonii*) est un cactus cultivé par la tribu des « san ». Cette « plante succulente» aurait des vertus pour le moins incroyables : une molécule « miracle » a été isolée dans le hoodia. Cette molécule hautement active agit directement sur la partie du cerveau contrôlant la satiété, comme le fait le glucose. Mais contrairement au glucose, cette molécule

Neem (*Antelaea azadirachta*)[142], le Yohimbé (*Pausinystalia Yohimbe*)[143], ne sont que des exemples d'application de connaissances autochtones dans la médecine moderne, faisant le bonheur des grandes firmes pharmaceutiques, au détriment de la nature et des peuples détenteurs de ces savoirs et savoir-faire. Le fait est que ceux qui achètent le savoir local disposent du pouvoir, de la technologie, de renseignements « *privilégiés* » et de systèmes économiques complexes qui leur permettent de profiter indûment de ceux qui ont créé le savoir, en particulier les femmes, qui ont moins facilement accès aux structures du pouvoir.

Ces savoirs ne sont pas infaillibles, ils sont susceptibles d'erreur, mais ils sont généralement adaptés au milieu. Leur revalorisation, à travers les TIC, doit se faire avec une attitude critique. Certes, l'utilisation des TIC dans la circulation des connaissances locales reste une exception. Les offres de contenus disponibles sur Internet, par exemple, laissent très peu de place aux savoirs en question.

Fort heureusement, nous assistons aujourd'hui à la multiplication d'expériences menées en vue de collecter, de stocker et de diffuser les connaissances autochtones. La fondation américaine pour les sciences, les instituts nationaux de la santé des États-Unis et l'agence des États-Unis pour le développement international (USAID) ont, par exemple, réuni des chercheurs universitaires, des sociétés pharmaceutiques, des ONG (Organisation non gouvernementale) et des représentants des peuples autochtones dans un consortium pour recenser des matériels génétiques et biochimiques pouvant s'avérer rentables. Ces différents chercheurs travaillent à distance en exploitant les possibilités des TIC. Dans le domaine agricole, le système AGRIS[144] se préoccupe beaucoup des savoirs locaux. Il

---

n'apporte aucune calorie. Depuis des siècles, les San (mieux connus sous le nom de Bushmen) utilisent ce cactus géant comme coupe-faim. Cette plante sauvage haute de deux mètres, que l'on ne trouve qu'en Afrique australe, leur permet, une fois coupée en tranches, d'endurer de longs périples dans le désert du Kalahari. Les jeunes, plus détachés des traditions, se servent aussi du hoodia pour « garder la ligne ». Des essais cliniques pour des personnes obèses montrent une réduction d'apport calorique de 30 % à 40 %.

[142] A base de Neem, utilisé depuis plus de 2000 ans dans la médecine traditionnelle indienne, a été commercialisé un shampooing naturel spécialement étudié pour éliminer les insectes et les parasites les plus tenaces (poux, acariens, tiques...). Curatif et préventif, il est adapté aux personnes allergiques.

[143] Cette plante puise ses origines en Afrique tropicale. Son écorce renferme un alcaloïde : la yohimbine. Cette dernière est utilisée pour ses propriétés vaso-dilatatrices périphériques.

[144] AGRIS est le système international d'information pour les sciences agricoles et la technologie, créé par la FAO en 1974 pour faciliter l'échange d'informations et identifier la littérature mondiale traitant des divers aspects de l'agriculture. AGRIS est un système coopératif dans lequel les pays participants entrent les références de la littérature produite à l'intérieur de leurs

s'agit d'un système créé par la FAO (*Food and Agriculture Organization of the United Nations*) pour faciliter l'échange d'informations. L'unité de traitement de Vienne a collecté à ce jour plus de 3 millions de références. Un peu partout dans le monde, les chercheurs de l'OMS (Organisation mondiale de la santé), ceux de l'IRD (Institut de recherche pour le développement) et bien d'autres encore, sillonnent les villages au contact des guérisseurs et autres tradithérapeutes pour recenser et consigner les savoirs utiles pour la science moderne. Ces chercheurs ont autrefois été regroupés au sein d'un réseau, précurseur de l'Internet en Afrique, RIO (Réseau intertropical d'ordinateurs) dont la coordination était assurée par le Centre de coordination et d'appui technique de Montpellier.

Toutes ces expériences prennent appui sur le développement de l'audio et surtout de l'image numérique. Nous pouvons d'ailleurs trouver dans les Cd-rom produits puis diffusés dans les réseaux (celui des radios rurales par exemple), des témoignages oraux de tradipraticiens ainsi que des images des plantes à grande valeur sociale.

Pourtant, même si de nombreux spécialistes affirment que les technologies de l'information sont une nouvelle occasion de dynamiser le partage des savoirs[145], malheureusement, en même temps que les savoirs endogènes participent au jeu de la globalisation, s'opère un formatage souvent inconscient, de nature à les approcher le plus possible, des savoirs dits universels. Plus que d'un simple mimétisme dû à la coexistence imposée par la société de l'information, c'est d'une réelle expression des rapports de force qu'il s'agit.

L'ÉTAT DE LA RÉFLEXION SUR LES CONNAISSANCES ENDOGÈNES

Les technologies et les systèmes de connaissances autochtones ont déjà été étudiés par les chercheurs en anthropologie sociale. Toutefois, la plupart des recherches se limitent à l'étude de transfert entre communautés autochtones et n'envisagent ni le transfert Sud/Nord, ni l'intégration de ces connaissances dans un système mondialisé. En ce qui concerne l'Afrique,

---

frontières et reçoivent, en retour, l'information fournie par les autres participants. 240 centres nationaux, internationaux et intergouvernementaux y participent.

145 Pour certains chercheurs, les TIC seraient plus propices au partage des données. On fait donc ici une distinction entre les données (collection d'états faits de mesures, de statistiques), les informations (ce qui modifie une représentation mentale) et la connaissance (information contextualisée, pertinente et opératoire).

par exemple, la réflexion sur les savoirs remonte aux années 1900, avec notamment la publication d'une revue tenue par les missionnaires, *La reconnaissance africaine*[146]. Cette initiative sera renforcée dans les années 1920 par les étudiants africains en France autour de Léopold Sedar Senghor. *La philosophie bantoue*[147] de Tempels, les ouvrages de critiques épistémologiques et idéologiques de Houtondji[148], viennent enrichir ces travaux. Au sein de l'ethnologie, Lévi-Strauss[149] a également abordé cette question.

Même s'il n'y a pas d'engouement sur la thématique des savoirs locaux, dans le domaine des Sciences de l'information et de la communication, le savoir, comme ensemble complexe de données utiles à une organisation humaine, est au cœur des problématiques de la discipline. Il peut être rapproché des courants orientés vers l'acteur. Avec les médias de masse se dégagent des postures plus critiques, mettant en avant les risques d'aliénation culturelle et de stérilisation des savoirs endogènes et d'autres attirant l'attention sur les conséquences de l'exploitation massive de ces ressources qui pour la plupart du temps ne profitent qu'aux industriels[150].

Nous voici donc dans un rapport au savoir différent de celui de l'École de Francfort qui axe la recherche sur l'inégalité des flux et que l'on pourrait rapprocher du débat autour du Nouvel ordre mondial de l'information et de la communication. Ce qui ressort ici, ce n'est plus un envoi trop massif d'informations vers le Sud, mais une extraction sauvage des connaissances. Dans cette opération, les savoirs endogènes sont identifiés, validés et traités avec un regard extérieur à la communauté[151]. C'est ainsi que sont sélectionnées les bonnes pratiques, évalués et réinterprétés les savoirs. Une fois validés et testés, les savoirs sont transférés dans d'autres communautés.

---

[146] Bi-mensuel publié à Cotonou de 1925 à 1927.

[147] Placide Tempels, *La philosophie bantoue*, Présence africaine, Paris, 1945.

[148] Paulin Houtondji, *Sur la philosophie africaine*, Maspero, Paris, 1977.

[149] Dans son ouvrage, La Pensée sauvage (1962), Lévi-Strauss s'attaque à cette idée préconçue selon laquelle la mentalité primitive, serait une pensée simple, une pensée à peine ébauchée qui ne serait que la première étape d'un processus, d'une évolution qui conduirait l'humanité vers des formes plus complexes de réflexion. Loin de considérer magie et science comme une ébauche et un achèvement, il nous faut plutôt, dit Lévi-Strauss, les considérer comme deux modes de connaissance différents, certes inégaux quant à leurs résultats théoriques et pratiques, mais qui, tous deux, supposent des opérations mentales complexes.

[150] Selon une étude du PNUD (Programme des Nations unies pour le Développement), les pays en développement devraient recevoir 5,3 milliards de dollars s'ils étaient compensés à hauteur de 2 % en royalties sur les ventes globales de l'industrie semencière et de 20 % pour les produits pharmaceutiques dérivés des plantes et des savoirs indigènes.

[151] Alain Kiyindou, « TIC et partage des savoirs dans les sociétés rurales africaines », Jean-Paul Metzger (dir.), *Le partage des savoirs, logiques, contraintes et crises*, l'Harmattan 2004, pp101-108.

Nous utilisons volontiers l'idée de particularisation chère à Arun Agrawal[152]. La notion de formatage évoquée plus haut et qu'Anne Mayère[153] exprime en termes de standardisation, avec un regard largement influencé par la sociologie de la traduction[154], décrit la même réalité.

En effet, dans la recherche des savoirs endogènes, les agents de développement s'intéressent surtout à des savoirs généralisés : c'est la capacité à être généralisée qui détermine la valeur de l'information. L'idée sous-jacente est qu'un élément particulier de savoir endogène n'est réellement utile au développement que s'il est susceptible de généralisation. S'il ne convient que pour un seul contexte particulier, nous ne nous y intéressons pas et c'est l'utilité supposée d'un savoir qui commande sa diffusion. En outre, la première exigence des agents envoyés sur le terrain pour recueillir les données est que le savoir utile soit séparée des autres connaissances, des pratiques du milieu, du contexte et des croyances culturelles. Cette opération de séparation s'appelle particularisation[155]. Elle ne tient pas compte de l'importance du contexte dans lequel sont produits ces savoirs et donne l'impression que toutes les pratiques sont généralisables alors qu'il s'agit avant tout de réactions à un environnement donné. Or, le savoir est une richesse indissociable des croyances et des valeurs. Une fois particularisé, le savoir identifié doit être testé et validé à l'aide des critères qui sont appropriés aux yeux de la science ou du moins formatés pour une meilleure lisibilité scientifique. Le savoir autochtone remanié à l'image de la science perd toute sa substance au point qu'il n'existe plus par lui-même puisqu'on ne le reconnaît qu'en se basant sur des critères exogènes[156].

La logique de validation a pour corollaire l'abstraction, une logique qui obéit en général au souci de fournir une information lisible, mais une lisibilité qui se fait à partir d'un traitement opéré avec un regard souvent différent de celui des détenteurs de ces savoirs[157]. En effet, pour que l'information ait toute son efficacité, nous ne devons retenir que les pratiques les plus importantes afin de ne pas lasser les lecteurs avec des

---

[152] La première exigence des agents chargés de recueillir les données est que le savoir utile soit séparé des autres connaissances, des pratiques, du milieu, du contexte et des croyances culturelles.

[153] Anne Mayère *op.cit.*

[154] La sociologie de la traduction est une théorie sociologique et épistémologique qui a été développée par Michel Callon et Bruno Latour. Elle est aussi parfois appelée Théorie de la Traduction ou Théorie de l'acteur-réseau.

[155] Arun Agrawal, « classification des savoirs autochtones : la dimension politique », *Revue internationale de sociologie* n° 173, Unesco /ERES, 2002, pp321-324.

[156] Tanella Boni, *op.cit.*

[157] Alain Kiyindou, *op.cit.*

informations « *inutiles* » et obtenir le maximum d'effet. La conséquence en est que les savoirs consignés dans la plupart de ces bases sont tous des savoirs explicites[158]. Cette abstraction peut être source de conflits si elle n'est pas réalisée avec finesse. Mais, pourquoi estimons-nous que les savoirs écrits sont plus crédibles que les témoignages oraux ? Pourquoi percevons-nous la transcription comme le moyen le plus fiable de ne pas perdre les connaissances traditionnelles ?

CONSÉQUENCES SOCIALES DU PARTAGE DES SAVOIRS

Dans le contexte de mutualisation de connaissances accentuée par les TIC, de nombreux savoirs et pratiques exogènes ont été introduits en vue de l'amélioration de la qualité et de l'augmentation de la productivité. Si l'on prend l'exemple de l'« *Antelaea azadirachta* » connu sous le nom de Neem, les pratiques issues des savoirs endogènes consistent à recueillir les graines de cet arbre sauvage, aussi appelé le margoussier et à les sécher. Puis, par pression à froid, nous obtenons de l'huile que nous pouvons filtrer par la suite. Cette huile a une action bactéricide contre de nombreuses souches bactériennes différentes comme, par exemple, les « *Pseudmonas aerunginosa* »[159]. Il convient de noter qu'il s'agit ici, comme pour les autres plantes, de savoirs ancestraux, avec des pratiques fortement codifiées. En effet, l'huile est un élément essentiel dans la culture indienne où le fait, par exemple, de brûler de l'huile permet de protéger les habitations et les personnes qui y vivent. Il y a donc un rapport particulier à l'objet qui souvent échappe à ces firmes qui directement ou par le biais des ONG introduisent un certain nombre de procédés (limitation de la durée du séchage, conservation...) dans le but d'augmenter les agents actifs notamment l'azadirachtin et le salannin, très efficaces dans la lutte contre les insectes.

Au-delà de ce rapport à l'objet évoqué ci-dessus, il y a le fait que la notion de durée introduite ici s'accompagne de l'utilisation d'instruments de mesure, étrangers à la société indienne. La montre devient ainsi un outil

---

158 Le savoir explicite est la connaissance codifiée, transmissible en un langage formel et systématique alors que le savoir tacite est celui enraciné dans l'action, dans les routines, dans un contexte spécifique.

159 Cette huile a également une action fumigatoire (vapeur désinfectante) sur un grand nombre de champignons pathogènes. La croissance des champignons pathogènes de type F. oxysporum, F. ciceri, R. solani a été freinée d'une manière très efficace avec l'huile de Neem.

important pour le paysan qui doit également intérioriser les connaissances associées et surtout modifier son rapport au temps.

Si nous considérons que toute culture consiste en un ensemble structuré et cohérent de connaissances, une modification de ces savoirs a inévitablement pour effet la mise en question de la structure elle-même. Une connaissance nouvelle, qui s'insère dans la chaîne des savoirs, modifie l'ensemble des liaisons existantes. Les effets se répercutent également dans les autres secteurs de la connaissance. Loin d'une simple hybridation des savoirs, ces insertions entraînent des bouleversements sociaux et des changements de modèles économiques dont il est question ici. En effet, sous prétexte de donner aux groupes les moyens de se développer, nous leur apportons des modes de vie, des techniques et des impératifs économiques qui aboutissent à stériliser leurs traditions, à les enfermer dans un nouvel état de dépendance. L'échange inter-sociétal exige des récepteurs la capacité de résoudre les problèmes générés par les emprunts ; dans le cas contraire, ils se placent dans une situation de dépendance économique, culturelle, scientifique, technologique…

En tout cas, beaucoup de scientifiques s'inquiètent de la supplantation des savoirs locaux, du prestige et de l'arrogance de la science officielle. Il appartient donc aux politiques et aux chercheurs en sciences sociales de redéfinir la place des savoirs endogènes dans l'édification d'une « *société de l'information inclusive* ». L'idée sous-jacente de cette étude est qu'il n'y aura de réel partage de connaissances que, lorsque les producteurs des savoirs endogènes participeront, en tant qu'éditeurs, fournisseurs et utilisateurs de leurs propres connaissances. Quand ils pourront profiter des bénéfices réalisés grâce à leur production, c'est-à-dire que lorsque des systèmes plus équitables de partage seront mis en place. La gouvernance au niveau de la société de l'information devrait donc dépasser les aspects matériels (tout aussi importants) pour veiller à l'équilibre du partage. Ce qui est souvent appelé partage ou action solidaire peut constituer une menace au développement des pays du Sud dans la mesure où celui-ci n'est possible que si les fondements axiologiques sont respectés.

Le numérique, Internet, le cyberespace contribuent fortement à imposer des modèles culturels abstraits. Les cultures orales, par exemple, n'ont structurellement pas de place (ou alors sous forme « *muséifiée* ») dans le cyberespace. Œuvrer pour la cœxistence des cultures, c'est penser le cyberespace autrement, de façon à permettre à tous d'accéder à l'Internet dans sa propre langue. C'est aussi de penser à des usages différents, adaptés à certaines populations notamment celles qui fonctionnent sur le modèle communautaire. Cette prise en compte donnerait naissance à la production des appareils et des structures adaptées, un déploiement qui ne peut se faire sans le développement des industries culturelles locales et la mise en place de modèles adaptés à différents contextes socio-économiques. Mais cette expression des cultures s'inscrit dans un rapport de force qu'il convient de moduler. Pour le Réseau international pour la diversité culturelle (RIDC), il s'agit avant tout de prendre « *des mesures efficaces qui permettraient aux pays en développement de se doter d'outils efficaces de production et de diffusion* »[160]. En effet, si la question de la production des contenus a été souvent évoquée, celle de la diffusion ne l'a été jusque-là que dans une moindre mesure. Comment faire vivre des œuvres originales alors que le processus de diffusion reste aux mains des majors ? Cette question se pose avec davantage d'acuité dans la société de l'information où la question de la visibilité sur le cyberespace a dépassé le seuil de la technicité ou de la scientificité pour devenir une question uniquement économique. Ainsi, ne sont visibles que ceux qui sont capables de payer pour un référencement optimum. Ne dit-on pas souvent que « Ce qui n'est pas dans Google n'existe pas, ce qui n'est pas dans les trois premières pages de Google n'existe vraiment pas » ?

En tout cas, sur Internet, Georges Washington s'impose comme le personnage le plus présent sur la Toile, devant le Christ.

Einstein et Marie Curie forment le couple le plus cité dans la catégorie « *Science* », Shakespeare et Descartes dans la catégorie « *Lettres* », Dali et Warhol dans la catégorie « *art* »...[161]

---

[160] Réseau International pour la Diversité Culturelle, http://www.incd.net

[161] Source Funderes.

CHAPITRE V
SOCIÉTÉ DE L'INFORMATION, ENTRE UTOPIE ET MARCHANDISATION

LES LEURRES DE LA SOCIÉTÉ DE L'INFORMATION

Comme rappelé au début, l'avènement des TIC porte des perspectives d'un monde meilleur. Ces espoirs se fondent, essentiellement, sur les possibilités techniques de ce qui est parfois appelé « les outils de la dernière chance ». En effet, la communication, comme processus social, peut susciter des changements dans les connaissances, les attitudes et les comportements des individus ou des groupes. Cela suppose que les TIC, en mettant à leur disposition des informations factuelles et techniques, en facilitant le processus d'apprentissage et l'environnement social, pourraient conduire à une meilleure maîtrise de compétences essentielles pour tous et à une meilleure réalisation de divers buts déterminants.

En effet, des institutions majeures attribuent de nombreuses vertus aux TIC.

Pour le PNUD,

> *« les TIC fournissent aux pays en développement une occasion sans précédent d'atteindre beaucoup plus efficacement qu'avant des objectifs de développement vitaux, par exemple en matière de réduction de la pauvreté, de soin de santé de base ou d'éducation »*[162].

Pour le SMSI,

> *« les TIC permettent à chacun d'entre nous, en tout point du monde, d'accéder quasi instantanément à l'information et au savoir dont les particuliers, les organisations et les communautés devraient pouvoir bénéficier »*[163]...

---

162 PNUD, *Briefing kit*, PNUD-Congo, Brazaville, 2001, p.23.
163 SMSI, *Plan d'action*, SMSI, Genève, 2003, p.5.

Pour le NEPAD,

> « *les TIC peuvent contribuer de manière significative à la valorisation des ressources humaines, au renforcement de la bonne gouvernance et au développement des secteurs économiques (production, services et commerce) dans les pays en voie de développement* »[164].

En résumé, elles peuvent avoir une influence positive sur le développement. Si les différentes affirmations découlent, en partie, de représentations utopiques de la société de l'information perçue comme une forme idéale de société à construire, reste que derrière cette forme idéale, plusieurs idéologies apparaissent. Parmi elles, une idéologie de la communication ou d'opulence communicationnelle[165] (au sens d'Abraham Moles[166]) et, plus pernicieux, une idéologie de marché que l'on retrouve d'ailleurs dans ces propos d'Al Gore :

« Nous avons aujourd'hui à portée de mains les moyens techniques et économiques de rassembler toutes les communautés du monde, nous pouvons enfin créer un réseau d'information planétaire qui transmet messages et images à la vitesse de la lumière depuis les plus grandes villes jusqu'aux plus petits villages de tous les continents [...] des réseaux d'intelligence distribuée qui encerclent le globe grâce à la coopération de tous les gouvernements et de tous les peuples [...]. Chaque lien que nous créons renforce ceux de la liberté et de la démocratie dans le monde entier ; en ouvrant les marchés, nous ouvrons des voies de communication ; en ouvrant les voies de communication, nous ouvrons les esprits [...] je vois un nouvel âge de la démocratie se forger... »[167]

Ces propos font ressortir un certain nombre de mythes comme celui du décloisonnement des frontières, de liberté généralisée, d'égalité d'accès à la connaissance[168]. Mais ce qui est frappant, c'est ce cheminement à savoir l'ouverture des marchés qui ouvrirait les voies de communication, les voies de communication qui ouvriraient les esprits. L'ouverture des esprits se

---

164 http://www.nepad.org/2005/fr/inbrief.php

165 Le projet social de l'opulence communicationnelle signifie que n'importe qui, n'importe où, peut entrer en relation avec n'importe quel autre être, n'importe quand, sans autre condition que de donner son temps. L'être disposant de l'opulence communicationnelle est donc, doté de plus de facilités de communication qu'il n'en utilisera ou qu'il aura envie d'utiliser, nous explique Abrahams Moles.

166 Abraham Moles, Théorie structurale de la communication et société, Masson, Paris, 1986.

167 Conférence d'Al Gore à l'UIT (Buenos Aires), le 21 mars 1994.

168 Cette idée de libération apparaît également dans le *Rapport Mac Bride* quand il déclare : » *la communication vise à libérer l'humanité du besoin et de la peur en l'unissant dans un sentiment de commune appartenance et dans un même élan de solidarité* ».

trouve subordonnée à l'ouverture des marchés. Pierre Lévy[169] va d'ailleurs plus loin en annonçant que la multiplication des liens libres entre les individus via le Web poserait les bases d'un mouvement irréversible d'unification intellectuelle, culturelle et spirituelle de l'humanité, débouchant sur l'avènement d'une société transnationale dotée d'un gouvernement mondial démocratique. Il explique, de même que, sur le plan physiologique, notre cerveau s'élargit, de la multiplication des liens entre les neurones, les connexions entre les hommes produites par le Web et leur complexité croissante, feraient surgir, par delà les frontières naturelles et culturelles de jadis, une « *intelligence collective* » et une conscience supérieure de l'unité humaine. A cela s'ajoute, une croyance entretenue notamment par le PNUD (rapport de 1991) et l'Union internationale des télécommunications (UIT) à savoir l'accroissement du potentiel productif qui ressort d'ailleurs dans la notion de *leapfrogging*. A ce propos d'ailleurs, Yoshio Utsumi, secrétaire générale de l'UIT, explique :

> « *Au cours des premières étapes de son développement, l'homme est passé d'une économie agricole à une économie industrielle, dans laquelle la machine était reine. Toutefois, si nous devons attendre que tous les pays passent par les mêmes étapes, je crains fort que les pays en développement n'arrivent jamais à combler l'écart qui les sépare des pays développés. Or, précisément grâce aux TIC, ces pays peuvent brûler les étapes du développement et passer directement à une société de l'information, pour peu qu'ils prennent les mesures qui s'imposent.* »[170]

Et il ajoute plus loin : » nous avons donc, à portée de main, la possibilité d'édifier une société de l'information plus juste et plus équitable, dans laquelle les pays en développement seront réellement, pour la première fois, en mesure de rattraper les pays développés »[171].

Ceci est en flagrante contradiction avec le paradoxe de Solow qui attire notre attention sur le fait que à un fort taux de croissance de l'investissement en TIC ne correspond pas un taux de croissance de la productivité globale[172].

Nous voici donc proche de ce que Yves Lafargues désigne sous le vocable « *absurdités technologiques* »[173], absurdités relayées aussi bien par les hommes

---

[169] Pierre Lévy, *Qu'est- ce que le virtuel*, La Découverte, Paris, 1998.

[170] Yoshio Utsumi, « L'après-Tunis : ce que nous attendons », *Nouvelles de l'UIT*, UIT, novembre 2005, p.5.

[171] Yoshio Utsumi, *op.cit.*

[172] En 1987, Robert Solow, économiste américain, fit remarquer que l'introduction massive des ordinateurs, contrairement aux attentes, ne se traduisait pas par une augmentation statistique de la productivité.

[173] Yves Lafargues, *Halte aux absurdités technologiques*, Editions d'Organisation, Paris, 2003.

politiques[174], les organisations internationales que les médias. Le *Rapport mondial sur le développement humain*[175] et la *Déclaration de principes*[176] du SMSI, en sont des exemples frappants.

Tout ceci apparaît comme si les discours et projets laissent croire que la société, n'ayant pas trouvé d'autres solutions aux imperfections des dispositifs du développement, opte pour des prothèses et outils de substitution pour en pallier les carences. Nous nous retrouvons dans une configuration où la machine se voit confier la mission de se substituer à l'homme pour accomplir ce que ce dernier n'a pas réussi à faire. Ce que nous observons au SMSI n'est donc, ni plus ni moins, qu'une tentative de subordination des faits sociaux et politiques à des facteurs techniques. Aux peuples sous-équipés, sous-alimentés du Sud, le SMSI propose l'ordinateur pour tous, outil miracle pour passer du sous-développement au développement. Mais, le Sud a-t-il plus besoin d'ordinateurs que de nourriture ou de médicaments ?

La question mérite d'être posée à l'heure où le rapport mondial[177] du développement nous rappelle que dans certains pays (Oman, Philippines, Nouvelle Guinée, Burkina, Érythrée...), le taux de population n'ayant pas accès à un point d'eau aménagé dépasse 50 %, le nombre de médecins pour 100 000 habitants ne dépasse pas 5 (Niger, Rwanda, Burundi, Guinée...)[178]...

MARCHANDISATION DE LA SOCIÉTÉ DE L'INFORMATION

La multiplication des entreprises et groupes médiatiques, nous interpelle sur la marchandisation absolue de l'information. Dans le contexte de l'économie libérale[179], la société de l'information peut-elle être au service du

---

[174] Dans son discours du 11 janvier 1994, Al Gore disait : » *nous faisons le rêve d'une forme différente de super autoroute de l'information, une super autoroute capable de sauver des vies, de créer des emplois et de donner la chance à chaque Américain, jeune et vieux d'accéder à la meilleure éducation possible* ».

[175] PNUD, Rapport mondial sur le développement humain 2001, De Boeck Université, Bruxelles, 2001.

[176] SMSI, *Construire la société de l'information : un défi mondial pour le nouveau millénaire*, Déclaration de principes, SMSI, Genève, 2003.

[177] PNUD, *La liberté culturelle dans un monde diversifié*, Rapport mondial sur le développement humain 2004, Economica, Paris, 2004.

[178] A titre d'exemple, la France compte 330 médecins pour 100 000 habitants (PNUD *op.cit.*).

[179] Cf. Kiyindou Alain, Mathien Michel, *La liberté d'expression face à l'évolution économique libérale*, Bruylant, Bruxelles, 2007.

développement ? Autrement dit, la marchandisation serait-elle un obstacle à la communication pour le développement ?

Sous le vocable *marchandise*, entendons ce qui se vend et s'achète.

> « *Le caractère essentiel d'une bonne marchandise, c'est le fait de pouvoir passer de main en main en gardant une partie importante de sa valeur et de se combiner de façon additive à d'autres exemplaires de cette marchandise, comme se combine additivement l'argent* »[180].

Cette conception de la bonne marchandise semble s'appliquer à l'information qui, bien entendu, est capitalisable. Norbert Wiener est un des auteurs critiques qui évoquent très clairement la relation entre information et marchandise. Pour lui, le sort de l'information dans un monde typiquement américain est de devenir une chose ayant un prix et qui peut être vendue ou achetée. L'information devient, dans ce contexte, un produit qui vise à répondre à une demande en fait créée par le conditionnement ambiant. Il convient toutefois de noter que Wiener avait précisé que son ouvrage était :

> « *destiné à des Américains vivant en milieu américain, [...] les questions d'information y sont appréciées selon un critère standard américain : une chose vaut, comme une marchandise, parce qu'elle rapporte sur le marché libre. Telle est la doctrine officielle d'une orthodoxie à laquelle, pour un habitant des États-Unis, il devient de plus en plus périlleux de résister.* »[181]

La leçon que nous pouvons en tirer est que, dès les origines, l'information et par la suite la société de l'information ont été inscrites dans une logique marchande. Dans ce contexte, le libéralisme et le pouvoir des médias sont salués comme des preuves de notre maturité politique. C'est d'ailleurs cet attachement au marché que préconise le Rapport Bangemann, il pousse l'Union européenne à se « *fier aux mécanismes du marché pour nous emporter dans l'âge de l'information* »[182]. En effet, de nombreux acteurs affirment que la clé du succès se trouve dans la libéralisation complète des télécommunications pour « *encourager une mentalité entrepreunariale qui permette l'émergence des secteurs économiques dynamiques...* »[183]. Cette vision cadre bien avec la volonté hégémonique affichée par des multinationales comme CISCO et *Microsoft*, tous deux contrôlant, dans le secteur, 80 % du

---

180 Norbert, Wiener, *op.cit.*, p.165.

181 Norbert Wiener, *op.cit.*, p.292.

182 Martin Bangemann, *L'Europe et la société de l'information planétaire, Commission européenne*, Bruxelles, 1994, p.3.

183 Martin Bangemann, *op.cit.*, p.3.

réseau mondial. Il faut préciser que les grands groupes du multimédia n'ont cessé de diversifier leur stratégie pour contrôler tout le secteur de la production de l'information et sa diffusion dans le monde. Un regard sur la stratégie de ces groupes nous montre qu'elle repose sur trois principes à savoir : développement agressif, usage de l'arme juridique, établissement des partenariats.

Pour CISCO, par exemple, le désir de croissance se manifeste, aussi bien, par des acquisitions que des partenariats à la fois avec le privé et le public. En l'espace d'une dizaine d'années, l'entreprise californienne a acheté plus de 80 sociétés, dont plus du quart en 2000. En effet, pour la seule année 2005, CISCO a acquis :

- le principal fournisseur de produits Voip (*Voice over IP*), la société danoise *Kiss technology* qui dispose également d'une gamme de produits vidéo grand public tels que les platines d'enregistrement de DVD en réseau ;

- le spécialiste du traitement des paquets à haute vitesse *Netsif,* une acquisition qui permettra à CISCO d'améliorer ses futurs routeurs ;

- *Sheer networks,* spécialiste dans le développement des solutions réseaux intelligentes permettant de réduire la complexité des réseaux physiques ;

- *M.I. sécure,* le spécialiste du développement des fonctionnalités avancées pour les solutions de sécurité ;

- *Fine Ground* dont la technologie permet d'accélérer, de sécuriser et de contrôler le fonctionnement des applications, en réduisant au minimum l'utilisation de la bande passante ;

- *Vihana,* spécialiste des semi-conducteurs pour l'industrie informatique et des communications ;

- *Sipura,* principal fabricant de matériel haut débit sans fil ;

- *Topspin,* fournisseur d'un nouveau type de commutateur ;

- *Airespace,* constructeurs de systèmes pour les réseaux locaux sans fil (WLAN)...

Actuellement, son chiffre d'affaires dépasse les 20 milliards de dollars.

L'offensive de CISCO contredit l'idée d'une société de l'information libre et transparente puisque la mise en place du réseau, le choix des acteurs et la conquête des espaces obéit à une logique économique guidée par le profit. Cette mainmise de CISCO sur les routeurs, éléments essentiels de l'infrastructure technologique de la société de l'information, annihile la force étatique et l'influence des organisations aussi bien internationales que nationales. La fracture numérique ou sa réduction, n'obéit donc pas uniquement à des logiques sociales, humanitaires ou de politiques publiques. Les différents acteurs sont confrontés à des multinationales dont la force est comparable aux États les plus puissants de la planète. Comme les États contrôlent leurs territoires et en annexent d'autres, elles « *colonisent* » le cyberespace. Elles sont influentes parce que leur soutien aux gouvernants est précieux. Par un jeu d'alliances, elles ont droit de regard sur les décisions politiques. Mais aussi puissants qu'elles puissent être, les « *maîtres* » de la société de l'information cherchent à être encore plus forts, plus riches, plus grands, ne laissant rien passer qui ne puisse être sous leurs ordres. L'exemple le plus typique est celui de *Microsoft*, qui n'a pas cessé, depuis sa fondation en 1975, de monopoliser le marché, ce qui lui a d'ailleurs valu de nombreux démêlés avec la justice. En effet, *Microsoft* a dû répondre, devant la justice des Etats-Unis d'Amérique, d'accusation d'*abus de position dominante* et à Bruxelles, devant la Commission Européenne. Les démêlés de *Microsoft* avec la justice américaine ont commencé le 18 mai 1998. La division antitrust du ministère de la Justice et vingt États ont accusé la firme d'abus de position dominante. L'enjeu de cette bataille est l'intégration du logiciel de navigation, Internet Explorer, au sein du système d'exploitation Windows. Cette stratégie a été adoptée par *Microsoft* pour contrer la firme *Netscape*, alors détentrice de 70 % du marché des logiciels de navigation sur le Web. Mais, même si ces *géants de la société de l'information* sont attaqués de toutes parts, ils ont compris que la justice est une véritable arme qu'ils peuvent mettre au service de leurs ambitions. Ainsi se sont-ils transformés en machine de guerre contre les « *copieurs* » de tout genre.

Les « maîtres du réseau » ont compris qu'ils ont intérêt à soigner leur image et à travailler en collaboration avec les gouvernements, les institutions internationales et même les Organisations non gouvernementales (ONG). C'est dans cette logique qu'il faut comprendre le partenariat CISCO avec le système éducatif. Celui-ci s'est concrétisé par la mise en place en 1997, à l'initiative du leader mondial des routeurs, d'un programme appelé CISCO *Networking Academy* (CNA). Il s'agit d'un programme d'enseignement global des technologies réseaux et de l'Internet au travers de deux cursus d'environ 280 heures chacun. Le premier couvre les bases et le second offre des connaissances approfondies. Ces « académies » se sont progressivement implantées dans le monde entier puisqu'elles sont actuellement présentes dans 150 pays[184]. Elles forment des ingénieurs appelés à être, dans leurs pays respectifs, les futurs décisionnaires dans le domaine des infrastructures des

---

[184] Plus de 200 établissements sont aujourd'hui partenaires en France.

TIC. Dans ces Etats, ce n'est donc plus désormais la puissance publique qui contrôle ces formations, mais une entreprise privée étrangère.

Si CISCO a pu faire croire qu'elle participait au développement des pays en les aidant à accéder à la société de l'information, ces académies sont tout sauf des outils au service du développement. Elles ont été créées dans un esprit qui tend à renforcer le monopole de ce dernier. Au-delà des académies, CISCO déploie d'autres moyens pour renforcer sa position. Pour ce groupe, le partenariat est le meilleur moyen de s'affranchir des concurrents les plus imposants : si les compétiteurs sont trop puissants pour être rachetés, une alliance est le meilleur moyen pour évincer leur concurrence. C'est la raison pour laquelle CISCO s'est lancé, en 2001, dans un partenariat avec IBM afin de s'assurer le quasi-monopole dans les secteurs de production de routeurs et de commutateurs. La collaboration ainsi établie porte sur une branche bien spécifique de l'entreprise : *IBM Global Services* (IGS) s'occupe de développer l'*e-business*, c'est-à-dire, l'ensemble des solutions pouvant être mises au point pour aider les entreprises à installer leur commerce sur la toile.

Si les multinationales sont aux premières loges, nous ne saurions oublier le rôle des États et des organisations internationales dans ces partenariats qui, contrairement aux apparences, ne sont pas tous au service de l'intérêt général. En effet, les académies CISCO ont pour but d'imposer une seule conception de réseau, celle de CISCO et donc sa technologie. De même, *Microsoft* a tissé des partenariats avec de nombreux États auxquels il déverse ses produits logiciels, là aussi pour accroître la dépendance. On pourrait d'ailleurs à ce sujet, s'interroger sur le programme du NEPAD en faveur de l'informatique à l'école est largement soutenu par l'ISPAD (le partenariat de la société d'information pour le développement de l'Afrique) dans lequel se trouvent *Hewlett-Packard, Microsoft, Inmarsat, Oracle* et *CISCO*.

La société de l'information se construit donc sur fond de désengagement du public. Elle est fondée sur une idéologie libérale dont les origines sont à mettre en corrélation avec l'idée de « *droits naturels* » défendue par John Locke (1632-1704) qui fait de la propriété une réalité inséparable de l'homme. Avec François Quesnay (1694-1774), les physiocrates formeront la première école dont les maîtres à penser considéreront que les mécanismes économiques obéissent à des lois naturelles qui assurent l'harmonie spontanée de l'économie et de la société. Leur postulat de base est que l'efficacité de l'» *ordre naturel* » institue la liberté et la propriété et conduit à un ordre social. L'État doit se limiter à garantir cet ordre naturel et à supprimer les entraves à la circulation des richesses. Ces idées seront reprises par Adam Smith (1723-1790), le père fondateur de l'école classique et d'autres auteurs comme David Ricardo, Thomas Malthus, John Stuart Mill, Jean-Baptiste Say...[185]

C'est donc cette idéologie qui guidera la déréglementation des télécommunications fortement soutenue par la Banque mondiale et l'Union internationale des télécommunications (UIT). En effet, sous l'impulsion de l'UIT, le marché de télécommunications s'est ouvert à la concurrence. Le but avoué était de faire bénéficier le pays concernés d'un plus grand apport de l'investissement privé et ce, à travers un régime général de concurrence de marché. Suite à l'adoption de l'Accord sur les télécommunications de base (ATB), de nombreux pays africains ont emboîté le pas en entamant un processus de libéralisation, caractérisé par la privatisation des opérateurs historiques des télécommunications locaux. En donnant ainsi la priorité à la privatisation à outrance des opérateurs de télécommunication africains, l'UIT a participé à l'effacement progressif du service public y compris dans les secteurs connexes. Ces privatisations ont été faites, dans la plupart des pays au détriment des investisseurs locaux, car c'est généralement des grands groupes privés européens ou américains qui ont repris à bas prix ces sociétés vendues dans un état financier et technique critique. Évidement, les bénéfices réalisés par ces investisseurs étrangers ne sont sûrement pas réinvestis dans le pays. La conséquence, c'est bien entendu, pour l'État, la perte de ressources légitimes, ce qui est synonyme d'appauvrissement. Le désintéressement de l'état sur ces questions fait que les opérateurs de téléphonie préfèrent équiper les sites les plus rentables, renforçant ainsi les disparités entre les cités urbaines et le milieu rural.

Dans cette logique de « *non-intervention* », certains États ont choisi de faire gérer les ressources informationnelles de leurs pays par des organismes privés[186]. Sur le plan mondial, la dérégulation des télécommunications a

---

[185] Alain Kiyindou, Michel Mathien, *Op.cit.*

[186] Les bases de données publiques états-uniennes ont été confiées à des sous-traitants. La Securities and Exchange Commission (SEC, « gendarme de la Bourse » américain) s'est vue contrainte de racheter ses propres données à une entreprise commerciale, qui en est désormais « propriétaire ».

Le Ministère de la justice américain avait cédé les droits de publication des lois fédérales à la société West Publishing. Une version commerciale de cette publication était dotée d'une numérotation des pages qui avait été utilisée pour des indexations de référence dans des procès ultérieurs : West Publishing put alors revendiquer un « droit de propriété intellectuelle » sur l'intégralité de la base de données des lois fédérales, du fait de cette prétendue « valeur ajoutée ».

En France, la société *ORT* exploite les bases de données des registres de commerce (bilans des entreprises, incidents de paiement), dans le cadre d'une mission de service public concédée par permis l'éclosion et le développement de grandes sociétés de télécommunications qui se sont livrées une bataille sans merci sur tous les fronts du réseau. SBC (née du démantèlement d'American telegraph and telephone, en 1984), Vodaphone et bien d'autres ont pu consolider leurs positions nationales. Il s'agit en effet d'un marché juteux attirant toutes les convoitises. Le secteur des TIC représente 15 % du commerce mondial, soit environ 2 500 milliards de dollars. Mais, au-delà des câblo-opérateurs et de tous les autres acteurs des télécoms, la dérégulation a touché également les opérateurs de téléphonie et les médias. Quelques grands groupes (Nokia et Motorola, Samsung, Huawei) occupent une position dominante dans le secteur de la téléphonie. En ce qui concerne les médias, la concurrence se manifeste notamment sur les nouveaux réseaux de diffusion comme la TNT (Télévision numérique terrestre). Sur le plan mondial, quelques grands groupes occupent le devant de la scène : AOL Time Warner, Bertelsmann, Disney, News Corp., Sony, Viacom, Vivendi Universal, EMI, Lagardère, Pearson, Reed Elsevier...

Evolution des services de Télécoms dans le monde (Source Idate) En millions de dollars			
Année	Lignes fixes	Données et Internet	Services mobiles
2007	407	212	610
2006	414	196	635
2005	424	182	572
2004	438	166	513

Si cette libéralisation ne laisse aucun doute sur les profits que peuvent en tirer les sociétés privées, il est difficile de voir en quoi celle-ci participe à l'amélioration des conditions de l'homme. Se pose d'ailleurs ici la question de la légitimité de l'État, de sa spécificité, de son crédit notamment dans les pays dits démocratiques. Qu'est ce qu'une démocratie qui ne peut plus décider de son *cratos* ?

Pourtant, la mondialisation des télécommunications n'est pas sans conséquence sur le système global que celles-ci constituent. Ses effets se font sentir sur les fonctions de « *service public* » des télécommunications, sur les

l'Institut national de la propriété industrielle (INPI). Cette concession exclusive lui apporte un chiffre d'affaires annuel d'environ 43 millions d'euros et un bénéfice d'un peu plus d'un million d'euros. L'État, qui fournit les données, est l'un de ses plus importants clients.

opérateurs publics et sur la régulation du système. Ce qui est sûr, c'est que la privatisation brise les équilibres sociaux dans la mesure où les télécommunications jouent un rôle de lien social reposant sur des services accessibles à toutes les catégories. La péréquation tarifaire qui en est la base se heurte à la logique libérale de vérité des prix. Elle ignore les équilibres géographiques au détriment des zones défavorisées à l'intérieur des nations[187] et, des pays en développement au niveau mondial. Jean-Paul Fitoussi et Patrick Savidan rappellent à ce sujet que les théoriciens de l'économie de marché avaient eux-mêmes attiré l'attention sur le fait que « *le marché n'assure pas spontanément la survie de toutes les populations* »[188]. Abordant la question de la marchandisation de la société, René Passet souligne que le marché ne règle pas tout, qu'il ne satisfait pas les besoins de la demande puisque certains impératifs de première nécessité peuvent ne pas être satisfaits par insuffisance de revenus : » *le marché est plus souvent un amplificateur de déséquilibre qu'un régulateur* »[189]. La marchandisation de l'information peut empêcher la libre circulation des connaissances. Nous nous trouvons donc dans une situation paradoxale, avec d'une part les nombreuses possibilités techniques attribuées aux TIC et de l'autre l'accès limité par un certain nombre de barrières juridiques dont le droit de propriété intellectuelle[190]. Pourtant, la société de l'information peut être autre chose que la prépondérance des intérêts financiers de grands groupes. Elle peut apporter un surcroît de connaissances répondant aux besoins réels de la population, mais il y faut une facilité d'accès, ainsi qu'un ensemble de règles juridiques adaptées.

---

[187] En France, l'État a été obligé d'intervenir pour combler les insuffisances du marché, notamment pour l'accès à l'Internet haut débit. La loi d'aménagement du territoire du 25 juin 1999 autorise ainsi les collectivités territoriales, sous certaines conditions, à déployer des infrastructures de télécommunications.

[188] Jean-Paul Fitoussi, Patrick Savidan (dir.), *Comprendre les inégalités*, PUF, Paris, 2003, p.10.

[189] Philippe Merlant, René Passet, Jacques Robin, *Sortir de l'économisme, une alternative au capitalisme néolibéral*, Éditions de l'Atelier, Paris, 2003, p.85.

[190] Ces règles peuvent, malheureusement, être utilisées pour créer une rareté artificielle.

PARTIE II

LA NÉCESSITÉ DE REPENSER LE DÉVELOPPEMENT

CHAPITRE I
CONCEPT ET LIMITES D'UNE APPROCHE

La question du développement est aussi centrale que celle de la société de l'information. L'interrogation majeure est celle de l'universalité du développement. Autrement dit, existe-t-il un modèle unique ou devons-nous considérer d'autres types de développement jusque-là ignorés. Le développement est-il synonyme d'accumulation de richesses ou convient-il d'y associer d'autres paramètres sociaux, culturels qui favorisent le bien-être individuel et collectif ?

LES PAYS EN DÉVELOPPEMENT

L'expression « pays en développement » que nous employons ici, est un néologisme créé pour désigner les pays du Tiers-monde, en référence aux revendications du Tiers État[191], on parle aussi de périphérie pour souligner l'opposition entre les pays dominants, le centre et les pays dominés. Les pays en développement constituent le cadre de vie de 85% de la population mondiale. Leurs caractéristiques communes sont la prépondérance du secteur primaire (agriculture et mine), la faiblesse de l'industrie, la forte pression démographique, la sous-alimentation, la malnutrition, la faiblesse du revenu par habitant, la pauvreté, la faiblesse de l'épargne nationale, la faiblesse de l'appareil éducatif et de formation…

Les pays en développement se reconnaissent également dans un passé similaire (la domination coloniale, à quelques exceptions près), un itinéraire identique (la longue marche vers l'indépendance), une aspiration commune (le développement)[192]. Dans son ouvrage, Introduction à l'économie au développement[193], Jacques Brasseul insiste sur une constante de ces pays, à savoir le dualisme. Celui-ci serait caractérisé par la coexistence d'une société

---

[191] Sous l'Ancien Régime, la population de la France était divisée en trois ordres : le clergé, la noblesse et le tiers état. Le Tiers État représentait l'écrasante majorité de la population. Il constituait toutefois une classe hétérogène de roturiers laïques rassemblant notamment bourgeois, artisans, ouvriers et paysans. En janvier 1789, l'Abbé Sieyès publia un pamphlet intitulé Qu'est ce que le tiers état ?

[192] Pierre François Gonidec, Tran van Minh, Politique comparée du Tiers-monde, Montchréstien, Paris, 1980.

[193] Jacques Brasseul, Introduction à l'économie du développement, Armand Colin, Paris, 1989.

traditionnelle et d'une société moderne. Traduisant le choc dû à la confrontation de deux cultures différentes, il porterait les caractéristiques suivantes : technologie de l'outil contre technologie de la machine, artisanat contre industrie, économie de subsistance peu monétarisée contre économie d'échanges monétaires. Toutefois, si l'existence de ce dualisme est évidente, le métissage reste l'aspect dominant. Celui-ci est le résultat de la coexistence des cultures et des modèles de développement.

LES SENS DU DÉVELOPPEMENT

Pour comprendre le développement, il est utile d'observer le mouvement naturel des êtres vivants. Le concept de développement rappelle une graine qui se développe et réalise toutes ses potentialités en devenant un grand arbre. Cette analogie entre le développement et la nature permet de lier un phénomène social à un phénomène naturel, en faisant comme si ce qui est vrai dans un cas l'est dans l'autre. Elle suggère également l'idée que le développement s'entretient et qu'il n'est possible qu'en milieu favorable. Pourtant, force est de constater que cette analogie évacue les conditions historiques également susceptibles d'expliquer ce qui apparaît comme l'avance des uns et le retard des autres. En effet, l'idée sous-jacente ici est que ce qui s'est passé en Europe, entre le XVIIIe et le XIXe siècle, doit nécessairement se reproduire partout. Or, le développement est un phénomène complexe. Pour le souligner, le philosophe congolais Nkombe Oleko[194] utilise la métaphore de la graine. La graine, selon lui, possède en elle tout ce qu'il lui faut pour devenir une plante. Mais une fois enfouie dans le sol, elle entre en dialogue avec le milieu minéral ; et plus tard lorsqu'elle éclot, elle entre en contact avec le milieu aérien. A tout moment, la graine comme la plante doit lutter contre tout prédateur, tout ennemi extérieur qui viendrait anéantir ses potentialités. Elle doit s'ouvrir pour puiser du milieu, les éléments nécessaires à sa survie, mais elle doit aussi se refermer pour se réorganiser, se transformer.

Mais, au-delà de la métaphore, que serait donc le développement ? Il faut croire qu'il s'agit de la réalisation progressive d'un double potentiel : celui constitué par la collectivité humaine et les individus qui la composent et celui constitué par le milieu physique où elle vit, riche de certaines ressources. La compréhension du développement nécessite donc

[194] Nkombe Oleko, Axiomatique du développement, Nouvelles Rationalités Africaines, Louvain la neuve, 1986.

de prendre compte des phénomènes physiques ainsi que des relations entre les hommes, à l'intérieur d'un pays comme à l'échelle internationale. Ces rapports peuvent relever du passé (colonisation) et du présent (structuration du monde). Le développement est donc un phénomène global, un processus qui recouvre la totalité des aspects de la vie humaine. Il est différent de la croissance économique[195], il s'appuie sur les ressources existantes sans oublier d'aller emprunter ce que les autres sociétés ont de meilleur.

Le rapport de la Commission Sud (Défis au Sud), rédigé sous la direction de l'ancien président tanzanien Julius Nyerere, propose la définition suivante :

> *« le développement est un processus qui permet aux êtres humains de développer leur personnalité, de prendre confiance en eux-mêmes et de mener une existence digne et épanouie. C'est un processus qui libère les populations de la peur du besoin et de l'exploitation et qui fait reculer l'oppression politique, économique et sociale. C'est par le développement que l'indépendance politique acquiert son véritable sens »*[196].

Cette vision du développement met en avant l'autonomie, l'utilisation des ressources propres et relègue au second plan l'aide extérieure, qui doit s'intégrer à l'effort national. Mais malgré la neutralité supposée de ces approches, le développement est, avant tout, perçu comme une notion économique. Il est chargé d'une valeur entièrement positive puisque dans l'imaginaire collectif, le développement ne peut être que le Bien. En outre, la notion de développement s'accompagne d'une autre, le sous-développement qui évoque non seulement l'idée d'un changement possible en direction d'un état final, mais surtout la possibilité de provoquer ce changement. Il ne s'agit plus seulement de constater que les choses se développent, il est désormais possible de « développer ». Mais, ce terme exprime également la notion d'infériorité (notion associée à celle de Pays les Moins Avancés, arriérés, retardés) autrefois formulée à travers d'autres oppositions : civilisé/sauvage, chrétien/animiste. Le sous-développement apparaît donc comme un jugement de valeur, le produit de la suffisance et de la condescendance des pays dits avancés, ignorants de leur propre sous développement (moral, social, philosophique...). Cette ignorance de soi et des autres a conduit aux aberrations inscrites dans ce qui est appelé « la mission civilisatrice ».

---

[195] Le développement peut également être défini comme un processus continu d'amélioration quantitative, qualitative et durable du bien-être social, économique et culturel des populations d'une nation.

[196] Commission Sud, Défis au Sud, Economica, Paris, 1990, p.10.

Ce jugement est, bien entendu, fondé sur des stéréotypes. Il occulte la contribution des pays du Sud au développement du Nord, en l'oubliant ou en la dévalorisant. Le Nord, métis, s'est nourri de l'héritage fort riche des peuples arabes. Les techniques de vinification et de distillation, les parfumeries[197], l'agronomie[198], l'astronomie, l'hydraulique... leur doivent beaucoup. Il a tiré parti des inventions chinoises, le papier, l'imprimerie dont les technologies de l'information et de la communication sont le prolongement. C'est là que le problème éthique se pose, la nécessaire interdépendance des civilisations. Cette posture est différente du rejet de l'apport de l'Occident. Elle considère qu'il y a dans les sociétés du Sud, un peu d'Occident et vice-versa. L'essentiel étant de savoir en tirer le meilleur parti.

APPARITION DU CONCEPT

Sur le plan politique

Sur le plan politique, l'idée de développement est apparue tardivement, à des moments différents et avec des contenus assez variés. Il s'agit d'une idée née dans l'entre-deux-guerres puis promue à une extension quasi-universelle[199]. Trois révolutions différentes, celle de 1910 et 1911 au Mexique[200] et en Chine[201] et celle de 1932 au Siam[202], ont rendu possible l'émergence d'une idée de développement à plus ou moins brève échéance.

---

[197] Les parfumeries de Grasse, en France, utilisent toujours des procédés d'extraction des huiles essentielles mis au point par le chimiste et médecin Averroes au XIIe siècle.

[198] La civilisation arabe a, à la fois, transformé les paysages, l'organisation sociale et les techniques agricoles d'Espagne.

[199] En Turquie, un manifeste de Mustafa Kemal du 20 avril 1931 avait introduit la notion de développement économique dans l'idéologie officielle, en se proposant de conduire la nation et le pays à la prospérité.

[200] Dès 1911, Zapatta publia son fameux plan d'Ayala pour exproprier un tiers des grands domaines, restituer des terres usurpées et améliorer à tout point de vue le niveau de vie des Mexicains. L'idée de développement issue de la révolution mexicaine portait plus sur l'agriculture que sur l'industrie, plus sur la justice sociale qu'économique.

[201] Sunt Yat Sen, élu le 1er janvier 1912 président provisoire du gouvernement de la République chinoise, avait dès 1905 fondé à Tokyo le Parti de la ligue jurée (Tong Meng Hoi) et formulé sa doctrine basée sur le nationalisme, la démocratie et le bien-être du peuple. Ecarté du pouvoir, il élabora en 1919 un plan de reconstruction de la Chine insistant particulièrement sur le développement économique.

[202] Moins radicale et moins violente que les précédentes, la révolution siamoise du 24 juin 1932 vit naître la première doctrine de développement économique et social dans un pays du Tiers-monde.

Mais, sur le plan international, la notion de développement apparaît officiellement dans l'article 22 de la charte de la Société des Nations (SDN)[203]. Elle est ensuite reprise dans le Point IV du Discours sur l'Etat de l'Union prononcé le 20 janvier 1949 par le président américain Harry Truman. Il s'agissait, à l'époque, d'étendre l'aide technique et scientifique dont bénéficiaient certains pays d'Amérique latine à d'autres pays défavorisés. Le président américain expliquait qu'il fallait lancer un nouveau programme audacieux, qui mette les avantages de l'« avance scientifique » ainsi que du « progrès industriel » américain au service de l'amélioration de la « croissance des régions sous-développées » c'est-à-dire pour soulager la souffrance des gens. Pour lui, le développement est une entreprise collective à laquelle toutes les nations sont appelées à participer. Il souligne également l'importance de la collaboration des milieux d'affaires, du capital privé, de l'agriculture et du monde du travail. Le Point IV pousse une nouvelle conception de l'économie mondiale, où l'« ancien impérialisme » n'aurait plus de place et où il s'agit de faire accéder les sous-développés au développement. Ce discours est toutefois à situer dans un contexte particulier. Il intervient au moment où Harry Truman s'engage dans la reconversion de l'industrie de la guerre en industrie de paix. Le 12 mars 1947, Truman demandait au Congrès un crédit de 400 millions de dollars pour aider la Grèce et la Turquie. Son discours justifiant sa requête annonce « le soutien de l'Amérique aux pays libres ». En réalité, il s'agit de bloquer l'expansion du communisme. En 1947, le plan Marshall d'aide à l'Europe, puis la signature du Traité de l'Atlantique Nord (OTAN) élargit la politique de « containment », c'est-à-dire de limitation de l'aire d'influence soviétique.

La question du développement a été portée par la Conférence de Bandung, en Indonésie, du 17 au 24 avril 1955. Elle a réuni vingt et neuf délégués de pays d'Afrique et d'Asie pour affirmer leur volonté d'indépendance et leur non-alignement sur les puissances mondiales. Tous les participants se sont ainsi accordés sur leur volonté de coopérer et de s'opposer au colonialisme. Mais, au-delà de la simple émancipation, la Conférence revendique le développement économique. En effet, la Déclaration de Bandung reconnaît la nécessité urgente d'encourager la zone afro-asiatique dont le socle est la coopération sur la base des intérêts mutuels et du respect de la souveraineté nationale.

---

[203] La Société des Nations (SDN) est une organisation internationale introduite par le traité de Versailles en 1919 dans le but de conserver la paix en Europe. Basée à Genève, dans le Palais Wilson puis le Palais des Nations, elle est remplacée en 1945 par l'Organisation des Nations unies.

Elle a inspiré le mouvement qui a conduit à la première « Conférence de solidarité des peuples d'Amérique latine, d'Asie et d'Afrique ». Plus connue sous le nom de Tricontinentale, elle s'est tenue à la Havane en janvier 1966. Malgré le blocus maritime de Washington, près de 500 délégués se sont rassemblés pour « étudier les meilleures méthodes de lutte contre l'impérialisme, le racisme et le néo-colonialisme ». Il y sera question du développement puisqu'il s'agira de libérer les « capabilités » en vue de parachever les indépendances et de construire des États démocratiques. Contrairement aux autres rencontres, celle-ci a réuni les représentants des peuples et non seulement des États[204]. D'illustres personnalités, comme Salvador Allende, du Chili, Amilcar Cabral, de Cap Vert, Luis Augusto Turcios Lima, du Guatemala, Cheddy Jagan, de la Guyane, Pedro Medina Silva, du Venezuela, Nguyen Van Tien, du Vietnam, Rodney Arismendi, de l'Uruguay seront présentes[205].

De nos jours, l'idée de développement (promotion du bien-être) est admise par la quasi-totalité des pays du Sud. Elle est souvent solennellement proclamée dans les textes constitutionnels ou documents officiels. La constitution du Pakistan de 1956, par exemple, affirme vouloir assurer le bien-être du peuple en élevant le niveau de vie du citoyen, en s'opposant à la concentration des richesses et des moyens de production et de distribution entre les mains de quelques-uns, au détriment des intérêts communs…

En Afrique et dans les pays arabes, la même idée apparaît à travers diverse formules : « Assurer le bien-être de tous en élevant le niveau de vie »[206], « Développement des capacités et de la personnalité »[207], « promotion économique et sociale du pays »[208]…

Sur le plan de la recherche

Si l'on remonte dans l'Histoire au-delà de l'ère moderne, on observe que le concept de développement remonte à Ibn Khaldun (1332-1406). A la fois historien et « sociologue », il est l'un des plus grands penseurs arabes. Son

---

[204] Quatorze délégations gouvernementales (Algérie, Cambodge, Chine, Congo, République démocratique populaire de Corée, Cuba, Égypte, Ghana, Guinée, Mongolie, Syrie, Tanzanie, URSS et République démocratique du Vietnam) seront présentes.

[205] Mehdi Ben Barka avait présidé le Comité préparatoire à la conférence jusqu'à son enlèvement en octobre 1965 à Paris.

[206] Constitution camerounaise du 2 juin 1972

[207] Constitution du Burundi de 1974, article 4.

[208] Constitution du Gabon de 1975, article 4…

œuvre a également été marquée par la critique de l'école historique arabe dont les œuvres avaient tendance à se limiter aux généalogies un peu sèches des familles régnantes et estimait qu'une place plus large aurait dû être faite au déroulement des faits sociaux expliquant la naissance, la durée et la disparition des différentes dynasties étudiées.

Dans un ouvrage intitulé Muqaddimah[209], bien avant Adam Smith, il fait appel à la notion de développement pour décrire les causes essentielles de transformation historique, causes qui, selon lui, résident dans la structure économique et sociale de la société[210]. En effet, pour lui, toute société globale est un ensemble structuré dont les déterminants sont l'économique, le politique et le culturel. Le Umrân ou civilisation de l'universel découlerait de ces éléments. Toutefois, le développement, comme cadre pour l'étude d'un certain nombre de changements, ne prendra de l'ampleur qu'à partir des années 1940, avec un accent sur les facteurs économiques, technologiques, institutionnels et mobilise à la fois sociologues, anthropologues, économistes, politologues…

Au fil du temps, de nombreuses interprétations vont se succéder. En effet, les premières théories sur le développement assimileront ce dernier à la croissance et considèreront le Sud comme un bloc homogène pour lequel seront préconisées des solutions identiques, oubliant que le développement est un processus global qui intègre aussi bien les aspects politiques, économiques, sociaux que culturels d'une société. Dans cette perspective, le concept de développement renvoie à la croissance économique, dans le cadre d'un État centralisé et dans des sociétés où règnent des valeurs spécifiques : le progrès et le scientisme[211], la maîtrise de la nature par les techniques, une conception mécaniste de la vie. Malheureusement, cette conception a montré ses limites. Le développement prôné dans les pays du Sud a été, dans la plupart des cas, un échec. Le bilan actuel est celui d'un déséquilibre injuste de l'accroissement matériel, à l'intérieur des groupes humains et entre les groupes. Les inégalités augmentent entre les pays les plus riches et les pays les plus pauvres (l'écart entre les PIB – produit

---

[209] Ibn Khaldun, Discours sur l'histoire universelle (traduit de l'arabe par Vincent Monteil), Commission libanaise pour la traduction des chefs d'œuvre, Beyrouth, 1968.

[210] Pendant deux siècles environ, l'œuvre d'Ibn Khaldun resta la tentative la plus complète jamais faite pour analyser le développement et l'organisation de la société.

[211] Le scientisme doctrine d'Auguste Comte (avant son positivisme ou religion de l'Humanité) considère la connaissance scientifique comme la connaissance absolue. Son principe est que la science satisfait tous les besoins de l'intelligence humaine. Son espoir est que les progrès de la science supprimeront toute la part d'inconnu dans le monde et dans l'homme.

intérieur brut – a doublé en vingt ans[212]) et entre le milieu rural et urbain au sein d'un même pays.

Une des raisons des échecs du développement est son caractère exogène. En effet, il a fallu attendre les années 1955 pour que les pays en développement commencent à déclarer, dans le cadre des organisations internationales, leur vision du développement. La vision rattachée à Bandung (18-24 avril 1955) est celle d'un développement économique fondé sur la production, l'investissement privé et l'aide extérieure. C'est d'ailleurs à la suite de cette conférence, que l'ONU créera en 1958 le Fonds spécial des Nations unies pour le développement économique, le programme des Nations unies pour le développement (1965). Des banques internationales seront créées pour l'Afrique (1964), pour l'Asie (1966).

En se basant uniquement sur des critères économiques, le développement ignore les qualités de l'existence, les qualités de solidarité, les qualités du milieu, les richesses humaines non calculables et non monnayables. Chaque société a une conception différente de la « bonne vie ». Le Swadeshi-sarvodaya (amélioration des conditions de vie de tous) est le modèle prôné par Gandhi, le Bamtaare (être bien ensemble) est celui en vigueur chez les Toucouleurs, le Kimuntu (développement personnel) est celui des Bantous. En effet, certains peuples imaginent la bonne vie en associant, par exemple, la richesse matérielle non pas à son accumulation, mais à sa redistribution à l'intérieur d'une famille. Chez les Bantous, par exemple, l'accent est mis sur le développement personnel et la richesse spirituelle. L'essence de l'homme, le Kimuntu, c'est de vivre en harmonie avec soi, avec les autres, avec la nature qui nous entoure. La félicité suprême, la seule forme de bonheur, explique Placide Tempels, est pour le Bantou, la possession de la plus grande puissance vitale ; » la pire adversité et en vérité le seul aspect du malheur est pour lui la diminution de cette puissance »[213]. Ceci est d'autant vrai que dans la philosophie bantoue, toute force peut se renforcer ou s'affaiblir c'est-à-dire tout être peut devenir fort ou faible. Le muntu grandit, se développe, acquiert des connaissances, exerce son intelligence. Le développement n'est donc pas tourné vers la conquête du monde extérieur, mais vers la recherche ou l'accomplissement d'un type d'homme parfait dont le modèle est l'ancêtre, ou le héros fondateur du clan. Dans le cadre de la société de l'information, il est donc, essentiel de tenir compte de toutes ces conceptions et de sortir du modèle universel de développement. Le défi de

---

[212] 20 % de la population mondiale la plus riche consomme 87 % des richesses mondiales, alors que plus de 1,3 milliard de personnes vivent encore avec moins d'un Euro par jour.
[213] Placide Tempels, op.cit., p.29.

la nouvelle société, c'est donc de faire en sorte que les TIC participent à la réalisation et à la consolidation de ces divers buts. Cela suppose, bien entendu, une adaptation des interfaces, le développement d'applications et de contenus appropriés. Mais pour que cela se fasse, il faut un engagement à la fois au niveau local et international. L'Unesco, dans l'introduction de Notre diversité créatrice[214], affirme que le développement suppose non seulement l'accès aux biens et services mais aussi, la possibilité de choisir comment vivre sa propre vie avec les autres de manière pleine et satisfaisante pour tous. C'est à cet objectif fondamental que sont invitées à se développer les TIC, alors qu'elles sont souvent utilisées pour la diffusion d'un modèle unique. La société de l'information est donc à concevoir au-delà de tout universalisme qui, pour reprendre les termes de Zhao Tingyang, pourrait devenir

> *« un fondamentalisme, peut-être un fondamentalisme de bonne volonté, si les peuples de l'Occident ne tenaient pas compte des grammaires philosophiques alternatives dans les autres cultures »*[215].

Malheureusement, en l'état actuel de l'observation des usages, les TIC ne tiennent guère compte des autres cultures. Elles ont plutôt tendance à être le véhicule des représentations de la vie, donc d'un mode de pensée. C'est comme si il y'avait une culture universelle qui comme un fleuve s'était arrogée la mission d'arroser les peuples du monde. Intégrer ladite culture, c'est faire partie de la société de l'information. Se brancher sur Internet est le meilleur moyen de s'abreuver de la culture universelle. Pourtant, le dialogue des cultures est tout à fait possible à l'instar de ce slogan japonais Wakin, Yosei (esprit japonais, technique occidentale).

VERS UN NOUVEAU TYPE DE DÉVELOPPEMENT : DURABLE, HUMAIN ET ENDOGÈNE

Le cadre de référence du paradigme de développement actuel est construit sur les concepts de développement durable, humain et endogène qui souligne l'importance des communautés dans la gestion, l'identification et la définition de leurs propres besoins.

---

[214] Unesco, Notre diversité créatrice, Rapport de la Commission mondiale de la culture et du développement, Unesco, Paris, 1995.

[215] Zhao Tingyang, cité par Jacques Perriault, L'accès au savoir en ligne, op.cit., p.26.

Le développement autonome ou self-reliance

Cette nouvelle vision entretenue par le président tanzanien Julius Nyerere consiste à penser le développement à partir de ses propres forces, d'où la notion de Self-reliance ou de développement autocentré[216]. Parmi les pays qui se sont engagés dans cette voie il y a, bien sûr, la Tanzanie, mais aussi, Cuba et la Guinée. Nous pouvons également associer le Mahatma Gandhi à cette approche puisqu'il prônait l'autosuffisance dans les villages sur la base du principe de Swadeshi (intériorité/endogénéité), combiné avec celui de Sarvodaya (amélioration des conditions sociales de tous). De même, « la renaissance par ses propres forces », ou tzu li keng sheng, de Mao Ze Dong, peut être rapprochée de cette vision du développement. Une phrase célèbre attribuée au « grand timonier » illustre d'ailleurs cette philosophie : » Si quelqu'un te demande un poisson, apprends lui à pêcher ». Dans ce système, le commerce international doit être limité à l'obtention des biens jugés indispensables qui ne peuvent être produits dans le pays. En effet, si le système international entraîne la dépendance, il faut, alors, pratiquer la déconnexion par rapport à ce système en choisissant une stratégie dissociative. Mais l'autonomie ne signifie pas l'autarcie[217]. C'est une pratique naturelle, puisque si nous observons bien, l'autonomie sociale a toujours été à la base de tout groupe social déterminé à survivre par ses propres moyens. C'est donc un mode de vie qui a prévalu depuis l'aube de l'humanité et qui n'épargne aucunement les pays européens. Les organisations internationales comme la FAO l'ont d'ailleurs intégré en promouvant l'autosuffisance alimentaire. Mais, la Tanzanie, à travers l'expérience Ujamaa, lui a donné une portée particulière. Le terme Ujamaa désigne le village ou la grande famille en langue swahili. C'est donc sur le principe de l'union, que seront organisés les « villages Ujamaa », dont s'inspirèrent ensuite les « villages communaux » du Mozambique. De nombreux villages tanzaniens se sont donc associés de façon à devenir à la fois plus autonomes et plus solidaires, suivant les principes du socialisme africain. Mais aussi intéressante qu'elle ait pu paraître, l'expérience Ujamaa n'a pas donné les résultats escomptés, même si la problématique de l'aide au développement adopte aujourd'hui une approche « self development ». Il est, en effet, souvent souligné dans les débats internationaux que l'aide contribue à enfermer les populations dans un système d'assistanat, mais aussi d'asservissement par rapport au pays donateur. L'aide proposée est souvent viciée, dans la mesure où elle est rarement dénuée de visées

---

[216] Commission Sud, op.cit.

[217] Gilbert Rist, op.cit.

culturelles, politiques, économiques. Plusieurs pays considèrent d'ailleurs l'aide comme l'extension de leur commerce extérieur. Ce qui explique la position de certains pays, qui comme l'Inde à la suite du Tsunami de 2004, la refusent.

Il s'agit donc de réexaminer toute la politique de coopération. En effet, la politique de coopération qui lie les pays du Sud à ceux du Nord est restée, pour reprendre les termes d'Élikia M'bokolo[218], enfermée dans les survivances de la colonisation et dans la logique du néo-colonialisme. C'est d'ailleurs ce qu'il appelle « la coopération de papa ». « Attentive aux intérêts économiques à court terme, convaincue de la persistance très durable du statu quo entre le Nord et le Sud, adhérant dans le meilleur des cas aux théories de l'évolution linéaire et identique de toutes les sociétés, la coopération de papa [explique-t-il] s'était montrée particulièrement habile et active à soutenir là-bas des clientèles dont les pratiques politiques et les comportements économiques s'opposaient tout à la fois au credo démocratique et aux préceptes les plus élémentaires de l'économie politique »[219].

Au-delà de l'aspect solidaire, l'aide au développement obéît souvent à des motivations géopolitiques et économiques. Le gouvernement bénéficiaire est, en effet, supposé adopter un comportement favorable au pays donateur. En se substituant aux mécanismes du marché, le clientélisme empêche l'émergence d'un processus économique et social dynamique.

L'éco-développement

En 1972, le Club de Rome[220], association internationale et non politique réunissant des scientifiques, des humanistes, des économistes, des professeurs, des fonctionnaires nationaux et internationaux ainsi que des industriels de 53 pays, préoccupés des problèmes complexes auxquels doivent faire face toutes les sociétés, tant industrialisées qu'en développement, lance un cri d'alarme sur le constat de la dégradation de l'écosystème par la croissance économique[221]. En 1972, le Club a publié son

---

218 Élikia M'bokolo, op.cit.

219 Élikia M'bokolo, op.cit, p.12.

220 Les membres du Club ont comme but de chercher des solutions pratiques aux problèmes planétaires. Son rôle demeure surtout de sensibiliser les hauts dirigeants aux problèmes planétaires actuels.

221 Pour répondre aux critiques dont ce rapport a fait l'objet, le Club a publié Sortir de l'ère du gaspillage.

premier rapport intitulé *Halte à la croissance ?* ou *Rapport Meadows*[222], qui a suscité la controverse avec la notion de « croissance zéro ». En effet, le développement matériel se fait de plus en plus au détriment des ressources naturelles renouvelables du monde (l'atmosphère, l'eau, le sol, la vie animale et végétale), ce qui affecte les équilibres environnementaux, locaux et mondiaux (climats, diversités biologiques, océans...) et constitue une menace pour l'avenir. Ces différents constats ont conduit à une réorientation du concept avec ce qu'on a notamment appelé l'éco-développement. Cette notion qui prône l'intégration des contraintes environnementales, apparaît lors de la première Conférence sur l'environnement de l'ONU tenue à Stockholm en 1972. Elle est reprise dans la Déclaration de Cocoyoc[223] par le Programme des Nations unies pour l'environnement et la Conférence des Nations unies pour le commerce et le développement en 1974. L'idée sous-jacente est de permettre à toute la population locale de définir sa propre stratégie de développement à partir d'une analyse de son environnement naturel ou humain. Cette notion se réfère à une vision tenant compte, de façon équilibrée, de l'économie et de l'écologie. L'éco-développement implique donc des actions concertées pour, d'une part, améliorer la productivité agricole et répondre aux priorités des populations en matière de qualité de vie et, d'autre part, engager un processus de restauration à long terme des équilibres écologiques. L'environnement et le développement sont donc considérés ici comme deux faces du même problème : celui d'un progrès économique et social plus attentif et plus respectueux du patrimoine naturel, des ressources et des milieux. Dans tous les cas, les experts s'accordent sur le fait que le développement ne peut se réaliser qu'avec la participation de la population, reconnaissant ainsi le rôle éducatif et mobilisateur de la communication.

Le développement endogène

Les « théories de la dépendance »[224], ont mis à jour l'inefficacité des plans de développement qui favorisaient les intérêts des élites citadines au

---

[222] Meadows Dennis, Meadows Donella, Jorgens Randers, William Behrens, Halte à la croissance ? Rapports sur les limites de la croissance ed. Fayard, Paris, 1972.

[223] Cocoyoc (Mexique), colloque d'experts, a dressé la liste des facteurs économiques et sociaux qui entraînaient une détérioration de l'environnement. La Déclaration de Cocoyoc a modifié la réflexion sur l'environnement.

[224] Approche développée par Samir Amin, André Gunder Frank, Hilaire Babassana, Theotônio Dos Santos, Christian Palloix...

détriment de ceux des villageois. En effet, l'expérience des projets de développement a montré que la modernisation était injectée sans toujours tenir compte de la cohérence interne des processus engagés ni de l'adaptation des projets retenus aux besoins et aux moyens concrets des pays. A titre d'exemple, les produits destinés à l'exportation ont été privilégiés par rapport à ceux destinés à la consommation locale. Ainsi, le développement industriel, a été mené dans beaucoup de cas, sans rapport avec le développement agricole. Dans le domaine du tourisme, les œuvres culturelles et artistiques ont été sélectionnées suivant des critères exogènes. Tout ceci fait que le modèle proposé a souvent été perçu comme une machine de destruction culturelle imposant à tous des normes et des valeurs occidentales, prétendument universelles. C'est donc en tenant compte de ces erreurs du passé que sera réalisé le rapport Dag Hammarskjöld, du nom du secrétaire général de l'ONU (1953-1961), décédé dans ses fonctions à la suite d'un « accident » d'avion le 18 septembre 1961, de retour du Congo, en plein conflit du Katanga.

LE RAPPORT HAMMARSKJÖLD AU CŒUR DU DÉVELOPPEMENT ENDOGÈNE

Ce rapport considère le développement comme un tout et non pas seulement comme un processus économique. Il est obligatoirement endogène dans la mesure où « il surgit seulement du for intérieur de chaque société, définissant souverainement sa vision et son projet, comptant d'abord sur ses propres forces [...], tirant rationnellement parti de ses propres ressources et coopérant avec les sociétés qui partagent ses problèmes et ses aspirations ».[225] Le lien entre le développement et la culture devient plus qu'une évidence puisque ce dernier naît de la culture et donc ne se nourrit pas d'imitations. Le développement étant la représentation des cultures dans leur authenticité, il ne peut venir que de l'intérieur. C'est pour cela qu'il est perçu ici comme un ensemble de capacités qui permet à des groupes, à des communautés et à des nations de définir leur avenir d'une manière intégrée. Dans cette perspective, mettre les nouvelles technologies au service du développement signifie privilégier les informations sur l'agriculture vivrière (et non les cultures de rentes comme ce fut le cas auparavant), fournir des informations qui visent l'amélioration du cadre de vie au moindre coût, en

[225] Dag Hammarskjöld, Que faire, rapport sur le développement et la coopération internationale, Dialogue, Paris, 1975, n° 1/2, p.7.

utilisant notamment les matériaux de l'environnement le plus proche, diffuser des informations pour la prévention et la lutte contre les maladies. Or, comme constaté, les fondements actuels de la société de l'information restent éloignés de ces objectifs.

Si le développement suggéré, peut, à certains égards, paraître proche de la Self reliance, il finit par s'en éloigner pour rejoindre la position NOEI (Nouvel ordre économique international). En effet, le rapport inscrit le développement dans le cadre des relations commerciales internationales. La question du développement endogène peut, donc, être reliée à la recherche d'un Nouvel ordre économique international. L'idée du NOEI est portée, au cours des années 1970, par le mouvement des non-alignés, lancé par Nehru (Inde), Nasser (Égypte) et Tito (Yougoslavie) afin de se protéger de l'influence des États-Unis et de URSS qui cherchaient à couper le monde en deux blocs. Il a tenté d'ouvrir une « troisième voie » avant de faire l'objet d'âpres dissensions internes en raison du poids en son sein de leaders communistes, tel Fidel Castro, ouvertement alliés à Moscou. Le NOEI était donc pour les non-alignées, le moyen de démanteler ce système qui « cantonne » le Tiers-monde dans le rôle de fournisseur de matières premières à bas prix et d'acheteur d'équipements et de services de plus en plus chers. Des négociations se déroulent, notamment après le premier choc pétrolier de 1973, qui marque la fin de la période de croissance postérieure à la Seconde Guerre mondiale. Elle a provoqué de nombreux déséquilibres dans les pays occidentaux : hausse des taux d'inflation, aggravation des déficits commerciaux liés à la facture pétrolière, ralentissement de la croissance imposé par la hausse des coûts de production et les déficits extérieurs, montée du chômage. L'action des non-alignés a conduit à quelques avancées dont la signature de la Convention de Lomé[226] entre l'Afrique et la Communauté économique européenne. L'Assemblée générale des Nations unies de 1974 destinée à étudier les problèmes relatifs aux matières premières et au développement a donné lieu à une déclaration dans laquelle il est écrit :

[226] Convention de coopération signée le 28 février 1975 à Lomé (Togo) par quarante-quatre États d'Afrique, des Caraïbes et du Pacifique (ACP) et les neuf États membres de la Communauté économique européenne (CEE).

« Nous membres de l'Organisation des Nations unies... proclamons solennellement notre détermination à travailler d'urgence à l'instauration d'un Nouvel Ordre Économique International fondé sur l'équité, l'égalité souveraine, l'interdépendance, l'intérêt commun et la coopération entre tous les États, indépendamment de leur système économique et social, qui corrigera les inégalités et rectifiera les injustices actuelles, permettra d'éliminer le fossé croissant entre les pays développés et en développement »[227].

Loin d'être dépassée, la question est, aujourd'hui encore, à l'ordre du jour à travers les négociations à l'Organisation mondiale du commerce (OMC), au sujet de la baisse de subventions aux agriculteurs des pays du Nord. Le versement des subventions aux agriculteurs des pays industrialisés suscite de plus en plus de protestations de la part des pays en développement. Ils estiment que les subventions sont à l'origine de pratiques commerciales déloyales et de l'arrivée massive sur les marchés mondiaux de produits à bas prix, faisant chuter le cours des marchandises et empêchant ainsi les pays en développement de bénéficier pleinement du commerce international. Selon le rapport du PNUD, les pays donateurs du Nord dépensent un peu plus d'un milliard de dollars par an pour l'aide agricole aux pays en développement, mais dans un même temps, un milliard de dollars est accordé quotidiennement par les pays du Nord en subventions à leurs propres agriculteurs[228]. L'Union européenne et les Etats-Unis pratiquent également des droits de douane très élevés, afin de décourager les importations sur leurs marchés respectifs.

Les subventions agricoles aux pays en développement servent à légitimer des subventions aux agriculteurs du Nord qui favorisent l'arrivée massive sur le marché mondial de produits vendus à des prix inférieurs aux coûts de production. Le cas du coton illustre bien ce phénomène. Les cours ont baissé à des niveaux qui menacent l'existence même de communautés qui vivent essentiellement de ces produits. C'est sans doute ce qui fait dire à Ban Ki-moon, Secrétaire général de l'Onu, « Il est temps pour les nations les plus riches de repenser leurs programmes démodés de subventions agricoles »[229]. Joseph Stiglitz[230], prix Nobel d'économie et ancien conseiller économique du président Clinton, explique que lors des négociations sur la libéralisation du commerce, les États-Unis ont exigé des autres pays qu'ils baissent la garde

---

[227] Nations unies, Résolutions adoptées par l'Assemblée générale au cours de sa sixième session extraordinaire, Nations unies, New York, 1974, p.11.

[228] PNUD, Rapport mondial sur le développement humain 2005, Économica, Paris, 2005.

[229] Ban Ki_Moon, 12ème Conférence de l'ONU sur le commerce et le développement (CNUCED), Accra, 2008.

[230] Joseph Stiglitz, Quand le capitalisme perd la tête, Fayard, Paris, 2002.

face à leurs produits et éliminent toute subvention aux denrées qui les concurrençaient, mais de leur côté, ils ont maintenu leurs barrières douanières face aux pays en développement et continué à subventionner massivement. Les subventions accordées aux agriculteurs des Etats-Unis, ajoute-t-il, ont fait perdre aux pays africains producteurs de coton 1 à 2 % de leur revenu national. Il évoque l'exemple du Mali qui a bénéficié d'une aide américaine de 37 millions de dollars, alors que la faiblesse du prix du coton lui en a fait perdre 43 millions. Pour ce qui est de l'Europe, Joseph Stiglitz, explique que la vache européenne reçoit en moyenne 2 dollars par jour de subventions, alors que la moitié de la population mondiale n'a pas autant pour vivre.

Dans le domaine de la communication, le NOEI a suscité des débats importants dans le cadre du Nouvel ordre mondial de l'information et de la communication (NOMIC). Le postulat de base est que si l'information est la clé du développement, elle est aussi source d'aliénation et de dépendance quand une population donnée est subordonnée à de l'information exogène. En effet, le 4e Sommet des pays non alignés, tenu à Alger en 1973, a dénoncé l'impérialisme culturel et le monopole exercé par les pays occidentaux dans le domaine de la communication. Après avoir été saisie, l'Unesco a confié au sénateur irlandais Seàn Mac Bride[231] la mission de mener une étude à ce sujet, d'où le rapport[232] qui posera ouvertement la question du déséquilibre des flux d'information.

En France, de nombreux spécialistes de la communication vont se pencher sur la question, notamment Bernard Voyenne qui déclare, à ce titre : « si l'information circule sur toute la planète, elle est loin de circuler équitablement dans tous les sens »[233]. S'inscrivant dans cette logique, André-Jean Tudesq affirme que « les inégalités de développement économique se traduisent aussi par des inégalités d'information »[234].

---

[231] Sean MacBride, fondateur du Parti républicain irlandais, a exercé les métiers de journaliste puis avocat avant d'être nommé ministre des Affaires étrangères de 1948 à 1951. Il a été président d'Amnesty International pendant 14 ans puis président du Bureau International de la Paix. Vice-secrétaire général de l'ONU de 1973 à 1977, il propose l'élaboration d'un Haut-commissariat à l'ONU pour la protection des droits de la personne. Prix Nobel de la paix en 1974, il a également reçu le prix Lénine en 1977.

[232] Sean Mac Bride, Voix multiples un seul monde. Communication et société aujourd'hui et demain, Unesco, Paris, 1980.

[233] Bernard Voyenne, L'information aujourd'hui, Armand Colin, Paris, 1979, p.98.

[234] André Jean Tudesq, La radio en Afrique noire, Pédone, Paris, 1993.

Cette question ressort également dans les travaux d'Armand Mattelart notamment dans *La mondialisation de la communication*[235] où l'auteur décrit la globalisation en termes de prêt-à-porter idéologique.

Ces travaux sont, dans leur esprit, proches de ceux de Kaarle Nordenstreng et Tapio Varis[236] sur la circulation internationale des programmes de télévision, de Dallas Smythe[237] sur la communication, le capitalisme et la voie de la dépendance au Canada, ainsi que ceux d'Hamid Mowlana[238] sur la circulation internationale de l'information.

Mais, même si ce débat paraît dépassé, la construction de la société de l'information réactualise un certain nombre de préoccupations dont celle concernant la place à accorder aux savoirs des pays en développement et en particulier ce qu'il est convenu d'appeler les savoirs locaux. Cette réflexion qui est au cœur des principes de l'Unesco est inscrite dans un cadre plus global, la protection et la promotion de la diversité culturelle.

Le développement durable ou soutenable

L'expression originelle de développement durable est « sustanable development » traduit en français par soutenable ou supportable. L'expression « sustanable development » désigne un développement économique considéré comme écologiquement soutenable ou supportable par l'environnement, alors que sa traduction française semble désigner un développement capable de durer dans le temps, abstraction faite de toute autre considération (acceptabilité, éthique, débat, partenariat, innovation, réversibilité…). Il s'agit, en s'appuyant sur des valeurs de responsabilité, partage, prévention et solidarité, de considérer que chaque habitant de cette terre a le même droit humain aux ressources de la terre et que nous avons le droit d'utiliser ses ressources tout en en assurant la pérennité pour les générations à venir. Le concept de « durabilité » a révélé la question de la responsabilisation des citoyens et celle de l'État dans la mesure où elle implique l'établissement d'une structure économique adaptée. En effet, ils doivent veiller au partage et à la redistribution des connaissances et des

[235] Armand Mattelart, La mondialisation de la communication, PUF, Paris, 1996.

[236] Nordenstreng Kaarle, Tapio Varis, « La télévision circule-t-elle à sens unique ? », Études et documents d'information n° 70, Unesco, Paris, 1974.

[237] Dallas Smythe, Dependency Road: Communication, Capitalism, Consciousness and Canada, Ablex Publishing, Norwood, 1981.

[238] Mowlana Hamid et Wilson Laure, « Communication, technologie et développement », Études et documents d'information n° 101, Unesco, Paris, 1990.

ressources, promouvoir le développement de sources d'énergie de substitution et concevoir des systèmes efficaces sur le plan énergétique pour que les sources d'énergie abondantes solaire, éolienne et hydraulique puissent combler la plupart de nos besoins. La question de la durabilité va donc à l'encontre des pratiques d'activités basées uniquement sur le profit à court terme.

L'OCDE (Organisation de coopération et de développement économiques) définit plusieurs critères dans sa conception des politiques de développement durable : le degré de substituabilité des éléments de capital, la régénération, l'assimilation et la prévention de l'irréversibilité. Ces critères font appel à des concepts tels que celui d'« empreinte écologique » et de « capacités de charge des écosystèmes ». L'empreinte écologique pourrait être définie comme la mesure de la charge qu'impose à la nature une population donnée. Elle représente la surface de sols nécessaire pour soutenir les niveaux actuels de consommation de ressources et de production de déchets de cette population. Nous constatons donc que la question de la durabilité se situe à la fois à l'échelle locale et nationale mais aussi internationale.

Du point de vue historique, c'est en 1987 (date de présentation du rapport) que la Commission des Nations unies pour l'Environnement et le Développement (CNUED)239 ou Commission Brundtland240 (du nom de l'ancien Premier ministre de la Norvège, Gro Harlem Brundtland) introduit la notion de développement durable défini comme

> *« un processus de transformation dans lequel l'exploitation des ressources, la direction des investissements, l'orientation des techniques et les changements institutionnels se font de manière harmonieuse et renforcent le potentiel présent et à venir permettant de mieux répondre aux besoins et aspirations de l'humanité ».*

C'est donc « un développement qui satisfait les besoins du présent sans compromettre les capacités des générations à venir à satisfaire les leurs ».[241]

---

[239] La Commission mondiale sur l'environnement et le développement a été créée en application de la résolution 38/161, adoptée à la 38e session de l'Assemblée générale des Nations unies à la fin de 1983.

[240] Contrairement à la commission Brandt formée uniquement de politiciens, la commission Brundtland avait en son sein, une quinzaine de personnes directement engagées dans le domaine de l'environnement dont Maurice Strong (premier secrétaire de la conférence de Stockholm en 1972) et Jim Mac Neill (directeur de l'environnement à l'OCDE).

[241] Commission mondiale sur l'environnement et le développement, Notre avenir à tous, Éditions du fleuve, Montreal, 1988, p.8.

L'intérêt majeur de ce rapport réside dans le lien explicite qui est établi entre l'évolution de l'environnement et les dysfonctionnements des sociétés humaines.

Rappelons que le rapport Meadows sur les limites de la croissance (1972)[242] a alimenté d'importants débats en développant l'idée que la croissance de la population et des niveaux de vie buterait, à terme, sur la rareté des ressources naturelles de base (énergie, eau, sols). En effet, expliquent les auteurs, si les tendances de croissance présentes dans la population du monde, l'industrialisation, la pollution, la production de nourriture et l'épuisement des ressources restent inchangés, les limites à la croissance sur la planète seront atteintes un jour ou l'autre dans les cent prochaines années. Le résultat le plus probable sera une baisse plutôt soudaine et incontrôlable tant de la population que de la capacité industrielle. Les conclusions alarmistes du rapport firent place à l'idée qu'il ne convenait pas de récuser la croissance en tant que telle (il importe de la pérenniser et non de la brider), mais qu'il fallait identifier les conditions d'une croissance assurant la préservation de l'environnement. En effet, expliquent-ils, ces tendances de croissance peuvent être changées, de façon à établir une condition de stabilité écologique et économique qui soit durable jusque dans un lointain avenir. L'état d'équilibre mondial pourrait être conçu pour que les besoins matériels de base de chaque personne sur la terre soient satisfaits et que chaque personne ait une chance égale de réaliser son propre potentiel humain.

La même année, la Conférence de Stockholm inaugurait la réflexion des États sur les liens entre la protection de l'environnement et le développement humain. Mais, c'est la Conférence des Nations unies sur l'environnement et le développement (Sommet de la Terre de Rio en 1992) qui consacre pleinement le terme de « développement durable ». En effet, dans sa Déclaration de principes, la Conférence de Rio se fixe comme objectif de replacer l'être humain au centre des préoccupations. Un certain nombre de règles ont été posées à savoir :

- le principe de précaution en matière d'environnement ;

- le principe d'intégration de la protection de l'environnement comme partie intégrante du processus de développement ;

- le principe de responsabilité et de solidarité internationale ;

- le principe de participation et de nouvelle gouvernance...

---

[242] Dennis Meadows, Donella Meadows, Jorgens Randers, William Behrens, Halte à la croissance ? Rapports sur les limites de la croissance, Fayard, Paris, 1972.

Dans tous les cas, qu'elle soit durable ou soutenable, ce développement découle d'une logique qui succède à celle purement économique. Il place l'être humain au cœur des processus et propose de conjuguer l'efficacité économique, les équilibres sociaux et la préservation des ressources. C'est ce qu'on a appelé le principe de rationalité. Reconnaissant la complexité d'un monde où les hommes et leurs activités sont devenus intimement liés, il propose donc une approche globale et transversale. Il s'agit donc là d'un autre schéma de développement que celui des pays du Nord lequel, appliqué aux pays en développement, conduirait à un épuisement irréversible des ressources et à une explosion sociale. Aujourd'hui, 20 % de la population consomme 80 % des ressources de la planète, il n'est pas possible de mobiliser quatre fois plus des ressources supplémentaires.

Le développement humain

Le concept de développement humain (DHD) a été introduit dans le Rapport Mondial sur le Développement Humain[243] (RMDH) publié pour la première fois en 1990 par le Programme des Nations unies pour le Développement (PNUD). Après en avoir défini la portée et la finalité humaine, le PNUD a élaboré un indicateur pouvant servir à la fois comme instrument d'analyse et comme aide à la décision politique. Cet indicateur de développement humain (IDH) est un outil composite mesurant l'évolution d'un pays selon trois critères de base du développement humain : santé et longévité (mesurée d'après l'espérance de vie à la naissance), savoir (mesuré par le taux d'alphabétisation des adultes et le taux brut de scolarisation combiné du primaire, secondaire et du supérieur) et un niveau de vie décent (mesuré par le PIB par habitant en parité de pouvoir d'achat PPA). Dans son Rapport sur le développement humain[244] de 1991, le PNUD précise que le développement humain ne se réduit pas à la santé, l'éducation, un niveau de vie décent et la liberté politique. Il intègre aussi la reconnaissance des identités culturelles des individus. Dans celui de 1994, il cite dix indicateurs qui traduisent un « affaiblissement du tissu social » : homicides, viols, divorces, naissances hors mariage, foyers à parent unique, crimes ou délits liés à la drogue, suicides, demandes d'asile, nombre de détenus et pourcentage des mineurs dans les maisons de détention. Ces

---

243 PNUD, Rapport mondial sur le développement humain 1990, Economica, Paris, 1990.

244 PNUD, Rapport mondial sur le développement humain 1991, Economica, Paris, 1991.

chiffres augmentent, surtout dans les pays développés et dans les pays en transition[245].

L'approche du développement humain se fonde sur un héritage ancien et bien établi... On en retrouve la préoccupation de manière explicite dans les travaux des fondateurs de l'économie quantitative (tels que William Petty, Gregory King, François Quesnay, Antoine Lavoisier et Joseph Lagrange) et chez les précurseurs de l'économie politique (tels qu'Adam Smith, David Ricardo, Robert Malthus, Karl Marx et John Stuart Mill). Mais, c'est au Sommet de la Terre à Rio de Janeiro au Brésil (3-14 juin1992)[246] que plus de 150 nations se sont accordées à reconnaître que les êtres humains sont au centre des préoccupations relatives au développement durable. De là, s'est développé ce courant qui met l'accent, non seulement, sur le développement matériel et économique mais aussi, sur les valeurs et la culture, l'égalité sociale, la liberté, la participation au processus de prise de décision, le « développement humain ». Mais si la liberté culturelle est indispensable très peu de pays ont intégré cet aspect dans leur politique. La raison en est que de fausses représentations subsistent dans la vision du développement. Le développement serait propre aux pays du Nord, berceau de la justice, la paix, la démocratie. Certains pays sont d'ailleurs allés jusqu'à se déclarer pays des droits de l'homme, pays de la liberté... Pourtant, l'Occident n'a pas le monopole du bien être, de la démocratie ou de la croissance. Les théories sur la culture anti développement en Afrique ou l'explication par Max Weber de l'éthique protestante comme facteur de la croissance réussie des économies capitalistes est simpliste. Des pays comme le Japon la Corée, la Thaïlande enregistraient aussi à cette époque des taux de croissance record. Le Japon a réussi à développer son économie en s'inspirant de valeurs culturelles différentes : loyauté envers l'entreprise, responsabilité, confiance humaine... Les théories sur l'échec de l'Afrique qui s'appuient uniquement sur la culture oublient souvent qu'elle a aussi une histoire et un contexte géopolitique communs.

---

[245] Par exemple, les États-Unis, qui occupent le huitième rang mondial selon l'Indice du développement humain, sont en même temps le pays qui accuse la plus forte concentration d'indicateurs de l'affaiblissement du tissu social.

[246] Le Sommet de la Terre a donné lieu à plusieurs traités et engagements dont le programme Agenda 21 qui comprend environ 2500 recommandations. Dans le cadre du chapitre 28, les entreprises, les gouvernements et collectivités territoriales sont invités à mettre en place un Agenda 21 à leur échelle. Il s'agit, sur la base d'un état des lieux (diagnostic global) du territoire et en concertation avec la population, de définir un plan d'actions visant à répondre aux objectifs du développement durable. Ce programme d'actions doit également comprendre une série d'indicateurs afin de pouvoir évaluer dans le temps les impacts de cette politique de développement durable.

Take Akbar a prêché la tolérance religieuse en Inde au XVIe siècle, au japon le prince Shotoku a introduit au VIIe siècle une constitution ou Kempo (connue sous le nom de la Constitution aux dix-sept articles) qui insistait sur le fait que « les décisions portant sur des questions importantes ne devraient pas être prises par une seule personne »...

François Jullien propose d'ailleurs d'inverser la portée des droits de l'homme. Leur signification positive – vouloir imposer les valeurs occidentales – reste injustifiable ; en revanche, leur signification négative est féconde. Car en suggérant l'idée de droit de l'individu, l'Europe en signale l'absence dans beaucoup de cultures, le manque, le vide[247].

Si les conséquences de cet aveuglement peuvent être nombreuses dans les pays du Nord, elles se traduisent, dans les pays du Sud, par un pessimisme sur l'avenir dont la fuite des cerveaux, le flux des immigrés dans les mégalopoles du Nord sont l'expression la plus médiatique. Mais, est-ce rationnel de considérer comme démocratique des États qui consacrent une partie considérable de leur richesse à la fabrication des armes responsables de millions de morts, des bombes capables d'anéantir l'humanité toute entière et qui n'ont pas hésité à les tester à Nagasaki, à Hiroshima... ?

Il convient de recadrer notre vision, non pas par vil intégrisme ou pour se désolidariser de l'Occident, mais par pur bon sens, celui qui nous rappelle que dans chaque société, il y a le meilleur et le pire. C'est le devoir de prudence et de vigilance, la première vertu requise pour bien agir dans le monde humain, ce qui fait de nous des citoyens responsables. Il faut ouvrir ces yeux que les Lumières, trop fortes, ont aveuglé au point que nous ne percevons plus de la réalité que des scintillements. Si la science et la technique ont souvent été considérées comme libératrices, la question de notre asservissement voire de notre anéantissement se pose plus clairement aujourd'hui.

CRITIQUE DU DÉVELOPPEMENT

De l'impossibilité de penser le développement

Comment mettre la société de l'information au service du développement si, dès le départ, celui-ci est difficile voire impossible à penser, quand les aspirations supposées universelles ne le sont pas ?

[247] François Jullien, De l'universel, de l'uniforme, du commun et du dialogue entre les cultures, Fayard, Paris, 2008.

Le concept de développement fait référence au « décollage » de l'économie qui a lieu dans quelques pays à partir de la révolution industrielle anglaise (fin XVIIIe siècle). Il est lié à des « valeurs » que sont le progrès, la maîtrise de la nature, la rationalité quantifiante. Ces valeurs et tout particulièrement le progrès, ne correspondent pas du tout à des aspirations universelles profondes. Elles sont liées à l'histoire de l'Occident et recueillent peu d'écho dans les autres sociétés. Les sociétés animistes, vivent à côté de la nature en lui obéissant, en dialoguant avec elle et en respectant ses principes. C'est sans doute ce respect qui a fait que là où les pays occidentaux, à cause de la puissance de destruction que leur a conféré la science et la technique, ont quasiment épuisé leurs ressources et fortement réduit la diversité biologique, les pays en développement en recèlent encore.

L'idée de développement devient, pour les membres des sociétés à forte influence animiste, totalement dépourvue de sens et les pratiques qui l'accompagnent sont rigoureusement impossibles à mettre en œuvre parce qu'interdites voire jugées irrationnelles. Ici, le développement

> *« n'est souvent qu'un autre visage de l'occidentalisation du monde. Qu'il soit « durable », « soutenable » ou « endogène », il s'inscrit toujours, de manière plus ou moins violente, dans la logique destructrice de l'accumulation capitaliste. »*[248]

Elle suppose

> *« que la croissance technique et économique est la locomotive d'un développement social et humain, lequel va s'effectuer selon le modèle occidental et donc que l'état actuel des sociétés occidentales est la finalité pour toutes les sociétés et, par extension, la finalité de l'histoire humaine. Pseudo-universaliste, l'idée de développement forme un mythe typé d'un ethnocentrisme occidental (...) un moteur d'occidentalisation forcené. »*[249]

De ce point de vue, les TIC ne peuvent pallier les insuffisances d'une approche qui s'appuie sur une illusion, celle du retard, elle-même basée sur une conception de l'histoire humaine, vue comme une route unique sur laquelle les différentes sociétés avancent à des rythmes différents, voire stagnent ou reculent. C'est d'ailleurs en fonction de la position occupée sur cette voie que nous parlons de pays « en retard » et que nous imaginons la possibilité d'un rattrapage. Gilbert Rist déclare d'ailleurs à ce sujet que le

---

[248] Latouche Serge, « En finir, une fois pour toutes, avec le développement », Le Monde diplomatique, mai 2001, p.6.

[249] Edgar Morin, Le Monde du 1 janvier 2003, p.62.

développement est « une croyance occidentale »[250], car dans les pays en développement, le vrai pauvre est celui qui n'a pas de parenté. Le sous-développement est fils de ce regard de l'Occident, de ce jugement sur l'autre décrété misérable avant de l'être et le devenant parce que jugé ainsi.

« Conséquence de l'auto-colonisation, le développement est donc bien la poursuite, le prolongement de la colonisation »[251]. En effet, le développement porte souvent le visage d'une doctrine d'intervention des pays riches sur les peuples dominés, doctrine qui a remplacé la colonisation et permit aux peuples conquérants d'agrandir leur sphère d'influence. Le développement présuppose le besoin des autres peuples d'imiter les pratiques, les croyances occidentales et de suivre les orientations dictées à travers les institutions internationales. Compte tenu de tous ces aspects, les populations ont tendance à prendre leurs distances à l'égard d'un modèle de développement pour lequel les inégalités socio-économiques sont considérées comme des véritables moteurs du progrès. Ils remettent en cause une modernisation économique imposant la destruction du lien social.

Pourtant tous les pays du monde sont en développement, chacun étant, en effet, dans un processus permanent et continu de maîtrise de ses réalités propres. Adama Samassekou[252] situe la différence entre les pays, essentiellement dans la nature de ces réalités, l'échelle et le degré de maîtrise, de même que les moyens mis en œuvre. En effet, tandis que les pays dits « sous-développés », luttent pour la satisfaction des besoins essentiels, correspondant à la réalisation des droits humains fondamentaux pour le plus grand nombre, les pays dits « développés » tentent de faire face aux effets de leur industrialisation (« Tchernobyl » et autres conséquences néfastes d'une exploitation effrénée et aveugle de l'environnement et des ressources naturelles).

La démarche raisonnée consisterait à relativiser la culture occidentale et sa vision du monde et à considérer qu'il existe d'autres manières de penser, d'exister, de travailler, que la manière anthropocentrée, ratiocentrée moderne. En ce qui concerne le développement économique, par exemple, il convient de modifier nos représentations en intégrant dans nos grilles

---

[250] Rist Gilbert, Le développement, histoire d'une croyance occidentale, Presses de sciences politiques, Paris, 2001.

[251] Latouche Serge, L'occidentalisation du monde, La Découverte, Paris, 1989, p.62.

[252] Samassekou Adama, « Langues et développement durable », Liaison n°68, 2005, pp76-79.

d'analyse et dans nos perceptions des aspects liés à l'économie informelle[253], bien développée dans les pays du Sud et à l'économie solidaire[254]...

L'économie solidaire possède plusieurs formes qui vont du « commerce équitable » aux théories post-capitalistes, en passant par les réseaux locaux d'entraide. L'économie informelle comprend aussi bien les collecteurs d'ordures de Nairobi, les cireurs de chaussures d'Arusha que les vendeurs de rue de Dakar. Il s'agirait donc de 50 à 75% de l'emploi dans les pays en voie de développement. Le commerce équitable, les finances solidaires, les microcrédits, apparaissent donc comme des éléments à prendre en compte dans ces grilles. Toutes ces pratiques se rejoignent autour d'un refus de la marchandisation du monde et de la monétarisation outrancière de l'économie. En effet, beaucoup de sociétés considèrent la monnaie comme un dispositif qui divise les hommes et les femmes en plusieurs catégories.

Un nouveau modèle de développement peut être fondé sur la reconnaissance et le renforcement du savoir local. Ce dernier étant multidisciplinaire et, partant, synergique, le système qu'il forme commence à témoigner d'une efficacité, d'une capacité d'adaptation et d'une durabilité supérieure à celles de nombreuses technologies conventionnelles.

La question reste celle des moyens utilisables pour y parvenir quand nous savons que les principaux rouages du développement (Banque mondiale et Fonds monétaire international) ont été créés sans la présence et la prise en compte des intérêts des pays en développement. La domination des pays occidentaux, dans ces institutions, apparaît à la fois dans la composition de l'organe restreint, dans l'importance reconnue aux groupes et en matière de vote[255]. Aujourd'hui, de nombreux acteurs rejettent d'ailleurs l'autorité de la Banque mondiale et du FMI qui, d'après la Déclaration du jubilé Sud-Sud, sont non seulement « incapables de réduire la pauvreté, mais dont les programmes sont la cause majeure du maintien de la pauvreté »[256].

---

[253] L'économie informelle est une économie de survie où les moyens de financement sont faibles, avec des stratégies d'embauche privilégiant les membres de la famille.

[254] L'économie solidaire peut être saisie comme l'ensemble des activités contribuant à la démocratisation de l'économie à partir d'engagements citoyens.

[255] Bélanger Michel, Institutions économiques internationales, Economica, Paris, 1989.

[256] Déclaration disponible à l'adresse suivante : www.jubileesouth.net

Penser la décroissance

Le développement ne rime pas forcément avec croissance[257]. Cette position est également partagée par Ivan Illich[258] et Jacques Ellul[259] considérés comme les précurseurs de la société de la décroissance[260]. L'idée est qu'un développement qui perpétuerait les inégalités d'aujourd'hui ne serait pas durable et ne mériterait pas que l'on s'efforce de le faire durer. En effet, la croissance est dévoreuse de bien-être. Elle est destructrice de la nature et génératrice d'inégalités, puisque fondée sur l'accumulation de la richesse[261]. Cette association entre développement et croissance profite au capitalisme qui,

> *« a intérêt à faire croire que croissance et développement vont toujours de pair, l'amélioration du bien-être humain ne pouvant passer que par l'accroissement perpétuel de la quantité de marchandises »*[262].

La distinction entre l'amélioration du bien-être et l'épanouissement des potentialités humaines se justifie hors du sentier de la croissance infinie des quantités produites et consommées. A cette vision du développement durable, de nombreux chercheurs opposent la « décroissance soutenable ». En opposition avec le consensus politique de l'augmentation du niveau de vie, la décroissance soutenable préconise la diminution de la production et donc de la consommation tout en évitant une implosion sociale. Il s'agit de décroître, de manière acceptable aussi bien pour les populations que pour l'environnement. En effet, le développement a entraîné les plus grandes destructions de l'histoire mondiale (guerres, conquêtes coloniales,

---

[257] Harribey Jean-Marie, « Développement ne rime pas forcément avec croissance », Le Monde diplomatique, juillet 2004, pp.18-19.

[258] Par le concept de « contre-productivité », Ivan Illich fait une critique radicale de la société de consommation.

[259] L'œuvre de Jacques Ellul est aussi une critique du progrès, de la folle course à l'accumulation et à la consommation qu'il entraîne, d'où la nécessité de promouvoir une véritable décroissance. (Voir à ce sujet, Porquet Jean-Luc, Ellul Jacques, l'homme qui avait (presque) tout prévu, Le Cherche midi, Paris, 2004).

[260] L'économiste roumain Nicholas Georgescu-Roegen est présenté par Jean-Marie Harribey (op.cit.) comme le père de la décroissance. Dans son ouvrage, La décroissance, entropie, écologie, publié aux éditions Pierre-Marcel Favre (Lausanne, 1979), cet auteur distingue la « haute entropie », énergie non disponible pour l'humanité, de la « basse entropie » énergie disponible. Il démontre simplement que, chaque fois, que nous entamons notre capital naturel, comme les énergies de stock, nous hypothéquons les chances de survie de nos descendants.

[261] Latouche Serge, « Absurdités du productivisme et des gaspillages, pour une société de décroissance », Le Monde diplomatique, novembre 2003, pp.18-19.

[262] Harribey Jean-Marie. op.cit. p.19.

catastrophes écologiques…). Une autre vision de la société et de l'économie s'impose.

Société de l'information et amélioration du bien-être

Le bien-être[263] est un concept qui touche à la santé, au plaisir, à la réalisation de soi, à l'harmonie avec soi et les autres. Il est « la qualité de son existence »[264]. Une vie, selon Amartya Sen, est faite d'un ensemble de fonctionnements liés entre eux. Il est donc possible d'évaluer l'accomplissement d'un individu en tenant compte de ces éléments, qui peuvent aller du plus simple comme être en bonne santé, avoir à manger, au plus complexe comme rester digne à ses propres yeux… L'inadaptation des critères utilisés pour évaluer le bien-être recherché est un des problèmes communicationnels du développement. Elle peut diminuer l'efficacité de l'action des TIC en matière d'amélioration du bien-être.

Le prix Nobel d'économie de 1998 a introduit l'idée de « liberté de bien-être » qui peut être comprise comme la liberté donnée à chacun de mener tel ou tel type de vie. Elle conduit à une meilleure éthique politique, dans la mesure où, elle pousse à s'interroger sur le bien fondé de tel ou tel autre ordre social. Comme le rappelle Nkombe Oleko[265], pour se développer, l'être doit lutter contre les tentatives d'annulation de ses potentialités internes. Cela signifie qu'il doit se défendre pour sauvegarder ses acquis préalables. Mais la désorganisation qui peut être l'effet d'une agression extérieure peut également venir de l'intérieur. En effet, par son activité, l'être produit une désorganisation, « l'entropie ». Il doit donc être capable de développer une « néguentropie » pour lutter contre ce désordre.

De nombreux spécialistes, à l'instar de René Passet[266], incitent à redécouvrir les richesses premières que sont le degré d'épanouissement des facultés et des capacités humaines. Ce sont : les savoirs et connaissances, le sens de la beauté et de la vérité, la densité et la multilatéralité des rapports tant personnels que sociaux, l'art de vivre, bref la culture. L'auteur insiste, d'ailleurs, sur le fait qu'il y a bien un écart significatif entre ce que l'on croit

---

[263] Ce sont les pays d'Asie accédant à l'indépendance après 1945 qui ont inscrit l'aspiration au bien-être dans leur première constitution : l'Indonésie, dans le préambule de sa constitution du 17 août 1945, affiche sa volonté de promouvoir le bien-être de la population.

[264] Amartya Sen, Repenser l'inégalité, Seuil, Paris, 2000, p.65.

[265] Nkombe Oleko, Pour une axiomatique du développement, Noraf, Ottignies, 1986.

[266] Passet René, op.cit.

être la mesure de la richesse d'une société à travers le PIB et la réalité sociale, écologique, sanitaire...

Si la notion de « bien-être » semble plus adaptée que celle de croissance pour caractériser le développement, son évaluation pose autant de problèmes que ceux inhérents à la mesure du développement. Parmi les propositions les plus pertinentes, figurent celle de Lars Osberg et Andrew Sharpe[267]. Ils rappellent que bien que le revenu réel états-unien par habitant fut, en 1980, supérieur d'environ 7,6 % à celui de 1976, une enquête sur la perception de leur situation montre que la plupart des Etats-uniens n'ont pas le sentiment que leurs conditions de vie se soient améliorées. Ils citent une autre enquête menée, en 1998, au Canada qui révèle que plus de la moitié des Canadiens considère que leur situation ne s'est pas améliorée par rapport à celle de leurs parents au même âge et ceci, malgré une augmentation du PIB réel par habitant de 60 %. Ces deux exemples, expliquent-ils, montrent que le revenu ne représente pas une mesure de référence fiable de la manière dont la population perçoit l'évolution du bien-être. Une des critiques d'Osberg et Sharpe applicable au modèle véhiculé par la société de l'information est que les approches actuelles ne prennent pas en compte l'insécurité ou la détérioration de l'environnement. En effet, bien que les êtres humains se préoccupent de leur niveau de consommation, ils pensent aussi à l'héritage qu'ils légueront à leurs enfants et aux générations futures. A cela, s'ajoutent d'autres paramètres comme la sécurité, la perte de l'emploi, les maladies, le temps de travail, les ruptures de la cellule familiale...

Concernant l'insécurité, il est clair que l'incertitude, aussi bien économique que sanitaire, réduit le bien-être des individus dont la tolérance au risque est faible. La société moderne s'est appuyée sur un certain nombre de structures (assurances, caisses de prévoyances sociales), mais ces instruments n'éliminent pas totalement le sentiment de fragilité donc de vulnérabilité. Les TIC peuvent, si nous n'y prenons garde, l'accroître.

Amartya Sen[268] évoque la nécessité de mesurer l'accomplissement en rapport avec les objectifs réfléchis de chacun de nous. Si nous considérons le bien-être comme liberté, la première liberté, est celle dont chacun dispose pour mener à bien les « accomplissements » qu'il souhaite. Pourtant le bien-être, tel qu'il est perçu et promu dans le cadre de la société de l'information peut être en opposition avec le bien-être souhaité, c'est-à-dire comme liberté.

---

[267] Lars Osberg et Andrew Sharpe, « Évaluer l'indice du bien-être économique dans les pays de l'OCDE », Travail et emploi n° 93, janvier 2003, pp.75-111.

[268] Amartya Sen, op.cit.

Une expression assez équivoque comme « liberté de faim », peut s'apparenter à la liberté de produire moins en vue de sauvegarder la terre, qui peut être elle aussi vecteur de bien-être en dehors de l'aspect productif. Dans de nombreux pays, une partie de la terre est soustraite à la culture puisque consacrée au repos des âmes des ancêtres. La liberté de jeûne qui, bien que sur le plan sanitaire peut être catastrophique, est, pour beaucoup, nécessaire pour l'élévation spirituelle.

Le concept de développement a donc évolué dans le temps et rend ainsi difficile sa compréhension et la communication qui tend à en faciliter le processus dans une perspective universelle. Mais si cette évolution apparaît très clairement dans la plupart des discours, il est rarement fait état au fait que le développement peut être autre chose que celui auquel nous pensons. En effet, il convient de replacer le développement dans le contexte dans lequel il se situe en tenant compte de l'univers culturel, c'est-à-dire des croyances et des modes de pensées. Dans sa mission de réalisation des objectifs du millénaire, la société de l'information peut être confrontée à cette disparité de points de vue. Le développement, vu comme mode de vie universel, est un mythe. Il y a plusieurs développements. La recherche des voies et moyens, en vue de l'amélioration du bien-être individuel et social est la préoccupation essentielle. C'est d'ailleurs dans cette quête d'amélioration que s'inscrit l'essor des TIC dans le cadre de la société de l'information. La question fondamentale n'est donc pas le « transfert du développement », mais la reconnaissance et la valorisation des modes de développement jusque-là oubliés, la prise de conscience des limites du développement universel, en lien avec la croissance capitaliste.

CHAPITRE II
CULTURE ET DÉVELOPPEMENT

La construction des sociétés de l'information inclusives relance le débat sur la question culturelle. La convergence des systèmes technologiques dans le domaine de l'information et de la communication a renforcé l'idée d'un « choc de culture » mondial. Le SMSI a relancé ce débat en soulignant dans la *Déclaration de principes*[269], l'importance de l'expression et la diversité des cultures à travers les TIC. Cette vision est également celle de l'Unesco qui, dans sa déclaration universelle, considère que les TIC créent les conditions d'un dialogue renouvelé entre les cultures et les civilisations.

Or, l'absence de dialogue conduit à des « chocs de cultures » dont l'expression peut être violente. Ces violences se développent partout, prenant parfois appui sur les TIC. Le cas du 11 Septembre en est un exemple. Les experts affirment qu'avant les attentats, il y a eu une forte hausse du trafic de la part des terroristes et leurs associés sur Internet. Les agents d'Al-Qaïda se servaient de l'Internet dans des lieux publics et communiquaient grâce à des comptes de courriel gratuits sur le Web pour garder l'anonymat.

A côté de l'Internet, on peut noter l'usage du téléphone portable dans la coordination des actions terroristes. Les terroristes se sont largement servis du téléphone portable pour planifier les attentats manqués de Londres ou les attentats de Madrid du 11 mars 2007 qui ont fait 200 morts et 1400 blessés.

Les violences liées à des différences culturelles ou idéologiques ne sont pas nouvelles, mais il y a un accroissement qui nécessite qu'on s'y arrête.

En 2002 il y a eu 12933 crimes de type raciste en Allemagne. Rapport de la commission nationale consultative des droits de l'Homme[270] dénombre ainsi un total de 885 actions et menaces racistes, xénophobes et antisémites en 2006 en France.

Aujourd'hui, un groupe sur 5 se livrant à des activités terroristes est motivé par la domination religieuse. La violence sectaire tue une centaine de personnes au Pakistan tous les ans. Le génocide du Rwanda, les

---

[269] SMSI, *Construire la société de l'information : un défi mondial pour le nouveau millénaire*, Déclaration de principes, SMSI, Genève, 2003.

[270] http://lesrapports.ladocumentationfrancaise.fr/BRP/074000226/0000.pdf

affrontements du Kenya, de la R.D. Congo sont d'ordre culturel, même s'ils sont à la fois politique. La liste est longue. Au-delà des conflits déjà réels les conséquences d'une exclusion, ou domination culturelle sont également à mettre en rapport avec le développement. En effet, permettre aux populations une expression culturelle pleine et entière est en soi un objectif de développement important. Et on ne saurait imaginer un partage de savoirs sans une réelle expression culturelle de tous les partenaires.

Aimé Césaire considère la culture comme « *une civilisation particulière à un peuple ou à une nation* »[271], un phénomène social qui est le résultat des forces sociales et des faits sociaux. Toutefois, la culture n'est pas un ensemble figé de valeurs et de pratiques. Elle est constamment recrée, au fur et à mesure que les individus remettent en question, adaptent et redéfinissent leurs valeurs et leurs pratiques en fonction des réalités changeantes et des échanges d'idées. En effet, la culture, conçue comme l'ensemble des valeurs, des croyances, des attitudes, des coutumes et des comportements d'une société donnée, est un moteur essentiel du changement économique et social auprès des populations ou des publics visés. De nombreux projets souffrent de leur inadaptation au contexte de réception. L'exemple de la planification familiale au Nigéria est éloquent : le projet cinématographique « *my brother's children* » a connu un échec consécutif à l'inadéquation entre le film et la culture locale. Le projet était basé sur la projection d'un film destiné à faire prendre conscience aux gens de la nécessité de contrôler les naissances. Celui-ci était projeté sur les murs des centres de planification familiale et suivi d'un débat. Malheureusement, malgré la qualité de la production, le message a été mal accepté en raison du trop fort décalage entre le contenu et la culture locale. Celle-ci est, en effet, le facteur essentiel de la perception que chaque personne a d'elle-même, de la société et des autres. Elle est, comme l'explique Amadou Mahtar Mbow[272], la source première de ses motivations, de ses choix, de sa créativité, de son action. Nous pouvons également citer le projet « *Villages centres* » développés par les Volontaires du progrès[273] en Afrique subsaharienne. Il consistait à favoriser le regroupement des villages autour d'une école, d'un dispensaire, d'une salle culturelle, d'un terrain de

[271] Aimé Césaire, *Culture et colonialisme,* Présence africaine, Paris, 1968.

[272] Amadou Mahtar Mbow, « Culture et exigences du développement, diversité culturelle et mondialisation », Isidore Ndaywel E Nziem et Julien Kilanga Musinde (dir.), *Mondialisation, cultures et développement,* Maisonneuve et Larose, Paris, 2005, pp.17-28.

[273] L'Association Française Volontaires du Progrès (AFVP) est une organisation laïque de solidarité internationale et de volontariat. Créée le 17 août 1963, elle permet à des jeunes gens de manifester leur solidarité envers des populations en difficulté dans le monde. Ils participent à leurs côtés, à des projets de développement sur le mode du partenariat.

football... Le village centre disposait d'un système d'adduction d'eau et d'un système électrique par gazogène, procédé permettant de faire tourner n'importe quel moteur avec du bois ou un combustible solide contenant du carbone. Il est basé sur une précombustion incomplète du combustible aboutissant à un gaz riche en dioxyde de carbone pouvant être brûlé dans un moteur à explosion. L'avantage principal est de pouvoir utiliser un combustible solide plus facilement disponible que les carburants classiques et surtout renouvelable. Mais l'intégration de ce système, dans les projets de développement, est fondée sur une vision de la forêt très différente de celle des bénéficiaires. Ces derniers la considèrent comme espace de vie (des forces naturelles), alors que dans sa conception, elle est envisagée uniquement comme ressource ligneuse. Même si le principe du gazogène est intéressant à la base, son principal inconvénient provient de son rendement global assez faible (on estime qu'un camion alimenté par un gazogène consommerait environ 100 kg de bois au 100 km). Au bout de quelques mois, après avoir épuisé le stock de bois mort, les populations ont renoncé à l'abattage des forêts. Ne pouvant plus disposer d'électricité, la conservation des médicaments s'est avérée hypothétique, le poste de télévision de la salle culturelle ne pouvait plus être alimenté. Tous les symboles de la modernité sur lesquels était bâti le village de référence se sont éteints les uns après les autres et les populations ont repris leur mode de vie habituel.

Ces exemples mettent en exergue l'importance de la culture comprise ici comme diverse, c'est-à-dire reposant sur la variété des traditions et croyances. L'adaptation des savoirs aux contextes pratiques des êtres humains et leurs collectivités est donc le fondement du développement. Elle suppose au fond une sorte de métaculture ou une culture interconnectée, non pas uniformisante, mais respectueuse de la diversité des mentalités, c'est-à-dire de la grande variété des choix selon laquelle les hommes donnent symboliquement sens et qualité à la vie[274].

La question culturelle a été, ces dernières années au cœur des préoccupations des institutions internationales. Le SMSI lui a consacré une ligne d'action, C8, Diversité et identité culturelles, diversité linguistique et contenus locaux. Celle-ci considère que le respect de l'identité culturelle, des traditions et des religions, est essentielle au développement d'une société de l'information fondée sur le dialogue entre les cultures et sur la coopération régionale et internationale. Plusieurs points ont ainsi été proposés :

---

[274] Bonaventure Mvé Ondo, « Quelle culture pour quel développement durable ? », *Liaison* n° 68, 2005, pp.72-75.

- Élaborer des politiques qui encouragent le respect, la préservation, la promotion et le renforcement de la diversité culturelle et linguistique et du patrimoine culturel dans le contexte de la société de l'information ;
- Élaborer des politiques et des législations nationales pour permettre aux bibliothèques, archives, musées et autres institutions culturelles de jouer pleinement leur rôle de fournisseurs de contenu ;
- Soutenir les efforts visant à développer et à utiliser les TIC pour la préservation de notre patrimoine naturel et culturel ;
- Elaborer et mettre en œuvre des politiques visant à préserver, affirmer, respecter et promouvoir la diversité de l'expression culturelle et des savoirs et traditions des populations autochtones ;
- Soutenir l'élaboration, la traduction et l'adaptation de contenus locaux ;
- Fournir des contenus adaptés à la culture et à la langue de chacun ;
- Encourager, dans le cadre de partenariats public/privé, la création de contenus locaux et nationaux variés, notamment celle de contenus disponibles dans la langue des utilisateurs ;
- Renforcer les activités qui privilégient les programmes différenciés, dans l'enseignement scolaire ou extrascolaire ;
- Développer, au niveau local, les capacités de création et de diffusion, d'une part de logiciels dans les langues locales, d'autre part de contenus adaptés aux différentes catégories de la population ;
- Soutenir les médias communautaires ainsi que les projets faisant appel à la fois aux médias traditionnels et aux nouvelles technologies pour faciliter l'usage des langues locales ;
- Renforcer les capacités des peuples autochtones à élaborer des contenus dans leurs langues ;
- Coopérer avec les peuples autochtones et les communautés traditionnelles en vue de leur donner les moyens d'utiliser leur savoir traditionnel de façon plus efficace ;
- Procéder à des échanges de connaissances, d'expériences et de meilleures pratiques concernant les stratégies et les outils conçus pour promouvoir la diversité culturelle et linguistique aux niveaux régional et sous-régional ;

- Evaluer, à l'échelle régionale, l'apport des TIC aux échanges culturels et aux relations culturelles réciproques et, au vu des résultats de cette évaluation, élaborer des programmes appropriés.

LES CULTURES DU SUD

Chaque peuple a sa culture, chaque groupement humain fait face à la réalité ambiante d'une façon qui lui est propre et forge sa vision du monde, ses croyances et modes de pensée. Par le fait d'événements historiques comme la traite des nègres, la colonisation, les cultures des pays du Sud se sont enrichies des apports venus d'ailleurs. La question n'est donc pas de revenir aux « cultures ancestrales » pour « recoller » au développement[275]. La vraie culture est d'abord mouvement, elle se modifie selon des lois et des principes qui lui sont propres. Elle se définit par son présent et son devenir que par son passé.

Parler de culture des pays en développement au singulier est évidemment un raccourci emprunté pour des raisons de commodité tant elle est plurielle. Mais si nous reconnaissant une spécificité des pays en développement, il nous paraît logique d'entrevoir une unité culturelle qui serait le fruit du contexte, de l'histoire et des ambitions particulières des peuples qui y vivent. Ces cultures ont quelque chose de commun, le refus de dominer la nature, de se l'approprier comme si elle n'avait pas une existence indépendante de l'homme. C'est sans doute ce qui fait qu'elles sont généralement considérées comme des sous-cultures. Malgré le fait que leur influence a largement dépassé les frontières des pays du Sud pour marquer de leur sceau les cultures européennes et américaines, leur art est appelé premier, leur peinture naïve, leur pensée irrationnelle pour ne pas dire illogique.

L'art au cœur de la culture des Suds

L'art est au cœur de la culture des pays du Sud, comme la technique l'est dans les pays occidentaux. Il est à comprendre dans un sens global qui intègre les croyances, les créations esthétiques comme la danse, la musique, la sculpture, la peinture, le théâtre...Le sens de l'art, ici, n'est pas simplement esthétique, puisqu'il est pensé avant tout, pour la vie. Les arts

---

[275] Bonaventure Mvé Ondo, *op.cit.*

des Suds reflètent la richesse de l'histoire, de la philosophie, de la religion, des mythes, des cultures de ce vaste ensemble. Ils ne visent pas la représentation, l'imitation, ou la figuration mais la signification. Il s'agit, dans la plupart des cas de transgresser la forme au profit du message. Ils se subdivisent en une multitude de particularismes, prenant plusieurs formes : la sculpture, les masques et statuettes (habités par l'esprit des ancêtres ou des génies), les objets qui participent a la beauté de ceux qui les portent (en particulier les femmes quand ce sont des bijoux et des parures), la danse et la musique, l'architecture (édifices, maisons, mosquées, palais et tombeaux). Dans la majorité des cas, les objets sont sacrés, destinés la plupart du temps à participer à des cérémonies et à des rites religieux animistes où quelques initiés seulement ont droit d'assister. Les *Nkisis* (fétiches), par exemple, incarnent les forces magiques influant sur la vie quotidienne. Ces forces sont connues du *nganga* (féticheur) qui, parfois, lui donne son pouvoir, active la statue en plaçant des « charges magiques » dans divers réceptacles qui peuvent être situés sur la tête, le dos, le ventre ou le sexe de la statue, en fonction de l'utilisation future. Ils doivent donc être manipulés avec précaution, car une mauvaise utilisation peut être néfaste à la collectivité. Dans les pays du Sud, l'art n'est ni un accessoire de théâtre, ni un objet décoratif, figuratif. Ce n'est pas un objet inerte, c'est plutôt un être sacré à qui on doit du respect. Les Baluba du Katanga, par exemple, ont acquis une réputation bien établie pour leur art : statuettes, sièges à cariatides, sceptres ou bâtons de commandement, lances royales et porte-flèches... Quand à l'art khmer, il a largement alimenté les récits des missionnaires portugais, dans la seconde moitié du XVIe siècle. On est surpris voire effrayé, par les géants de pierre d'Angkor et enthousiasmés par le romantisme des ruines.

Si l'art apparaît comme étroitement attachée aux institutions politiques, le monde de la magie et de la divination a également constitué une source non négligeable d'inspiration pour les artistes du Sud. Toutefois, si cet art est incomparable, il est malheureusement livré, dans la plupart des pays, à un pillage crapuleux. Pendant la colonisation et après, les pays riches ont continué à profiter de la corruption ou de la faiblesse du système législatif des pays pauvres pour les déposséder. Le musée du Quai Branly à Paris en est un exemple. En 1997, l'Unesco estimait le pillage des sites Bura (Niger) à 90 %. En 1996, ses proches collaborateurs offraient à M. Chirac une statuette en terre cuite provenant du Mali. Les photos publiées par Paris Match permirent aux responsables d'une ONG proche de l'Unesco de l'identifier. Elle provenait d'un lot d'objets saisis par la police quelques années auparavant sur le site d'une fouille illicite et volés lors de leur transfert au

Musée de Bamako[276]. La difficulté de protéger l'art est dû au fait qu'il s'agit d'un marché très lucratif. Une statue bangwa arrachée au Cameroun en 1897, vendue 29000 dollars en 1966 a été revendue à 3,1 millions de dollars en 1990.

LE MAGICO-RELIGIEUX

Le « *magico-religieux* » influence indiscutablement la perception des faits et donc la prise de décision, c'est-à dire la sélection d'un type d'action parmi différentes alternatives. Dans beaucoup de pays en développement, la sorcellerie est la manière la plus courante d'expliquer la maladie, la mort, le mal. Parlant des ruraux, Jeanne Favret-Saada déclare que ceux-ci sont rarement satisfaits par les informations que leur apportent les agents modernes dans la mesure où ils prétendent éliminer séparément les causes du malheur, déniant la série[277]. Pour eux, la maladie et les problèmes agricoles ne s'expliquent pas par les mêmes raisons, ne se soignent pas avec les mêmes remèdes. Les agents conseillent, par exemple, de désinfecter les étables, d'utiliser les engrais, de consulter le médecin, de donner une alimentation plus saine aux enfants. Les paysans sont généralement d'accord avec eux, mais ils jugent ces informations insuffisantes. Les problèmes – pensent-ils – ont une origine et les informations, les techniques qu'on leur propose ne concernent que les causes. Cette origine est souvent l'insatisfaction, les plaintes, la méchanceté d'une ou de plusieurs personnes. Cette conception est d'ailleurs partagée par de nombreux médecins qui n'hésitent pas à demander à certains patients de trouver une réponse *tradithérapeutique* à leurs maladies. Il est d'ailleurs communément admis qu'il y a des maladies pour la médecine moderne et d'autres pour la médecine traditionnelle. Confier une maladie traditionnelle à un médecin, c'est comme consulter un dentiste pour une maladie du cœur. L'issue peut être fatale.

A côté du magico-religieux, se trouve la force du destin qui oriente une part des pratiques. L'inné explique beaucoup de réussites et d'échecs. Il y a des familles dont les membres sont appelés à être des commerçants, à réussir dans l'agriculture, à vivre longtemps et en bonne santé, tout comme il y avait, dans le passé, des familles de griots et des familles de forgerons. Cette

---

[276] Philippe Baqué, « Enquête sur le pillage des objets d'art », *Le Monde diplomatique,* Janvier 2005, p.19.

[277] Jeanne Favret-Saada, *Les mots, les morts, les sorts*, Gallimard, Paris, 1977.

façon de voir tend à nier l'effort individuel et, de ce fait, rend illusoire les retombées attendues des TIC.

La culture traditionnelle empêche, parfois, l'accumulation capitalistique qui est, très souvent, au cœur des projets de développement. Elle n'admet pas la recherche effrénée du profit. Elle protège l'identité et absorbe la nouveauté à une vitesse souvent considérée comme lente. La société de l'information demande donc à être adaptée, négociée, socialisée de manière à ne pas menacer l'identité.

LES CODES SOCIAUX

Les pays en développement ont conservé un grand nombre de codes sociaux susceptibles d'entraver la communication et, donc, le processus de développement. En effet, la transmission de l'information reste conditionnée par un certain nombre de valeurs, de règles et d'éléments que l'on ne peut négliger sous peine d'inefficacité. Parmi ces règles se trouvent celles liées à la politesse (salut, regard, distance, ponctuation...) ainsi qu'à la profération de la parole. En dehors de ces règles, il faut tenir compte de la spécificité du milieu rural où sévit un analphabétisme de rigueur. Les technologies ne semblent, malheureusement pas favoriser le respect de ces règles, en raison de l'exigence d'immédiateté qui en est à la base, mais aussi de l'anonymat voire de l'éloignement culturel des interlocuteurs.

La politesse est un acte dont la fonction est de préserver le caractère harmonieux de la relation personnelle. Elle définit ce qui est attendu, permis ou interdit dans certaines situations, dicte les obligations de chacun envers la hiérarchie sociale, entre hommes et femmes. Elle permet aussi de situer un individu par rapport à la norme : l'ignorance ou la connaissance de certains protocoles révèlent en effet un manque dans l'éducation, ou au contraire, des qualités. Elle comporte une double finalité : faciliter les rapports sociaux en permettant à ceux qui en usent d'avoir des échanges respectueux et équilibrés ; faire la démonstration de son éducation et de son savoir-vivre. Les règles qui régissent la politesse ou « le sens de l'humanité », pour reprendre les termes de Kant, s'appliquent aussi bien aux comportements non verbaux que verbaux. Chez les Bantous, par exemple, cette politesse peut se décliner en un certain nombre de codes qui influencent fortement la communication. Ils s'appliquent au salut, au regard, au silence...

Le salut est une obligation fondamentale dans les relations interpersonnelles. Il doit être adressé même aux inconnus. Passer devant quelqu'un et ne pas le saluer est signe d'hostilité. Mais il y a des règles à respecter. On ne salue pas une personne âgée de la même manière qu'un ami, de même qu'on ne salue pas un chef comme on saluerait les autres personnes. A côté du salut, il y a le regard qui obéit également à un code et peut exprimer aussi bien la haine, le mépris que l'amour. Ainsi, des règles de politesse et de courtoisie interdisent le regard au fond des yeux susceptible d'être ressenti comme une agression. Enfin il y a le silence, base de l'alternance, un élément fondamental qui permet aux interlocuteurs de se comprendre, de s'écouter. En effet, pour éviter les chevauchements trop longs et trop fréquents, il y a des règles à observer, des règles qui, si elles ne le sont pas, peuvent donner à l'interlocuteur le sentiment d'être agressé[278].

La profération de la parole est, dans les sociétés africaines, régie par des conditions sociales et écologiques. La parole étant une force, sa pratique sociale doit être réglementée. Ainsi, de nombreuses zones de discours sont réservées à certaines catégories de personnes. Le discours sur la sexualité, par exemple, demeure une affaire d'adultes, ce qui naturellement limite gravement les efforts de planification familiale et de lutte contre les maladies sexuellement transmissibles. Les échanges entre les étrangers de passage et les habitants du village sont, elles aussi, fortement réglementées. Les uns doivent montrer qu'ils viennent en ami et les autres, faire la preuve de leur hospitalité. Ces échanges sont tellement codifiés qu'on pourrait parler de rituel de la parole. Chez les Baoulés de Côte d'Ivoire, la bienséance recommande de donner un verre d'eau à tous les visiteurs de passage. Le rituel consiste, après les salutations d'usage de boire un verre d'eau et d'attendre la phrase « quelles sont les nouvelles du jour », avant de dire quoi que ce soit. Enfreindre cette règle peut être ressenti comme une intrusion.

A côté de ces codes de politesse et de courtoisie existent des conditions écologiques de profération de la parole. Cela signifie qu'il y a des paroles, des mots qui ne peuvent être utilisés dans certaines circonstances. Un agent de santé rural, affecté dans le petit village de Madzia (République du Congo), ayant planifié une réunion sur les premiers secours suite à une morsure de serpent fut grandement surpris que les membres de la coopérative concernée ne soient pas au rendez-vous. Il pensa qu'il n'avait pas choisi le bon moment. Après le travail, se dit-il, les paysans n'ont qu'une seule envie : rentrer chez eux. Il programma une nouvelle réunion de sensibilisation la semaine suivante et prit le soin de fixer le rendez-vous dans la matinée, juste avant le début du travail. Surprise encore, tout le monde arriva en retard. Il décida de changer de tactique : passer entre midi et deux pendant la pause. Et là encore il ne trouva personne. La seule

[278] Catherine Kerbrat Orecchioni. *La conversation*, Seuil, Paris, 1996.

solution pour lui fut de les rencontrer au moment où ils ne s'y attendaient pas et user de son autorité pour les forcer à suivre ses conseils. Mais ce jour là, il trouva sur la lisière de la forêt un ananas qu'il cueillit, découpa et se mit à manger avant d'arriver au champ de la coopérative. Il crut halluciner quand il vit près de la moitié du groupe s'en aller comme s'il avait vu arriver le diable. Il alla trouver le chef qui lui rappela les règles que ce jeune homme ayant trop longtemps séjourné à Cuba avait oublié. La plupart des membres de la coopérative étaient « vaccinés » (traditionnellement) contre le serpent. La composition de ce vaccin ne peut être révélée qu'aux initiés. Mais même si on la connaît, elle n'est « efficace » qu'avec le mode opératoire adapté. Le produit peut être ingéré, introduit dans le sang à l'aide de fines incisions : trois sur la nuque, trois sur chacune des épaules, trois sur les poignets, trois sur les orteils... Ceci leur permettait de toucher le serpent, l'enrouler sur le coup sans risquer de se faire mordre et si c'était le cas, leur « vaccin » les protégeait contre le venin des cobras, mambas, vipères du Gabon et autres serpents qui pullulaient dans la contrée. Mais cette protection était assortie d'interdits :

ne pas parler de serpent en pleine brousse ou dans la nuit tombée ;

ne pas manger ou rester à côté de quelqu'un qui mange des fruits acides en pleine brousse ;

ne pas tirer les lianes une fois qu'on les a coupées, toujours les enrouler autour du bras…

Cette histoire est plus que banale pour les personnes attachées aux forces de la nature et respectant ses règles, en se pliant autant que faire se peut à ses exigences. Elle montre à quel point la parole est puissance et que les conditions de sa profération doivent être régentées. Il ya des phrases qui empêchent (ou empêcheraient) la pluie de tomber quand toutes les conditions écologiques sociales et temporelles sont respectées. Chez les Kongos, la phrase « *wala mvula mu longo sissa* » qui littéralement signifie « déplace la pluie, sans interdit » ne peut être prononcée que par les enfants du clan, légèrement vêtus, des brindilles à la main, en mimant les gestes appropriés, après avoir allumé le feu et « associé » un batracien à la cérémonie. Pourtant la société de l'information efface ces particularismes. Avons-nous le droit de dire tout, n'importe où, n'importe quand, n'importe comment et à n'importe qui ?

LANGUE ET DÉVELOPPEMENT

La langue est un puissant facteur et un moyen privilégié de capacitation et de renforcement des compétences des citoyens, de développement de la créativité, de l'innovation et de construction des savoirs, de la connaissance. Or, la connaissance et en particulier la connaissance scientifique, est le moteur du développement[279]. Peut-on réellement parler de développement, en particulier durable et endogène et surtout de « *bonne gouvernance* » quand plus de la moitié de la population d'un pays demeure en marge de la masse d'informations stratégiques qui concourent à la gestion du pays, puisque diffusées dans une langue qu'elle ne maîtrise pas ?

L'éducation vise en principe à apporter à l'enfant des connaissances et une formation qui lui permettront de devenir un adulte responsable et autonome. Mais l'éducation scolaire dans les pays en développement, c'est essentiellement apprendre la langue du colon et réciter ses leçons par cœur sans les comprendre. Nous assistons donc à une vague d'assimilation linguistique renforcée par les leaders scientifiques et politiques. Celle-ci est héritée de la politique coloniale, notamment française qui, en accord avec la philosophie des lumières sur l'égalité des Hommes, consistait à assimiler les peuples dominés à la culture et à la citoyenneté française, la seule issue pour eux d'espérer accéder à l'égalité entre les humains étant de devenir des citoyens maîtrisant la langue et la culture du pays colonisateur.

Aujourd'hui encore, dans plusieurs pays, les gouvernements ont mis en œuvre des politiques axées sur l'assimilation linguistique, compris comme nécessaire à la construction de l'identité nationale. Les langues locales sont mises en opposition avec la langue de l'élite, celle héritée de la colonisation. Pourtant, des études menées dans les écoles en Bolivie, au Brésil, au Guatemala, au Mexique, au Paraguay et en Afrique montrent que l'enseignement dans la langue autochtone conduit à beaucoup moins de redoublement et à un faible taux d'abandon. La marginalisation des langues africaines, une des conséquences de la colonisation et des politiques mises en œuvre par les États postcoloniaux, a conduit à l'intériorisation, au sein des populations, d'un sentiment d'infériorité vis-à-vis des langues héritées de la colonisation qu'il fallait maîtriser pour ne pas être en marge des prises de décision et de l'exercice du pouvoir. Mais comment peut-on envisager une quelconque conscientisation des populations à la base en dehors de leurs langues ?

---

[279] Adama Samassekou, « Langues et développement durable », *Liaison* n°68, 2005, pp76-79.

« La pluralité des langues est la première condition de la diversité culturelle qui est la première réalité politique du monde contemporain (...). La langue c'est l'unicité. Il n'y a aucune identité culturelle possible sans le respect des identités linguistiques »[280]. Dans le cadre de la société de l'information, la diversité culturelle passe par la production et la mise à disposition des logiciels multilingues. C'est une question de liberté, la liberté de choix et la liberté de disposer de logiciels adaptés à sa langue. En effet, de nombreux promoteurs ont longtemps cru que les logiciels libres pouvaient raisonnablement aider au développement des contenus multilingues. Malheureusement, les efforts entrepris par de nombreuses associations dans le cadre du mouvement des logiciels libres sont contrecarrés par un certain nombre d'institutions. Quant aux contenus multilingues, il convient de rappeler les statistiques sur les contenus de l'Internet : une page sur 100 000 provient du continent africain[281], 90 % des langues au monde ne sont pas représentées et 90 % des contenus sont diffusés dans 12 « grandes langues »[282].

Pourcentage approximatif de pages web pour les langues
Source Funderes 2005

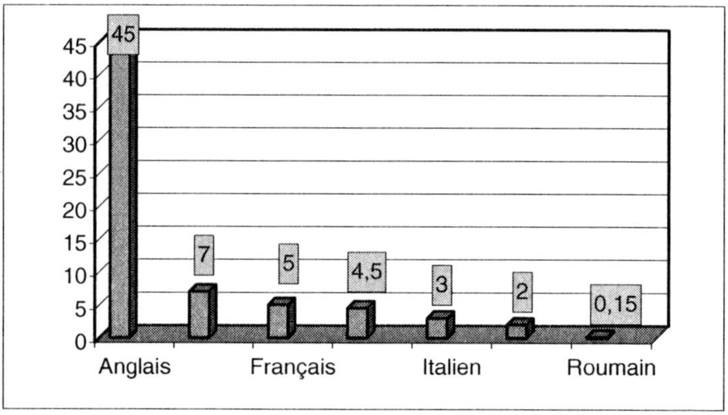

Il faut se méfier toutefois de ces chiffres puisque les langues ne correspondent pas forcément à un pays. Près de 14 % des contenus en espagnol, par exemple, proviennent des USA. Notons également que

[280] Dominique Wolton, *L'autre mondialisation*, Flammarion, Paris, 2000, pp.101-102.
[281] Plus de 50 % des 6000 langues du monde sont en danger de disparition. 96 % des 6 000 langues au monde sont parlées par 4 % de la population mondiale.
[282] Source Orbicom 2005

71 % de pages en portugais proviennent du Brésil contre 17 % pour le Portugal et 8 % pour les États-Unis. Dans le même ordre d'idées, l'Angleterre ne produit que 7,24 % des contenus en anglais contre 51,33 % pour les États-Unis.

Production des contenus en français

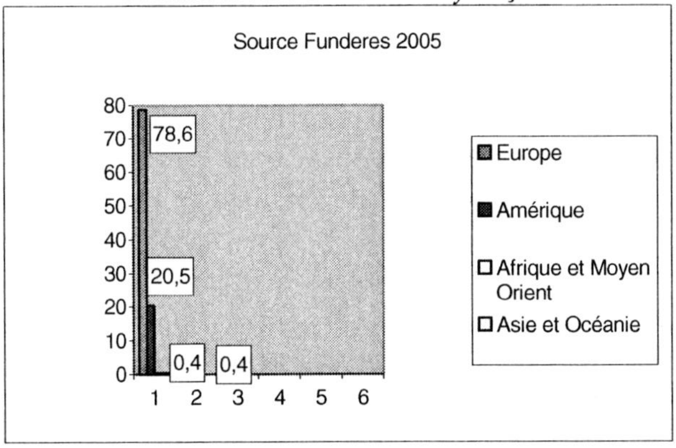

La suprématie des Etats-Unis n'apparaît pas simplement à ce niveau, mais va au-delà. L'anglais reste la langue dominante sur Internet, pourtant, 15 % seulement des Européens sont de langue maternelle anglaise et 28 % seulement parlent anglais. Cela est d'autant grave que *la langue*, comme l'expriment les experts de l'Unesco,

> *« est le fondement de la communication entre les personnes ; elle fait aussi partie de leur patrimoine culturel. Pour beaucoup d'entre nous, la langue possède de profondes résonances affectives et culturelles et des valeurs ancrées dans le patrimoine littéraire, historique, philosophique et éducatif. C'est pourquoi la langue des utilisateurs ne devrait pas faire obstacle à l'accès au patrimoine multiculturel présent dans le cyberespace. La société de l'information ne peut donc connaître un développement harmonieux que si l'on stimule la disponibilité d'une information multilingue et multiculturelle »*[283].

En attendant, on peut observer sur Internet un certain nombre de sites dédiés à l'apprentissage des langues africaines comme le Lingala, le Swahili, le Yoruba et bien d'autres… En outre les sites africast (http://www.afrcast.com) et mailafrica (http://mailafrica.net/), par exemple,

---

[283] Unesco, *Diversité culturelle et linguistique dans la société de l'information*, Unesco, Paris, 2003, p.19.

permettent à leurs membres d'envoyer des courriels dans la langue africaine de leur choix. Plusieurs langues sont dores et déjà opérationnels (Afrikaans, Hausa, Igbo, Swahili, Wolof, Xhosa, Yoruba, Zulu, Ewe, kikuyu, kamba, Luganda, Ndebele, Sesotho, Amharic...). La technique consiste à disposer d'un clavier virtuel visible sur l'écran, qui permet de choisir les caractères recherchés (beaucoup de caractères de langues africaines n'étant pas disponibles sur le clavier ordinaire).

Cette innovation a connu un écho très important dans les différents forums de la diaspora qui vraisemblablement ressentait le besoin d'échanger dans la langue qui lui est la plus proche. Mais la question de la capacité matérielle évoquée ici, cache celle du manque de contenu en langue locale qui, elle-même est la conséquence du manque de producteurs formés. Elle cache également celle de la place des langues locales dans la vie publique, dans les relations internationales. Nous entrons ici dans un système où se révèlent des rapports de force très défavorables aux langues locales pour lesquelles les décideurs politiques et les chercheurs sont d'ailleurs loin d'être des experts.

Au delà de l'Internet, dans la plupart des pays en développement dont la langue officielle est celle héritée de la colonisation, le développement se fait essentiellement par et pour l'élite minoritaire, la majorité des acteurs n'étant que peu ou pas impliquée dans les programmes de développement mis en place et gérés dans un mode d'expression qui n'est pas la leur. L'usage quasi exclusif des langues européennes comme langue de communication scientifique au détriment même des grandes langues sous-régionales ne favorise pas la dissémination du savoir[284].

LA QUESTION DU TEMPS

Le temps apparaît comme central, aussi bien dans la construction de la société du savoir que dans le processus de développement. Il a, d'ailleurs, été parfois, considéré comme un des obstacles au développement des pays du Sud. De manière générale, on distingue deux types de temps :

le temps physique, appelé aussi *chronos*, est celui des horloges. Il est découpé en heure, minutes, secondes...

le temps subjectif est celui de la conscience, celui qu'on éprouve à l'intérieur de soi et que l'on peut désigner par *tempus*.

---

[284] Paulin Houtonji, « Le savoir mondialisé : déséquilibre et enjeux actuels », Isidore Ndaywel E Nziem et Julien Kilanga Musinde (dir.), *op.cit.*, pp.17-28.

Le temps a été longtemps une grande préoccupation de l'Homme. Déjà dans la mythologie grecque, *Chronos*[285], fils d'*Ouranos*, le Ciel et de *Gaia*, la Terre, dévorait ses enfants dès leur naissance pour éviter que se réalise la prédiction qui lui avait été faite, selon laquelle l'un d'entre eux le détrônerait. Ce mythe met en exergue un père soucieux d'assurer son pouvoir intemporel, c'est-à-dire échapper au temps. Mais, le temps ne revêt pas la même signification dans toutes les cultures, autrement dit, il n'y a pas un temps universel, mais des « temps ».

Lewis Mumford[286] évoque à ce sujet le cas des Hindous qui se seraient montrés tellement indifférents au temps qu'ils n'auraient pas de chronologie exacte des années. La question de la représentation et du sens de la durée a été également au centre des préoccupations d'Edward Twitchell Hall. En effet, il a montré qu'il existe une multitude de temps et que chacun bouge selon des rythmes différents[287]. Ainsi, le temps bureaucratique gouvernemental est différent du temps des populations visées par les différents projets de développement, qui lui-même diffère de celui des banquiers, des agronomes... Cette multiplicité de perception complique les relations humaines, notamment entre les cultures polychrones et celles monochrones. Dans un contexte polychrone, tout semble continuellement fluctuer. Rien n'est solide ou ferme. Des projets importants peuvent être modifiés jusqu'à la minute de leur exécution. Alors que dans un contexte monochrone, peu de choses échappent à la « *main de fer* » de l'organisation monochrone. La culture occidentale, culture du progrès, est réglée sur la conscience de la rareté du temps. La vie sociale, professionnelle y est dominée par un horaire, ou un programme. Le temps est un bien économique parce que rare. Plus le capital tourne vite, plus le taux de profit annuel est élevé, d'où la recherche effrénée d'accélération, qui imprègne toute l'histoire du capitalisme. Être dans le temps mondial, revient ainsi à être partie prenante d'une nouvelle dynamique planétaire[288]. Dans le « *village global* », la distance physique, les murs, les horaires de travail ne protègent plus. Chaque jour, l'espace professionnel fait irruption dans la vie privée. Dans les entreprises, la pression temporelle s'exerce à partir des impératifs de réactivité liés à la demande du public. Mais cette hyperactivité n'est pas sans conséquences. Elle nous installe durablement dans l'urgence, c'est-à-

---

[285] Par similitude de sons avec chronos, qui personnifiait le temps, les deux personnages *Chronos* et *Ouranos* furent peu à peu confondus, puis unifiés par les romains dans le personnage de Saturne.

[286] Lewis Mumford, *Technique et civilisation*, Seuil, Paris, 1950.

[287] Edward Twitchell Hall, *La danse de la vie*, Seuil, Paris, 1984.

[288] Nicole Aubert, *Le culte de l'urgence. La société malade du temps*, Flammarion, Paris, 2003.

dire, dans le fait de devoir agir sans délai, de toujours aller vite. Ce règne de l'urgence s'inscrit dans un contexte de « *flux tendu* » généralisé, notion à laquelle s'associe le « *juste à temps* »[289], qui caractérise, bien entendu, le libéralisme économique. Pourtant, le gain de temps réalisé n'est qu'illusoire. Internet nous permet de gagner le temps, mais aussi de le « *tuer* ». Les TIC placent chacun en situation de ne rien rater, de toujours vouloir saisir l'occasion, d'être connecté et en disposition de commuter rapidement (phénomène de *zapping*) sur ce qui apparaît subitement mieux ou plus intense[290]. La chasse au temps perdu, le culte du potentiel, la montée de l'urgence, la pression de l'immédiat et la multiplication des informations nous plongent dans une situation d'« *injonctions* » répétées à réagir de plus en plus vite. C'est le mal de la société de l'information où la surabondance de l'information transforme celle-ci en bruit, où la vitesse prend le pas sur la réflexion[291].

Toutefois, si la monochronie peut nous aliéner, la polychronie est elle aussi sujette à débat. Parmi les critiques faites à celle-ci et particulièrement au « *temps africain* » est qu'elle empêche de se projeter dans l'avenir. Plusieurs penseurs, dont John Mbiti et Alexis Kagame[292], estiment que l'Africain ne connaît point de futur. Pour ce dernier, « *demain est simplement le prolongement d'hier* », le temps est relié aux événements vécus. Étant donné que le futur ne peut pas être concrètement vécu, il ne peut être pensé et connu. En vivant au passé, il reconduit éternellement les mêmes traditions, les mêmes solutions aux problèmes, les mêmes rituels et, logiquement, les mêmes intelligences non évolutives et les mêmes turpitudes. Ce constat entérine l'idée selon laquelle le sous-développement de la plupart des pays du Sud, s'expliquerait par leur attachement à la tradition, car, un regard rivé au passé ne peut jamais entraîner le développement économique dans la mesure où il ignore la prévoyance, l'épargne, l'accumulation des richesses et l'esprit risqué de conquête de l'incertitude et de l'inconnu du futur[293]. Dans ces conditions, mettre les TIC au service du développement équivaudrait à utiliser ces dernières pour lever le frein du « *temps lent* » ou remplacer le

---

289 Le « *juste à temps* » signifie que l'entreprise minimise au maximum les charges logistiques.

290 Nicole Aubert, Le culte de l'urgence. La société malade du temps, Flammarion, Paris, 2003, p.36.

291 Francis Jaureguiberry, « L'homme branché, mobile et pressé », *in* François Ascher, Grancis Godard (dir.), *Modernité : la nouvelle carte du temps*, L'aube, Paris, 2003, pp.155-167.

292 John Mbiti, Alexis Kagame, cités par Ngoma Mbinda, « Conscience du temps et progrès économique de l'Afrique », *in* Souleymane Bachir, Heinz Kimmerle (dir.), *Temps et développement dans la pensée de l'Afrique subsaharienne*, Rodopi, Amsterdam, 1998, pp.103-113.

293 Ngoma Mbinda, *op.cit.* pp.103-113.

temps statique par le temps accéléré, puisque le développement n'est rien d'autre que le modernisme, le progrès, c'est-à-dire la vitesse. Ce mode de pensée est, bien entendu, en conformité avec l'idée que les Occidentaux se font du temps c'est-à-dire, celle inspirée de la physique d'Aristote qui pense le temps comme le déplacement d'un corps d'un point A à un point B, le temps étant la mesure de cet intervalle[294].

Le choix devient donc difficile, voire impossible, entre cette accélération, au risque de surchauffe et une société dite statique. Mais la société de l'information peut-elle épouser le modèle du « *temps lent* » et échapper à la tyrannie de l'immédiateté ? La réponse semble malheureusement négative puisque non seulement les outils qui la caractérisent, instituent l'immédiateté, mais c'est le souci de lutter contre le temps qui en est à l'origine. L'universalisme avoué des réseaux numériques de l'Internet, du *World Wide Web* (www), apparaît comme celui d'une institution issue de la pensée occidentale, formée dans son moule et caractéristique de celle-ci. La « *dromocratie* »[295] à laquelle nous soumettent les TIC nous force à comptabiliser notre journée et nos actions en termes d'heures, de minutes et même de secondes. Pourtant, il semble plus simple de vivre chaque jour de façon plus détendue. La question pertinente à poser, dans toutes les sociétés humaines, est celle du bon ou du mauvais usage du passé, mais aussi celle du mode d'appropriation des savoirs. A cet effet, le principe de sélection utilitaire[296] doit être mise en œuvre pour toute société qui aspire à de meilleures conditions de vie.

Rappelons, toutefois, que l'impossibilité supposée des peuples polychrones à penser l'avenir est une grossière méprise. Il est fort connu que de nombreux proverbes africains font référence au futur et au déroulement du temps dans un espace infini. Ainsi, peut-on entendre dire « *le mouton du vendredi s'attrape le jeudi* », « *pour manger le matin il faut le prévoir le soir* » ou « *le chimpanzé a attendu trop longtemps, c'est pourquoi il n'a pas de queue* ». Ces proverbes reposent en toute logique sur une philosophie du temps dont le

---

[294] François Jullien, Du temps – éléments d'une philosophie du vivre, Grasset, Paris, 2001.

[295] Pour Paul Virilio « *dromocratie* » en ces termes : » *Dromocratie veut dire hiérarchies de vitesse liées aux hiérarchies de la richesse. Si l'on prend par exemple la société athénienne, mais cela vaut aussi pour les autres sociétés grecques, nous voyons qu'au sommet se trouve le triérarque, le citadin riche à même d'armer une trirème, c'est-à-dire le navire le plus rapide de l'époque. Au-dessous il y a le cavalier, celui qui a les moyens de posséder un cheval, ce qui représente une fortune en ce temps-là. En dessous encore se trouvent les hoplites, ceux qui sont en mesure de s'équiper par leurs propres moyens pour devenir des soldats, enfin les hommes libres et les esclaves…* »
(http://multitudes.samizdat.net/article.php3 ? id_article=566).

[296] Le principe de sélection utilitaire signifie l'exigence du choix lucide des seuls savoirs appropriés et utiles à l'érection et à la réussite d'un projet donné.

futur, la durée infinie ou l'éternité est une composante essentielle. Il convient également de préciser que l'attachement à la tradition et aux ancêtres n'est pas signe de passéisme (Aristote, Platon et Kant continuent à alimenter la pensée occidentale) et des populations dépourvues de la notion du futur ne peuvent ni cultiver les champs ni faire l'élevage (dont il faut attendre longtemps le produit), ni accumuler des biens à léguer en héritage.

L'adaptation nécessaire de la société de l'information ne consiste donc pas à épouser un « *temps lent sans avenir et anti-développement* » qui n'existe que dans l'esprit de certains ethnocentriques, mais à laisser la place aux autres modes de vie et à la différence. Sans cela, la société de l'information ne sera pas autre chose que dictature, tyrannie, recolonisation et donc objet de résistance.

APPROCHE CONCEPTUELLE DE LA DIVERSITÉ CULTURELLE

Si nous voulons aborder de manière distanciée le concept de diversité culturelle, la méthode la plus simple consiste à nous arrêter sur les termes diversité et culture. Concernant la culture, la définition la plus largement répandue semble être celle adoptée à la *Conférence Mondiacult*[297] qui définit la culture comme cet « *ensemble des traits distinctifs, spirituels et matériels, intellectuels et affectifs, qui caractérisent une société ou un groupe social* ». Quant à la diversité, elle est certainement le contraire de l'uniformité et de l'homogénéité, mais plus encore, elle souligne l'existence de rapports éthiques. L'idée est donc d'envisager la diversité culturelle dans une perspective systémique où chaque culture se développe et évolue au contact des autres.

Dans notre discipline (Sciences de l'information et de la communication), cette question a été abordée sous plusieurs angles à savoir : le rapport entre offre et besoin d'information, les effets des médias, l'échange inégal des flux avec notamment la question du Nouvel ordre mondial de l'information et de la communication (NOMIC)[298]. Nous pouvons également ajouter à cette liste de nouvelles problématiques telles que la gouvernance, la question des normes et standards qui sont de plus en plus présentes dans nos réflexions. En tout cas, la plupart des observateurs reconnaissent l'interdépendance

---

[297] Conférence mondiale sur les politiques culturelles tenue à Mexico en 1982.

[298] Les débats initiés dans le cadre du NOMIC ont mis l'accent sur le fait que, l'information est aussi source d'aliénation et de dépendance qui peut intervenir quand une population donnée est subordonnée à de l'information exogène.

entre la culture et la communication[299]. Celle-ci joue le rôle d'un vecteur fondamental de la culture. Les TIC portent donc l'immense responsabilité d'une influence qui peut être bonne ou déplorable. Ceci est d'autant plus complexe que la société de l'information est au centre de gros enjeux économiques, politiques, stratégiques...

Au-delà du respect de l'identité culturelle, apparaît le risque d'une inégalité d'expression des cultures (déclaration de la *Conférence des ministres francophones de la culture,* Cotonou, Bénin, le 15 juin 2001).

> « *Si les progrès des technologies de l'information constituent une chance de participation à la vie sociale, culturelle et économique pour l'ensemble des cultures et des langues notamment les moins répandues, les disparités d'accès creusent les inégalités d'expression des cultures, au détriment surtout des populations les moins favorisées* ».

Parlant de la société de l'information, Manuel Castells[300] va jusqu'à évoquer le fait que nous sommes des autistes en puissance. Ce qui nous est présenté comme forme de dialogue, n'est que monologue dans la mesure où pour s'exprimer dans le cyberespace il faut d'abord y accéder et si nous sommes les seuls à y accéder, nous ne parlons donc qu'à nous-mêmes. En effet, la liberté d'expression est vide de sens si elle ne s'accompagne pas du droit d'être entendu. Ce qu'il convient de retenir ici, c'est que nous ne pouvons parler de société de l'information sans parler d'abord de capacité d'expression. Aujourd'hui hélas, la plus grande partie du monde est muette.

UN DISCOURS NAÏF BASÉ SUR UN OPTIMISME TROMPEUR

Il faudrait souligner que le discours qui accompagne la société de l'information est naïf, basé sur un optimisme trompeur. Armand Mattelart[301]

---

299 La Déclaration universelle de l'Unesco adoptée à Paris en novembre 2001 rappelle le lien entre la liberté d'expression et la culture. L'article 6 stipule que « *tout en assurant la libre circulation des idées par le mot et par l'image, il faut veiller à ce que toutes les cultures puissent s'exprimer et se faire connaître* ». Dans la même perspective, la Déclaration de principes du SMSI, chapitre 8 alinéa 52, affirme que : » *la société de l'information devrait être fondée sur le respect de l'identité culturelle, de la diversité culturelle et linguistique, des traditions et des religions ; elle devrait promouvoir ce respect et favoriser le dialogue entre les cultures et les civilisations. La promotion, l'affirmation et la préservation des différentes identités culturelles et des différentes langues, qui font l'objet de textes pertinents approuvés par les Nations unies et notamment de la Déclaration universelle de l'Unesco sur la diversité culturelle, enrichiront davantage la société de l'information* ».

300 Manuel Castells, *La galaxie Internet*, Fayard, Paris, 2001.

301 Armand Mattelart, *Histoire de la société de l'information*, La Découverte, Paris, 2001.

parlait de leurre de la société de l'information, Yves Lafargues[302] d'absurdités technologiques. Pourtant, certains continuent à considérer les TIC comme des outils au service de la diversité culturelle. Nous entendons souvent dire, par exemple, que *Microsoft*, en créant le DRM[303] *Windows Media* qui équipe la plupart des équipements et contenus multimédias vendus au monde favorise la diversité en brisant le contrôle de la musique par les majors (*Sony-BMG*[304], *filigrane* et *Universal*). Si cette vision n'est pas tout à fait fausse, il est tout aussi vrai, que *Microsoft*, en exerçant un quasi-monopole sur les logiciels PC[305] (90 %) est en soi un danger pour la diversité culturelle.

LES LIMITES ACTUELLES

Les TIC sur lesquels nous concentrons les espoirs se caractérisent à la fois par une *obésité informationnelle*, mais aussi, par une pléthore d'informations inutiles. En effet, très peu d'informations correspondent à nos besoins et cela est encore plus grave pour des populations fonctionnant sur des modèles différents du nôtre. Il y a souvent inadéquation entre les informations diffusées et les croyances des populations. Ce décalage se situe aussi bien au niveau de la forme que du type de contenus diffusés. Il convient donc de souligner ici que malgré tous les efforts, il apparaît encore une inégalité technologique pour l'expression culturelle des pays du Sud par l'Internet. La norme UCS/JUC (Universal Character Set / Jeu Universel de Caractères) actuellement en vigueur, ne répond pas aux exigences des langues à tons[306] (comme le cantonais, le mandarin, le thaï, le vietnamien, la grande majorité des langues africaines). Ceci part du fait que le système de codage utilisé aux débuts de l'informatique, l'ASCII (*American standard code for information interchange*)[307], permet uniquement la lecture de l'anglais. Il ne permet pas de

---

[302] Yves Lafargues, *Halte aux absurdités technologiques*, Editions d'Organisation, Paris, 2003.

[303] Le *Digital Rights Management* est un système qui permet de contrôler le nombre de fois et sur quel média on pourra écouter la musique ou voir un film téléchargé légalement.

[304] *Bertelsmann Music Group*

[305] Personal computer

[306] Une langue à tons ou « langue tonale » est une langue dans laquelle un changement de tonalité (« hauteur ») dans la prononciation d'une ou plusieurs syllabes d'un mot entraîne un changement de sens de ce mot. Il ne faut pas confondre la tonalité avec l'intonation qui, elle, indique l'état d'esprit du locuteur, le type d'assertion (affirmation, interrogation, exclamation). On oppose généralement les langues tonales aux langues accentuelles : une langue tonale ne pourrait pas avoir d'accent tonique et vice versa.

[307] Créé en 1963 par l'*American National Standards Institute* (ANSI), l'ASCII est un code standard de 128 caractères traduits en langage binaire. Les 128 caractères comprennent 26 lettres sans accent, plus les chiffres, les signes de ponctuation et les symboles.

prendre en compte les lettres accentuées présentes dans bon nombre de langues européennes, ou les systèmes non alphabétiques tels que le chinois ou le japonais. Avec le développement du Web, est apparu le besoin d'un système de codage plus élaboré. En 1984, le JTC1/SC2 de l'ISO/CEI9 définissait le mandat du groupe de travail numéro 2 (GT2) : » *Élaborer une norme établissant un répertoire de caractères graphiques des langues écrites du monde et son codage* ». Dans la même période, Joe Becker, dans son cabinet de Xerox à Palo Alto travaillait sur un jeu de caractères universel (Unicode). Il fallu attendre 1988 pour que, plusieurs industriels, dont Xerox, se réunissent pour former ce qui allait devenir le consortium Unicode. Les membres du Consortium Unicode collaborèrent avec les représentants de l'Organisation internationale de normalisation (ISO), ce qui, après d'âpres négociations aboutît à la convergence des deux codes puis à la fusion des deux répertoires donnant ainsi, en janvier 1992, naissance à l'ISO 10646-Unicode. Cet ensemble de caractères appelé « *jeu universel de caractères* » permet l'utilisation des différentes langues. Malheureusement, ce système présente encore de nombreuses limites. Au-delà de ces aspects techniques, c'est le fonctionnement de l'ISO qu'il convient d'interroger. Qui participe à ces instances ? Qui en a la possibilité tant en ressources humaines que financières ? L'ISO est en effet organisé comme une instance parente de l'ONU selon le principe « un État, une voix ». Ce principe favorise les États les plus riches. Certains sous comités (SC36 par exemple) sont exclusivement composés de membres issus des pays du Nord.

La question des noms de domaines

La société de l'information se heurte à la difficulté d'utiliser des noms de domaines accessibles en plusieurs langues. Le constat que l'on peut faire aujourd'hui est que la répartition géographique en est très inégale. Les adresses allouées sont destinées essentiellement à la zone américaine aux dépens de l'Asie qui présente pourtant un important potentiel de développement (Chine, Inde). Les estimations pour 2001 sont de 67 % d'adresses allouées pour l'Amérique du Nord, 17 % pour l'Europe, 9 % pour l'Asie et 0 % pour l'Afrique. En effet, le protocole IPv4, finalisé en 1983, a été prévu pour une communauté restreinte. L'adressage d'IPv4, sur 32 bits, ne permet de disposer que d'un « *stock* » de 4,3 milliards d'adresses *IP (Internet protocol)* environ. Au moment de la conception, ce nombre paraissait plus que suffisant, d'autant plus qu'il s'agissait avant tout d'un réseau destiné aux militaires et scientifiques. Aujourd'hui, IPv6 permet de dépasser bon nombre des limites de IPv4 dans la mesure où il offre d'immenses capacités d'adressage qui devraient permettre de sortir de la période de gestion de la pénurie d'adresses IP. Mais une simple augmentation de la capacité d'adressage ne règlera rien, si elle ne s'accompagne pas d'une révision radicale de la gouvernance de l'Internet. En clair il s'agit de briser l'hégémonie américaine dans la gestion du DNS[308] mondial et cela est une question d'équité c'est-à-dire d'égale répartition des ressources. Au-delà de la juste répartition des ressources, cette question nécessite une plus grande rigueur des dirigeants des pays du Sud qui doivent également éviter de brader leurs droits ainsi que leur patrimoine comme nous avons déjà eu à le constater. En effet, l'observation de la gestion des noms de domaine par les pays du Sud montre parfois des pratiques hasardeuses. En Centrafrique, par exemple, l'exclusivité de la commercialisation des adresses a été confiée à une société nommée « *Browling Réseaux* », société enregistrée à Hong Kong dont les ramifications sont floues. En effet, la Socatel (Société centrafricaine des télécommunications), à qui l'IANA (*Internet assigned numbers authority,* organisme qui supervise l'adressage d'Internet) a délégué la gestion des domaines en «.cf » aurait passé un accord avec la société « *Browling Réseaux* » qui par l'intermédiaire de son site (www.freepseudo.com) distribue gratuitement les noms de domaine.

A côté des noms de domaines multilingues, se développe actuellement une série de réflexions sur les mots clés multilingues et de réels efforts sont faits dans la mesure où les principaux moteurs de recherche offrent aujourd'hui une solution multilingue permettant à l'utilisateur de lancer des recherches sur le Web dans différentes langues. Grâce à ces moteurs et au contenu multilingue, il est possible de créer des portails multilingues dans les principales langues parlées au sein d'une communauté[309]. Mais les problèmes restent nombreux : des coûts élevés de développement, la difficulté de proposer de nouvelles combinaisons de langues…

En 2000, la généralisation de l'Internet et les débuts du commerce électronique incitent au développement de produits grand public. La société Softissimo s'engouffre dans le créneau et lance la série de logiciels de traduction Reverso[310]. En mars 2001, IBM[311] commercialise un produit

---

[308] Serveur de nom de domaine.

[309] Le site « *Google in Your Language* », par exemple, permet d'accéder à des pages de recherche dans la langue de votre choix (74 langues dont 6 africaines : l'afrikaan, le sesoto, le zulu, le xhosa, le somali, le swahili, parmi lesquelles 4 sud africaines).

[310] Reverso équipe, par exemple, Voilà, le moteur de recherche de France Télécom. Systran lance un logiciel de traduction utilisé notamment par le moteur de recherche AltaVista.

professionnel haut de gamme, le Web*Sphere Translation Server*[312]. En juin 2001, les deux sociétés Logos et Y.A. Champollion s'associent pour créer Champollion Wordfast, une société de services d'ingénierie en traduction, localisation et gestion de contenu multilingue[313]. Dans tous les cas, plusieurs pistes de réflexions sont ouvertes notamment sur la normalisation internationale, l'ergonomie des terminaux, traduction assistée par ordinateur...[314]

---

311 International Business Machines.

312 Ce logiciel traduit instantanément en plusieurs langues (allemand, anglais, chinois, coréen, espagnol, français, italien, japonais) des pages Web, des courriers électroniques et des dialogues en direct (chats). Il interprète 500 mots à la seconde et permet l'ajout de vocabulaires spécifiques.

313 Wordfast est un logiciel de traduction automatique avec terminologie disponible en temps réel, contrôle typographique et compatibilité avec l'IBM Translation Server, les logiciels de TMX et ceux de Trados. Une version simplifiée de Wordfast est téléchargeable gratuitement, tout comme le manuel d'utilisation, disponible en 16 langues différentes.

314 Richard Delmas, « Langues et culturs de l'internet », Françoise Massit-Folléa (dir.), *Gouvernance de l'Internet, l'état des savoirs,* Maison des sciences de l'homme, Paris, pp.15-25.

CHAPITRE III
LES ENTRAVES AU DÉVELOPPEMENT

Le développement est un « *processus d'expansion des libertés réelles dont jouissent les individus* »[315]. La liberté apparaît donc comme fin ultime du développement, mais aussi comme son principal moyen. Cette liberté peut être bien entendue économique, politique, culturelle. Le développement suppose donc la suppression des principaux facteurs qui s'opposent aux « *capabilités* »[316], comme l'environnement politique, historique, social, culturel, économique…Toute réflexion sur l'usage des TIC pour le développement doit donc prendre en compte ces libertés. Il s'agit de repérer quelles entraves aux libertés affectent les membres d'une société ? Ces éléments sont nombreux. Citons sans être exhaustif, la dette, les programmes d'ajustement structurels, les régimes « kleptocratiques », la colonisation, la structuration du monde.

LA QUESTION DE LA STRUCTURE DU MONDE

Pour les « *dépendantistes* »[317], il faut éclairer la lecture des causes du sous-développement par une vision historique des transformations de la périphérie en fonction de son inscription dans le système capitaliste mondial. Autrement dit, les problèmes de sous-développement ne sont pas attribuables à un quelconque retard des peuples aux mentalités dites primitives, mais à des facteurs extérieurs, en particulier à la façon dont les pays en développement s'insèrent dans le système économique mondial. Si la *périphérie* a du mal à résoudre ses problèmes, c'est à la suite de circonstances historiques liées à la colonisation et aux effets de domination du système capitaliste central. Les tenants de la théorie de la dépendance expliquent que, pour alimenter sa croissance, l'Europe a dû étendre ses territoires. La découverte de l'Amérique, puis la colonisation ont permis un essor considérable de la croissance européenne. Cette expansion a souvent été violente et causé des ravages sociaux et humains, notamment dans les sociétés d'outre-mer qui étaient l'objet de la pénétration européenne. Elle

---

[315] Amartya Sen, *Un nouveau modèle économique*, Odile Jacob, Paris, 2003, p.10.

[316] Amartya Sen, *L'économie est une science morale*, La Découverte, Paris, 1999.

[317] Parmi les théoriciens de la « dépendance » figurent Samir Amin, André Gunder Frank, Hilaire Babassana, Theotônio Dos Santos, Christian Palloix…

continue encore sous d'autres formes, avec apparition de nouveaux acteurs : intervention américaine en Irak, action des services secrets ou des corsaires comme Bob Denard dans les anciennes colonies françaises.

Si cette théorie date des années 1970, la mondialisation accélérée, le développement des grands groupes qui se structurent autour des télécommunications, de l'agroalimentaire, de la chimie et de l'énergie, remettent ce débat au goût du jour. En effet, ressurgissent parfois les réflexes de domination, d'exploitation, de contrôle, dépassant les rouages du marché. Citons ici l'exemple de la « *Françafrique* » illustrée par l'action de Total-Fina-Elf.

Pour François Xavier Verschave, la société Elf serait un des éléments moteurs de la « *françafrique* »[318]. Cette multinationale, au-delà de tous les procès que lui font les écologistes, aurait joué un rôle très important dans les guerres en Afrique, en finançant les services secrets et parfois les achats d'armes (Gabon, Nigeria, Cameroun, Congo-Brazzaville, Angola...). Aussi floue que puisse paraître l'implication de ces multinationales, de quelque pays que ce soit, le fait est que, beaucoup d'entre elles, ne réaliseraient certainement pas autant de profits que ceux qu'elles peuvent avoir en s'appuyant sur le manque de scrupule de certains chefs d'État[319]. Évidement, le conflit naît quand on essaie d'inverser cette tendance.

La dictature militaire, la terreur, la corruption au plus haut niveau, l'assistance mafieuse des réseaux comme celui de la « *françafrique* », constituent des conditions indispensables pour la surexploitation des ressources des pays et leur asservissement et donc leur sous-développement. Dans quelle mesure la société de l'information pourrait-elle libérer les hommes dans des pays où règne une nébuleuse qui comme la « *pieuvre* »[320] occupe le terrain puisqu'il faut qu'elle assure ses arrières au-delà du lieu d'exploitation ?

La corruption et ce qui va avec, s'étend donc en boule de neige, formant autour des pays, une ceinture en acier, un étau que même les plus récentes nouvelles technologies auraient du mal à défaire. Même si le rôle de Total-Fina-Elf nous donne à réfléchir, pouvons-nous réduire les relations entre la France et l'Afrique à la seule « *françafrique* » ?

Pouvons-nous raisonnablement penser que les multinationales constituent en soi un obstacle au développement des pays du Sud ?

---

[318] François Xavier Verschave, *Au mépris des peuples*, La Fabrique, Paris, 2004.
[319] Pierre Péan, *L'Argent noir. Corruption et développement*, Fayard, Paris, 1988.
[320] Jean Ziegler, *Mains basses sur l'Afrique : la recolonisation*, Seuil, Paris, 1980.

Les théoriciens de la modernisation reconnaissent que le cœur est une force dominante. Ils affirment, par ailleurs, que le centre développe la périphérie plutôt qu'il ne l'exploite. Le processus de développement régional qui en résulte est appelé modernisation. Les différences régionales sont temporaires et appelées à disparaître avec le temps et la modernisation.

Au-delà du débat politico-idéologique, la prudence est de mise. L'erreur à éviter est que les populations du Sud se dégagent de leur responsabilité en attribuant les causes de leurs malheurs à la seule faute des autres. Le sous-développement est aussi dû à la cupidité des décideurs du Sud, à la corruption, à la mauvaise gestion des fonds publics, aux guerres fratricides, bref, à celui qui se plaît à se considérer comme victime. En effet, aucun développement n'est possible sans la prise en compte de tous les obstacles et notamment les obstacles internes qui, bien entendu, se superposent à ceux externes.

Les théoriciens de l'approche de la « *dépendance* » proposent pour les uns de libérer les forces du marché et, pour les autres, de purifier le système des injustices. En plus des mécanismes qui viennent d'être cités, ils évoquent la question de l'échange inégal entre le centre et la périphérie, question reprise dans les débats sur la communication. Dans cette perspective, mettre la société de l'information au service du développement consisterait à tout mettre en œuvre pour atténuer la domination du système capitaliste. Ce serait donc aller contre l'essence des TIC qui s'inscrivent dans l'idéologie néolibérale de développement des moyens en vue d'améliorer l'efficacité. Toutefois, de nombreux discours mettent en avant le côté *égalitaire* de la société de l'information. Cette philosophie est à rattacher à l'idée du *village global* développé par Marshall McLuhan, aujourd'hui relayée dans des travaux comme ceux de son assistant et disciple Derrick de Kerkov, voire Joël de Rosnay. En effet, de nombreuses vertus sont associées aux TIC et à la société de l'information dont le partage des savoirs, base de l'éducation tout au long de la vie, la transparence, la liberté, la démocratie. La théorie de l'échange inégal postule que les difficultés des pays en développement trouvent leur origine dans la différence des taux de salaire entre ces nations et dans la péréquation internationale des taux de profit. Les pays à bas salaires vendent leurs marchandises à un prix inférieur à leur « *coût de production* » même si leur productivité est similaire à celle des pays industrialisés. Une partie de leur surtravail est donc transférée à ces derniers et contribuent à leur appauvrissement.

Cette vision quoique beaucoup combattue apparaît en partie dans le rapport du PNUD de 2005 dans lequel le Programme des Nations unies pour le développement dénonce les règles de l'Organisation mondiale du commerce. On peut y lire que la mondialisation profite aux pays riches et appauvrit davantage les pays pauvres, que les subventions agricoles dans les pays riches faussent les règles du jeu sur le marché international au détriment des pays pauvres...

Partant de cette approche, de nombreux chercheurs remettent en question le fondement même de la démarche de modernisation. Pour eux, la solution au sous-développement ne devrait pas reposer sur l'adoption des technologies de l'Ouest. Elle devrait plutôt tenir compte de la manière dont le monde est structuré, avec les pays industrialisés qui progressent et s'enrichissent au détriment des pays plus pauvres. Se profile, donc ici, la question de l'internationalisation du développement évoqué à la Conférence internationale sur le financement du développement tenue à Monterrey (Mexique) du 18 au 22 mars 2002 et à la cinquième Conférence ministérielle de l'Organisation mondiale du commerce (OMC) qui a eu lieu à Cancún, au Mexique, du 10 au 14 septembre 2003. Elle avait pour objectif principal de dresser un bilan de l'avancement des négociations et des autres travaux requis par le Programme de Doha pour le développement.

Un réaménagement des relations internationales, avec de nouveaux rapports de pouvoir, est donc nécessaire. Mais, au regard des différents sommets mondiaux et de la mondialisation croissante, force est de reconnaître que cet espoir est illusoire, en tout cas, peu réaliste. La structuration du monde a aussi une dimension interne. Celle-ci n'est pas à négliger car, toute solution aux problèmes du développement exige également une transformation des structures internes. Il ne s'agit pas uniquement du fonctionnement des institutions, du mode d'exercice du pouvoir, mais d'un changement, guidé par la volonté de tous de sortir du sous-développement. Cela passe par le désir de chacun, mais aussi par la conviction que le développement proposé est possible voire viable. Or, dans un pays pauvre,

> *« le désir d'échapper à la pauvreté se heurte au refus de lutter pour l'impossible. La tendance est de préférer la résignation à l'espérance frustrée »* [321].

C'est cette résignation que John Kenneth Galbraith désigne sous le terme « *accommodation* ». Ceci est d'autant vrai que les échecs successifs des projets de développement ont rendu les populations très perplexes. C'est pour éviter cette « *démobilisation* » que les spécialistes du développement

[321] John Kenneth Galbraith, *Théorie de la pauvreté de masse*, Gallimard, Paris, 1979.

multiplient les techniques et moyens de communication. Les TIC y participent, mais parviendraient-elles, pour autant, à vaincre la résignation, la désespérance, le refus de lutter contre l'impossible ?

La structuration du monde met en relief des facteurs internes et externes qui rendent plus complexe le processus de développement. Le processus de la colonisation est un de ces facteurs qui, non seulement, a permis de retracer de nouvelles frontières, mais aussi de renforcer ou d'instituer de nouvelles formes de pouvoirs. La Conférence de Berlin qui s'est tenue du 15 novembre 1884 au 26 février 1885 a abouti à une série d'accords bilatéraux et à l'officialisation des frontières « tracées aux bottes des fantassins ». Convoquée à l'initiative du chancelier de l'Empire allemand Otto Von Bismarck. Elle a rassemblé les représentants des 14 principaux Etats européens.

DE LA COLONISATION À L'EXPANSION DE LA TECHNIQUE

Y a-t-il un lien entre la société de l'information et le fait colonial ou entre le développement et cet dernier ?

Les « dépendantistes » diront sans hésiter que la société de l'information est une nouvelle forme de colonisation, plus douce, mais une colonisation tout de même. Le rapport est à rechercher dans la prise en compte de ce fait dans l'accélération et le blocage du processus de développement. La question de la colonisation devient de ce fait centrale puisqu'il s'agit avant tout de rechercher les obstacles ou plus globalement les problèmes communicationnels du développement. En effet, de même que se pose la question de savoir comment communiquer en faveur du développement dans des pays en proie à la fracture numérique, il est important de penser les conditions des échanges entre des populations dont le passé pèse encore sur les attitudes du présent. Le fait colonial peut donc contribuer au brouillage de la communication pour le développement, comme d'ailleurs il peut la faciliter. Mais si nous évoquons la question des pays en développement, certains faits relevés ici, peuvent s'appliquer ailleurs, y compris dans les pays du Nord.

Même si le débat actuel sur le fait colonial soulève beaucoup de passions[322] rendant parfois difficile la distance nécessaire au chercheur, il est

---

[322] Le débat sur le fait colonial a été ravivé par l'article 4 de la loi française n° 2005-158 du 23 février 2005 portant reconnaissance de la Nation et contribution nationale en faveur des Français rapatriés. Cette loi stipule : » *...Les programmes scolaires reconnaissent en particulier le rôle*

tout à fait raisonnable de penser que la question de la communication pour le développement, ou du développement tout court, ne saurait être traitée sans se référer à l'histoire des pays en développement et donc au fait colonial. Celui-ci, tout comme la dette, l'ajustement structurel, les régimes dictatoriaux voire « kleptocratiques », la corruption… joue un rôle important dans le processus du développement et dans la perception que les populations peuvent en avoir. Or, si la réalisation et la compréhension voire l'acceptation du changement sont à ce point difficiles, le rôle de la société de l'information sera comme l'écume du jour. Autant préciser que s'il est toujours possible de trouver des points « positifs » et « négatifs » à toutes choses, il ne s'agit moins de faire un aperçu comptable de la colonisation que d'expliquer en quoi, celle-ci est un frein au développement et, par ricochet, à la communication pour le développement.

Cela est d'autant plus important que l'imaginaire qui entoure la technique justifie, à n'en point douter, la perception que nous avons aujourd'hui de la société de l'information et de ces nouvelles technologies censées accentuer le processus du développement. Mais, au-delà du fait technique, c'est de la rationalité technique et occidentale dont il est question car l'une des conséquences du fait colonial, c'est aussi de faire accepter un mode de pensée et d'installer un système social différent du traditionnel. Bien entendu, toutes les civilisations ont connu, à un moment ou à un autre de leur évolution, des contacts avec l'extérieur qui ont profondément modifié leur parcours, mais il convient d'observer ces différents éléments et de les intégrer dans l'analyse.

Si la colonie peut être définie comme un territoire dominé par un autre, la colonisation apparaît comme le transport d'un peuple ou d'une partie d'un peuple d'un pays à un autre. Le but principal étant de conquérir des terres en chassant ou dominant les anciens habitants. Le petit Robert 2008 ajoute complète cette définition en précisant qu'il s'agit d'une chosification, au regard des humiliations subies par les populations soumises à la colonisation.

En tant que champ d'étude universitaire, le fait colonial a connu de nombreuses controverses entre d'une part les tenants d'une histoire légitimiste de la colonisation et de l'autre les « tiers-mondistes ». Certains auteurs soulignent la grandeur de la mission civilisatrice dans la mesure où elle promeut les valeurs de bienveillance et de respect envers l'autre. Cette

---

positif de la présence française outre-mer, notamment en Afrique du Nord et accordent à l'histoire et aux sacrifices des combattants de l'armée française issus de ces territoires la place éminente à laquelle ils ont droit ».

grandeur ressort par exemple dans un article d'Alexandre Adler qui, dans *Courrier international*[323], déclare qu'il serait de simple et bonne justice de rappeler la grandeur de cette entreprise. Il met au crédit de la colonisation, l'éveil de la conscience politique et culturel qui a donné lieu à des personnalités politiques et littéraires qui ont marqué l'histoire de la France et des colonies.

> « ... *Cet empire fût gouverné par les hommes de couleur : Diagne, député-maire de Saint-Louis du Sénégal et premier ministre africain d'un gouvernement français, Félix Éboué, guadeloupéen, gouverneur des colonies [...] et bien sûr tout Français doit être fier d'avoir permis à des hommes comme Senghor d'enrichir la littérature ou Houphouët Boigny de devenir l'un des pères de la Ve République. Du côté de l'Afrique, nous avons aimé dans la France ce qu'elle a de meilleurs : les Pères blancs et les pasteurs qui allaient évangéliser les Mossis du lointain Sahel et les Kasres du Togo ; les officiers de la coloniale qui passaient une vie au milieu de leurs tirailleurs ; les médecins [...] Bien sûr qu'à Dakar, à Abidjan, même à Libreville, à Yaoundé et à Tananarive, la France n'a pas démérité...* »[324].

A côté de ces personnalités, les différents arguments tournent autour des actifs infrastructurels à savoir la construction des écoles, hôpitaux, routes, réalisations auxquelles sont opposés les indicateurs de la misère actuelle du Sud : massacres, régimes anti-démocratiques, corruption, divisions ethniques... Mais pour Nicolas Bancel, Pascal Blanchard et Françoise Vergès, « *cette énumération n'a pour conséquence que de réduire le révisionnisme colonial à une approche comptable* »[325].

Avant d'évoquer les contre arguments aux « *bienfaits* » de la colonisation, il y a lieu de revenir sur le rôle de la colonisation dans l'expansion technique, cœur de notre propos. Comme le rappelle Jacques Ellul, c'est avec la colonisation que démarre l'expansion technique dans les pays colonisés. Les nations conquérantes vont apporter leurs machines et leur organisation. « *Les peuples vaincus vont adopter ces machines qui remplaceront leurs dieux dans un mélange d'admiration et de peur* »[326]. L'auteur précise d'ailleurs qu'« *il ne s'agit pas d'une simple colonisation, mais aussi de subordination technique* »[327]. En effet, au-delà de l'imposition d'un nouveau mode de vie, d'une nouvelle

---

323 Article publié dans « Le bloc note d'Alexandre Adler » in *Courrier international* du 24 avril 1997.

324 Alexandre Adler, *Idem*, p.6.

325 Nicolas Bancel, Pascal Blanchard, Françoise Vergès, *La République coloniale, essai sur une utopie*, Albin Michel, Paris, 2003, p.37.

326 Jacques Ellul, *La technique ou l'enjeu du siècle*, Economica, Paris, 1990, p.108.

327 Jacques Ellul, *op.cit.* p.109.

rationalité, d'un nouveau développement, il s'agit d'une violence qui se traduit par la négation de l'ordre social en vigueur (Nouvelles frontières, nouveaux pouvoirs, systèmes juridiques, éducatifs, monétaires...).

> « *L'important dans le raz-de-marée provoqué par la pénétration occidentale n'est peut être pas la destruction économique, mais la perte de l'identité culturelle, la culture étant le mode de réponse par chaque société au problème de son existence sociale* »[328].

L'essentiel consiste à relever que les « *prétendues* » potentialités des TIC susceptibles d'enclencher ou d'accélérer le processus de développement sont ici confrontées à un contexte aux prises avec des bouleversements historiques diversement acceptés. En effet, au-delà du culte voué à la technique, le fait colonial a eu d'autres effets sur le développement qui seraient de l'ordre de la déconstruction organisationnelle, culturelle, éducative, économique et donc sociale. Placide Tempels, parlant de la société bantoue, explique que les déracinés et les dégénérés y sont légion même si la plupart sont restés « *muntu* » sous une légère couche d'imitation du blanc[329]. D'une part, les communautés se sont désagrégées, d'autre part, les nouvelles communautés n'ont pas réussi à se former. Les connaissances locales ont été désavouées, les connaissances nouvelles n'ont pas été correctement partagées. La conséquence en est donc un déséquilibre social, une organisation bancale, des nations dans lesquelles différentes populations ont souvent du mal à s'identifier.

Le rejet de certaines informations et innovations s'expliquent par une inadéquation entre l'identité d'attribution (portée par les logiques diffusionnistes et institutionnelles des développeurs) et l'identité d'appartenance (sous-tendue par une revendication subjective des populations). La question de la communication pour le développement devient, de ce fait, celle du nouvel ordre introduit par la colonisation et entretenu par les dirigeants actuels qui, dans la plupart des cas, n'ont pas réussi à établir un équilibre entre le système dit traditionnel et celui exogène. Comme la colonisation, la société de l'information, portée par la technique, est appelée à se substituer à l'existant, à renforcer ou à créer une nouvelle identité. Elle générera de nouvelles pratiques, de nouvelles sociabilités.

L'expansion de la technique, souvent considérée comme une libération, a entraîné, dans les pays en développement, une imposition de normes de vie souvent ressentie comme une atteinte à l'intégrité collective. Devant cette

---

[328] Serge Latouche, Faut-il refuser le développement ? , PUF, Paris, 1986, p.165.

[329] Placide Tempels, *op.cit.* p.14.

violence, s'organise une résistance que certains appellent le refus du développement[330]. Au Congo, les partisans de l'Amical, mouvement conduit par André Grenard Matsoua, refuseront jusque dans les années 1970 d'emprunter les moyens de transport modernes et l'utilisation de tout objet considéré comme symbole de l'occidentalisation. Le retour attendu de Matsoua, le messie, renvoie à l'attente futuriste d'une ère ou tout sera redevenu comme avant, c'est-à-dire dépourvu de tout encombrement technologique voire technocratique. C'est donc un royaume où règnerait la vie au naturel, proche de la tradition et des ancêtres qui est prêché ici[331].

Le paradoxe est que, de nos jours, certaines formes de résistances vont jusqu'à utiliser les moyens modernes de communication. Mais de là, à affirmer que la société de l'information est un espace d'expression ouvert à toutes les cultures, la distance est grande. En tout cas, dans les *ex*-colonies, aspirantes au développement, les marques de l'histoire sont plus que visibles. Elles transcendent l'observable, puisqu'elles sont inscrites dans le substrat le plus profond de l'être. Aminata Traoré parle de *Viol de l'imaginaire*[332] *et* Aimé Césaire de cultures piétinées :

> *« On me parle de progrès, de réalisations, de maladies guéries, de niveau de vie élevé, moi je parle de sociétés vidées d'elles-mêmes, de cultures piétinées, d'institutions minées, de terres confisquées, de religions assassinées, de magnificences artistiques anéanties, d'extraordinaires possibilités supprimées. Moi, je parle de milliers d'hommes sacrifiés au Congo Océan, je parle de millions d'hommes arrachés à leurs dieux, à leurs terres, à leurs habitudes, à leur vie, à la sagesse… »* [333].

La colonisation apparaît donc ici comme obstacle au développement choisi parce qu'elle est avant tout désorganisatrice de l'*ordre traditionnel.* Pour Placide Tempels[334], l'une des meilleures choses que les Européens aient apportées aux « *nègres* » est leur leçon et leur expérience d'activité. Cependant l'industrie, l'introduction de l'économie européenne, l'inflation permanente de la production, tout cela ne donne pas nécessairement la mesure de la civilisation. Au contraire, cela peut détruire une civilisation. Cette présence coloniale et les éléments cités plus haut à l'actif de la

---

[330] Cf. Axelle Kabou et *si l'Afrique refusait le développement* ?, L'Harmattan, Paris, 1991.

[331] Martial Sinda, Le messianisme congolais et ses incidences politiques, Paris, Payot, 1972.

[332] Aminata Traoré, *op.cit.*

[333] Aimé Césaire, *Discours sur le colonialisme*, Présence africaine, Paris, 1955, p.22.

[334] Placide Tempels, *op.cit.*

colonisation ont enclenché le processus de bouleversement des us et coutumes préexistantes[335].

Le débat sur les indicateurs du développement reste donc ouvert, les actions mises au crédit par les uns sont pour les autres des freins au développement endogène. Ainsi, le Chemin de fer Congo-Océan, considéré pour les uns comme le symbole du lien, de communication, de progrès, de prospérité et donc facteur de développement reste dans la mémoire collective comme le symbole de la honte, du sacrifice de milliers de personnes déportées, condamnées aux travaux forcés et morts humiliés pour le bien-être de l'empire colonial. Le paradoxe dans la perception du développement influencera toutes les actions de développement par la suite, ainsi que la communication qui l'accompagne.

Jacques Brasseul revient sur la transformation de la société traditionnelle en soulignant cette espèce d'illogisme qui fait, qu'aujourd'hui, les populations du Sud ne croient plus en eux hypothéquant ainsi leurs capacités à se développer. Ils méprisent leur être et se projettent sur des modèles complètement extravertis. En effet, selon l'auteur, les contacts avec les pays développés, ont instillé des germes culturels et sociaux qui ont ravagé le corps social de ces pays.[336] Le *M'bongui* (case du village) n'existe plus, les liens familiaux se délitent, l'exode rural tue les villages.

Bref, ce qui est communément appelé intégration internationale de ces pays les a menés à la désintégration nationale. Aussi, est-ce dans cette désintégration des systèmes sociaux existants que nous situons l'importance du fait colonial dans notre compréhension de la question du développement.

De nombreux analystes estiment qu'il y a de la part de certains pays en développement, un refus du développement qui, pour les uns, est la conséquence d'une « culture anti-développement » et, pour les autres, d'un ressentiment étouffé dont l'origine se trouverait dans le préjudice causé par la colonisation. Pour ces derniers, ce n'est donc qu'après avoir dépassé ce ressentiment qu'un développement pourrait être possible. Concernant les deux premières hypothèses, elles ne trouvent leur justification que dans la croyance à un développement unique, homogène et universel. Ce qui laisserait supposer que certaines cultures seraient plus aptes à embrasser ce processus. Or, nous partons du principe qu'il y a autant de cultures que de développements. En conséquence, ce qui est appelé refus du changement pourrait simplement exprimer la négation du caractère universel du modèle

[335] Charlemagne Simplice Moukouta, *Maladie mentale, représentations, itinéraires thérapeutiques au Congo,* Paari, Paris, 2004.

[336] Jacques Brasseul, *Introduction à l'économie au développement*, Armand Colin, Paris, 1989.

de dominant. Au sujet du ressentiment perçu comme le principal frein au développement, l'argument pourrait s'avérer crédible au regard de l'importance que revêt l'image de l'émetteur (et du destinataire) dans l'acceptation ou le refus du message véhiculé.

Toutefois, la complexité du sujet incite à élargir le champ des hypothèses et de privilégier une approche systémique prenant en compte les différents paramètres de la question dans leur globalité. Voudrait-on nous faire croire que toutes les conditions nécessaires au développement soient actuellement réunies, ou encore que la reconnaissance par les pays colonisateurs de leur responsabilité suffirait à enclencher le processus du développement ? Nous nous permettons d'en douter. En effet, si cette affirmation peut s'expliquer du point de vue communicationnel, voire psychanalytique, elle reste réductrice car ignorant la conjugaison des mécanismes nécessaires au développement. Celui-ci s'appuie sur un socle éducatif, législatif, technologique, économique, social. Il est lié à la fois au contexte local, régional et international. La question de la mémoire et du pardon, auquel il est associé, a toute son importance sur le débat autour du fait colonial, mais ne saurait être un préalable au développement. John Kenneth Galbraith pousse la réflexion plus loin en se posant les questions suivantes :

> *« pourquoi la colonisation a été si négative dans certaines régions d'Afrique et d'Amérique latine et beaucoup moins dans d'autres régions des mêmes continents ? Pour combien de temps peut-on recourir à cette explication ? Cela fait maintenant un siècle et demi que l'Amérique latine est indépendante, cet argument joue-t-il encore ? Comment se fait-il, enfin que les colonies anglophones de l'empire britannique aient su si bien surmonter cette calamité...»*[337].

L'auteur pose ainsi des questions fondamentales en soulignant que chaque pays, peuple, a son histoire avec le colonisateur. Toutefois, si ces interrogations peuvent aider à approfondir la réflexion, elles ne doivent pas participer de l'occultation des crimes coloniaux. En effet, les différentes questions soulevées ici pourraient s'appliquer à tout type de traumatisme. Seulement, la science a démontré que nous ne sommes pas égaux par rapport aux violences, que les mêmes causes ne donnent pas forcément les mêmes effets. Les traumatismes n'étant pas ressentis de la même manière par tous, les conséquences peuvent alors varier selon les individus, les lieux, les moments, les méthodes utilisées... Certains parviendront à mener une vie quasiment parfaite, d'autres crouleront sous le poids des séquelles. Mais s'agit-il d'indépendance ou de postcolonisation ? Une chose est sûre, la

[337] John Kenneth Galbraith, *op.cit.*, p.29.

colonisation est l'évolution logique de l'esclavage, comme la « postcolonisation » l'est de la colonisation.

Il convient toutefois de retenir que, dans la vie, les choses ne sont pas tranchées. La complexité de ce sujet fait qu'il ne saurait trouver réponse à travers le seul fait colonial. Il s'agit donc de considérer la conjugaison des facteurs évoqués ici et de les approcher dans leur globalité. L'essentiel pour les pays en voie de développement étant d'arriver à trouver une nouvelle voie, à l'intersection de celle originelle et de celle sur laquelle ils ont été placés. Et pour cela, il est important de ne pas tuer l'homme qui est en eux.

C'est donc ici qu'apparaît l'intérêt des TIC dans la mesure où leur usage peut être mis au service de la réinvention de l'homme nouveau, à la fois issu du passé colonial et se nourrissant du contact avec l'Occident. Cet être métissé, hybride qui saura s'inscrire à la fois sur son contexte historique et dans la cité globale. Malheureusement, les espoirs nourris pendant les indépendances se sont transformés en désillusion. Celle-ci peut renforcer l'*accommodation* et de ce fait limiter l'efficacité des TIC dans la promotion du changement social. Cette possibilité, à laquelle s'ajouterait d'autres paramètres comme la corruption fausseraient le rapport souvent établi, entre la société de l'information et le développement.

LA DÉSILLUSION DES INDÉPENDANCES

Contexte général

Au cours de la deuxième moitié du XIXe siècle la plupart des pays européens ont fondé des empires coloniaux. Dès la première moitié du XXe siècle cette domination a été remise en cause notamment à travers le développement de mouvements nationalistes. La seconde guerre mondiale fut un tournant décisif dans la voie des indépendances. Pour la première fois, les colonies virent leurs métropoles en position d'extrême faiblesse (France, Grande-Bretagne, Belgique, Portugal, etc.). Les anciens combattants issues des colonies firent les premiers à prendre conscience de cette faiblesse et se mirent à la tête des actions de désobéissance. Ce mouvement fut porté par des élites intellectuelles formées dans les universités métropolitaines. Elles exigèrent l'application des principes de 1789 à savoir les idéaux de liberté et d'égalité. La croissance du phénomène d'urbanisation dans les pays colonisés associée au relâchement dans l'application des mesures administratives pendant la guerre et à l'appel à une plus grande production pour nourrir l'effort de guerre dans les colonies amplifia la grogne sociale.

L'administrateur colonial se servait des chefferies traditionnelles pour imposer les travaux forcés aux paysans. Après la guerre, ces méthodes ne réussissaient plus. Les chefs coutumiers étaient davantage contestés. Les chefs placés par l'administration coloniale en dehors de la succession royale coutumière, rencontrèrent des difficultés auprès de leurs sujets, de plus en plus insoumis. La paysannerie comme telle connut, par ailleurs, des troubles un peu partout. Au Kenya, par exemple, les Kikuyu, par le biais du mouvement dit *Mau-Mau,* se révoltèrent contre l'ordre colonial d'une manière virulente entre 1952 et 1954. Et pendant ce temps le leader du *Mau-Mau,* Jomo Kenyatta, fut emprisonné[338].

Tous ces mouvements de revendication furent soutenus par les deux nouveaux géants (USA et URSS). Les USA, par le biais de leur Département d'État, rédigèrent une Déclaration des Nations unies sur l'indépendance nationale qui stipulait :

> *«... Toutes les nations possédant un domaine colonial devront coopérer avec les peuples de ces régions pour les rendre aptes à recevoir le statut d'indépendance nationale ».*

L'URSS réussit, de son côté, à faire mentionner dans la Charte des Nations unies le concept d'indépendance ainsi que celui du droit des peuples à disposer d'eux-mêmes.

Ces initiatives se concrétisèrent au travers de l'article premier de la Charte des Nations unies, signée à San Francisco, le 26 juin 1945. Il s'agissait particulièrement du « *Respect du principe de l'égalité des droits des peuples et de leur droit à disposer d'eux-mêmes* ».

Dès l'entre-deux-guerres, les Britanniques ont accordé l'indépendance ou une certaine forme d'autonomie à certaines de leurs plus importantes colonies. En 1919, ils mettent un terme au protectorat qu'ils avaient établi sur l'Afghanistan. En 1936, ils reconnaissent à l'Égypte le statut de pays et l'autorisent à siéger à la Société des Nations, mais ils y maintiennent des troupes, tandis que les statuts du canal de Suez et du Soudan demeurent indéterminés. Mais la décolonisation ne devient toutefois un mouvement qu'à partir de 1947. Elle touche d'abord l'Asie, continent où les mouvements nationalistes organisés sont les plus anciens, où l'influence du marxisme est grande et où le Japon a bouleversé l'état des choses pendant la Deuxième Guerre mondiale.

---

[338] La conférence de Bandoeng (déjà évoquée) fut également une démonstration de force contre les pays colonisateurs.

Des Etats faibles

Les frontières de la plupart des États nouvellement indépendants ont été délimitées par les puissances coloniales au hasard des découvertes et des conflits. Elles ne tiennent pas compte des frontières naturelles, des peuples habitant ces territoires ou des traditions précoloniales. Ainsi les nouveaux États manquent de cohésion sur les plans ethnique et religieux et leur cadre territorial est généralement artificiel. L'officialisation de cet état de fait remonte à la Conférence de Berlin. Au début des années 1880, les explorations de Stanley et de Brazza ouvrent la voie au contrôle du roi des Belges et de la France sur le bassin du Congo. Les Portugais, installés depuis la fin du XVe siècle sur les côtes, s'en inquiètent et obtiennent l'appui des Britanniques. L'Allemagne s'émeut à son tour. Le 8 octobre 1884, elle invite à Berlin 14 puissances pour régler les litiges que fait naître la compétition européenne dans cette région du monde. La conférence s'ouvre le 15 novembre 1884 et s'achève le 26 février 1885 avec la publication d'un Acte général.

Sur le plan politique

Les indépendances ont été accompagnées de nombreux espoirs aujourd'hui déçus. En effet, les nouveaux régimes n'ont pas réussi à se construire une idéologie propre. Il y a eu quelques tentatives autour des modèles comme le panarabisme, le conscientisme ou le panafricanisme[339] qui auraient pu servir de base à l'édification d'une nouvelle sociabilité. Mais quand les dirigeants n'ont pas disparu de la scène politique, leurs idées ont été mal appliquées ou mal adaptées à la situation réelle.

Le panarabisme est un mouvement politique, culturel, idéologique, qui vise à réunir et unifier les « peuples arabe » dans tous les domaines, que ce soit dans les secteurs politiques, sociaux, culturels... En effet, les peuples arabes se sentent unis par la langue mais aussi parce qu'à l'époque, ils se trouvent confrontés à un pouvoir politique étranger qui les domine. Ils sont donc tous animés de soif de liberté. Un des événements marquant la naissance du panarabisme est l'organisation à Paris, du 18 au 23 juin 1913, d'un premier Congrès arabe. Il sera le lieu de nombreuses résolutions dont :

[339] Le panafricanisme a inspiré de nombreux chefs d'États dont Jomo Kenyatta (Kenya), Hailé Sélassié (Éthiopie), Keneth Kaunda (Zambie)...

-la nécessité d'une autonomie pour les provinces arabes de l'Empire ottoman ;

- la reconnaissance de la langue arabe par le Parlement ottoman et sa promotion au rang de langue officielle dans les pays syriens et arabes…

Cette détermination conduit les pays arabes aux indépendances. Ils se libèrent de la domination ottomane et la présence anglaise ou française s'efface au profit de nouveaux Etats. Le 22 mars 1945, un pacte créant une association volontaire d'États souverains est signé entre sept pays arabes du Moyen-Orient : l'Arabie Saoudite, l'Égypte, l'Irak, la Syrie, le Liban, la Jordanie et le Yémen du Nord. Il a pour but de resserrer les rapports entre les États en instaurant une coordination politique visant une collaboration étroite dans le cadre d'une Ligue des pays arabes. La Ligue des pays arabes est historiquement la première organisation politique régionale dans le monde d'après-guerre, bien antérieure au traité de Rome de 1957.

La reconnaissance internationale d'un État dont la présence est rejetée, Israël contribue à renforcer cette cohésion autour d'un ennemi commun. Mais la ligue arabe aura du mal à maintenir sa cohésion et à parler d'une seule voix. Aux problèmes politiques s'ajouteront des problèmes économiques.

Le panafricanisme[340], en tant qu'expression de la solidarité entre les peuples africains et d'origine africaine et en tant que volonté d'assurer la liberté du continent africain et son développement à l'égal des autres parties du monde, est à rapprocher d'autres grands mouvements de rassemblement de peuples, comme le panaméricanisme, le panarabisme. La « conférence panafricaine » de 1900 marque officiellement la naissance du panafricanisme, mais la réalité du panafricanisme est attestée bien avant cette date. Le panafricanisme est issu d'abord d'un refus de la traite des Noirs, de l'esclavage et de toutes leurs conséquences sur le statut juridique des Noirs, sur l'image de l'Afrique dans le monde et sur le destin que les grandes puissances de l'époque réservaient. Plusieurs congrès comme ceux organisés par W. E. B. Du Bois ont contribué à renforcer cette idéologie structurée autour d'un certain nombre de mouvements comme L'UNIA (*Universal Negro Improvement and Conservation Association and African Communities League*), de Marcus Garvey[341] (1887-1940). Les luttes contre le

[340] Organisation internationale de la Francophonie, *Le mouvement panafricaniste au vingtième siècle*, OIF, Dakar, 2004.

[341] Issu d'une famille d'esclaves marrons, venu de la Jamaïque, où il avait fondé l'UNIA dès 1914, Garvey était un de ces nombreux Noirs caribéens immigrés aux Etats-Unis et héritiers des traditions de résistance des esclaves de la Caraïbe. En 1919, il ouvrit à Harlem un immense

colonialisme et le fascisme portées entre autres, dans la France des années 20, par des figures politiques telles que Lamine Senghor, Max Bloncourt, Tiémoko Garan Kouyaté vont dans ce sens. L'action de Kwame Nkrumah débouchant sur la constitution d'institutions africaines encore existantes est proche de la construction de l'Europe. Nkwame Nkrumah développe sa théorie dans son ouvrage intitulé *Le conscientisme. Philosophie et idéologie pour la décolonisation et le développement*[342]. Pour le premier président de la Côte d'or, le conscientisme prône la résurrection des valeurs humanitaires et égalitaires de l'Afrique traditionnelle dans un environnement moderne. Nkrumah fut le premier à s'engager dans la constitution d'une grande formation politique de dimension panafricaine. Dès 1945, il créa le WANS (West African National Secetariat) avec une poignée d'amis et organisa de nombreux voyages en Grande Bretagne et en France. D'autres approches originales ont été développées par Mohandas Karamchand Gandhi[343], Julius Nyerere, Patrice Lumumba[344] et plus tard Thomas Sankara[345], mais toutes n'ont pas connu le succès attendu. Si nous prenons comme exemple le continent africain, il ressort de l'analyse de la politique africaine de l'après indépendance trois grands thèmes idéologiques à savoir le nationalisme, le socialisme et l'humanisme. Le nationalisme africain est né des relations historiques entre l'Afrique et les puissances coloniales européennes. La conférence de Brazzaville de 1944 et surtout la loi -cadre de 1956, ont développé l'esprit séparatiste des élites locaux chacun devant désormais assurer la destinée de son territoire. La volonté des élites voltaïques de l'époque, de reconstituer leur territoire après la suppression en 1932

---

local, le Liberty Hall, pour servir de siège à son mouvement. Ce fut là qu'il lança en 1920, devant un auditoire enthousiaste de 25 000 personnes, sa fameuse « Déclaration des Droits des Peuples Nègres du Monde ». Contrairement à Du Bois qui s'intéressait davantage à l'élite noire et donnait de plus en plus sa préférence au socialisme, Garvey s'adressait aux masses noires et voulait susciter des capitalistes noirs capables de rivaliser avec leurs homologues occidentaux.

[342] Nkwame Nkrumah, Le conscientisme. Philosophie et idéologie pour la décolonisation et le développement, Payot, Paris, 1964.

[343] Pour Gandhi, l'État doit être structuré de manière à réduire au minimum les moyens de coercition. Une société véritablement non violente serait constituée de manière fédérale et composée de petites communautés villageoises.

[344] Homme politique congolais, Émery Patrice Lumumba a été l'un des artisans de l'indépendance du Congo Belge (une pièce de théâtre d'Aimé Césaire, *Une saison au Congo* raconte la tragédie de Patrice Lumumba).

[345] Figure de la politique africaine ayant suscité beaucoup d'espoirs pour sa probité, sa simplicité. Dans son discours mémorable à l'ONU (4 octobre 1984), Thomas Sankara, « *je veux parler au nom de tous les laissés pour compte, parce que je suis homme et rien de ce qui est humain ne m'est étranger* ». Opposé au paternalisme, luttant pour l'émancipation de la femme (abolition de l'excision), il meurt assassiné le 15 octobre 1987.

participait de cet esprit nationaliste. La tournée africaine du Général de Gaule en juillet 1958 pour le référendum constitutionnel a fait ressortir les expressions nationalistes dans les différents territoires. Le nationalisme s'est transformé après les indépendances en combat pour l'unité africaine, combat prenant appui sur la Négritude[346] dont Léopold Sedar Senghor[347] a été le porte-étendard. Cette unité sera combattue très tôt par certains *leaders* dont Houphouët Boigny qui, dès 1958, déclarait : « *l'unité africaine ne se réalisera jamais* ». Blaise Diagne, rejeta *Le Manifeste de Londres*, accusé d'être d'essence communiste et se livra sans réserve à l'apologie de la politique coloniale de la France (deuxième congrès panafricain de 1921). En effet, le nationalisme africain s'est mû très vite en une entrave à la formation d'un bloc africain face aux problèmes internationaux, au profit des égoïsmes territoriaux voire des ambitions personnelles.

Quant au socialisme africain, il donnera naissance à des expériences uniques comme les villages *Ujamaa*, fondement de la politique de la *self reliance* ou « *développement autocentré* » initiée par le Président Julius Nyéréré.

Le thème de l'humanisme se développe autour de la notion de liberté, en assurant le primat de l'Homme et en s'appuyant à la fois sur le christianisme et le communautarisme. Mais, au-delà des discours, tous ces modèles (*conscientisme, Self reliance...*) s'adapteront très mal à la réalité africaine. Serge Latouche[348] explique d'ailleurs à ce sujet que le drame de l'Afrique a été de rechercher la reconnaissance de l'Occident dans un servilisme aveugle tout en prétendant à l'authenticité plutôt que de féconder ses propres racines pour reconquérir sens et dignité. C'est donc dans un véritable flou idéologique que les pays décolonisés se sont lancés dans leur quête du développement, avec des dirigeants sans programme précis ou aux programmes mal adaptés.

Les partis africains qui ont mené leur mobilisation sur le thème de l'indépendance n'ont pour la plupart pas assez réfléchi sur l'après colonisation. Ils se sont souvent montrés incapables d'expliquer leur programme économique par manque de connaissances sérieuses de l'économie de leur pays et de celle de leur ex-colonisateur. En effet,

---

[346] La *Négritude* est un mouvement né de la rencontre entre Léopold Sédar Senghor, Aimé Césaire et Léon Gontran Damas. La pensée de ces trois hommes sera à la fois influencée par la philosophie des lumières, le *panafricanisme* et le *Marxisme*.

[347] Léopold Sédar Senghor a publié plusieurs ouvrages à ce sujet dont *Négritude et humanisme* (Seuil 1992), *Négritude et civilisation de l'universel* (Seuil 1977).

[348] Serge Latouche, *La déraison de la raison économique*, Albin Michel, Paris, 2001.

« cette économie s'est toujours développée en dehors d'eux. Des ressources actuelles et potentielles de leurs pays, ils n'ont qu'une connaissance livresque, approximative »[349].

Les régimes coloniaux excluaient les peuples soumis de la décision politique pour la réserver à la métropole et à ses intérêts. Cette exclusion frappait les masses et aussi, dans toute la mesure du possible, les minorités non-conformistes. En outre, les Etats nouvellement indépendants avaient hérité d'économies fragiles et morcelées qui reflétaient des siècles d'assujettissement et d'exploitation coloniales. La plupart des pays avaient souffert d'une politique visant vraisemblablement à freiner leur développement industriel et à les rendre dépendants de l'exportation des produits primaires[350]. Mais tout ceci ne doit pas, bien entendu, éclipser la responsabilité des dirigeants du Sud dont la tendance est d'utiliser les souffrances du passé pour asseoir leur hégémonie et justifier leurs échecs. René Dumont et Marie-France Mottin[351] soulignent, à cet effet, que les dirigeants qui ont pris la relève des administrateurs coloniaux, se sont pour la plupart livrés à la « *politique du ventre* » au détriment du développement des pays. De plus, de nombreux gouvernements ne sont pas parvenus à moderniser l'administration et les pratiques politiques sous une forme appropriée à la culture locale. Ils ont, par contre, eu tendance à centraliser à l'excès l'administration et la planification, conférant ainsi un pouvoir démesuré à un petit nombre de hauts fonctionnaires, ignorant du coup la majorité de la population. Certains chefs d'États comme Mobutu Seseseko Kukunguendo Wazabanga, Idi Amin Dada, Jean Bedel Bokassa se sont souvent considérés comme des « *demi-dieux* ». Ce n'est donc pas par hasard si le générique du journal télévisé du Zaïre, mettait en scène l'image du président Mobutu[352] sortant du ciel, traversant les nuages avant d'aller se greffer sur le drapeau du pays. Le père de la nation, comme il aimait se faire appeler avait l'habitude de scander : un seul père, un seul pays, un seul chef (*tata bo moko, ekolo bo moko, mokonzi bo moko).*

Dans leur mégalomanie, ces dirigeants politiques n'ont pas lésiné sur les moyens pour éliminer l'opposition, supprimer les libertés… On a souvent entendu dire : *les attroupement de plus de cinq personnes sont strictement interdits…*phrase signifiant la mise en place de l'état d'urgence souvent décrété pour un oui ou pour un non.

---

[349] Frantz Fanon, *Les damnés de la terre*, François Maspero, Paris, 1968, p.97.

[350] Commission Sud, *op.cit.*

[351] René Dumont, Marie-France Mottin, *L'Afrique étranglée*, Seuil, Paris, 1980.

[352] Seseseko signifie éternel.

La vie politique a été ensanglantée par le meurtre, sous prétexte de complots ourdis par des adversaires économiques ou intellectuels. Le président Joachim Yombi Opangault (Congo) est allé jusqu'à arrêter des suspects à la suite d'un rêve de coup d'État. La mort a tellement été banalisée que les expressions pou en parler ce sont multipliées. « Il est passé au petit matin », « il a avalé son acte de naissance »... Quand ce n'étaient pas des menaces du genre « Tu avances, nous te suivons, tu t'arrêtes nous te pointons, tu recules nous t'abattons », « tu es avec nous ou tu es contre nous ». Ces dirigeants ont octroyé des crédits sans tenir compte des potentialités de remboursement. En Guinée, par exemple, Sékou Touré décidait de la répartition des revenus issus de l'exportation de la bauxite et distribuait des billets de francs CFA[353], des feuilles de tôle, des sacs de ciment, des paquets de sucre. A cela s'ajoutent ces projets faramineux qui n'ont d'égal que l'*ego* de leurs commanditaires. En Côte d'Ivoire, le président Houphouët Boigny a construit, dans son village natal, une réplique de la basilique Saint Pierre. Un des vitraux représente Jésus entouré de ses apôtres, parmi lesquels se trouve Houphouët Boigny. Sous sa présidence, Mobutu, via la firme française Thomson-CSF, a implanté à travers tout le pays, un réseau de communication par faisceaux hertziens dont la plupart des tronçons cessèrent rapidement de fonctionner à défaut d'entretien, de surveillance et de combustibles pour alimenter les relais. Un autre *éléphant blanc* souvent cité est la construction du complexe de la Cité de la Voix du Zaïre à Kinshasa, regroupant tous les moyens les plus modernes de production audiovisuelle et radiophonique et dont le coût total atteint 600 millions de Francs[354].

> « *Surdimensionnée, suréquipée et techniquement sophistiquée, la Voix du Zaïre ne fonctionnait plus qu'à 20% de sa capacité un an après sa mise en route. Les pannes d'ascenseur condamnaient l'usage des dix étages supérieurs ; l'absence de climatisation compromettait le fonctionnement des appareils de précision* ».[355]

Mais, au-delà de la gestion maladroite, des projets démesurés, maints régimes fonctionnent comme des « *kleptocraties* ». Dans les pays pétroliers d'Afrique centrale, les caisses de sociétés nationales pétrolières ont souvent fonctionné comme le deuxième « Trésor » de l'État et, celui-ci a été souvent confondu avec une caisse noire. Dans tout le continent (à quelques

---

[353] Communauté francophone d'Afrique.

[354] Benoît Verhaegen, « Les safaris technologiques au Zaïre (1970 -1980) » *in Politique Africaine* (Gaspillages technologiques), n° 18, juin 1985, Paris, Karthala, p.80.

[355]Verhaegen Benoît. « Les safaris technologiques au Zaïre », *op.cit.*, p.80

exceptions près), les privatisations ont été opérées en dépit du bon sens, le patrimoine de l'Etat a été bradé au profit de la famille. Plus révoltant, ces régimes continuent, malgré cela, à bénéficier de la complicité et de la protection des pays dits démocratiques qui ont parfois contribué à mâter les révoltes. En 1964, l'armée française est intervenue au Gabon, pour rétablir Léon M'Bâ. En 1977, sous prétexte de défendre les ressortissants européens, la CIA et les parachutistes français volaient au secours de Mobutu (Kolwezi). Au Zaïre, fin 1996, début 1997, une trentaine de Français étaient chargés d'y encadrer l'armée de Joseph Mobutu mise en déroute par les troupes de Laurent-Désiré Kabila, équipées par le Rwanda et l'Ouganda. Le gendarme le plus médiatique de France, Paul Baril, autrefois commandant du GIGN (unité spéciale d'intervention de la gendarmerie) a été à plusieurs reprises accusés de putsch en Afrique, comme ce fut le cas au Congo Kinshasa où il fut accusé de soutenir Jean-Pierre Bemba, leader du Front de libération du Congo. Des équipes de mercenaires, comme Bob Denard[356], ont souvent œuvré en douce pour des actions que les gouvernements n'osent pas avouer. Pendant ce temps, dans les pays en développement, la corruption a gagné du terrain profitant surtout du laxisme des autorités fiscales et de l'insuffisance des mécanismes de contrôle. Mais comment peut-il en être autrement ?

En effet, pour pallier le mauvais traitement social infligé à tous les niveaux, chacun essaie de trouver une solution en se servant de son métier. On explique que dans les rues de Kinshasa, on peut se voir exiger une licence commerciale réservée aux débits de boissons quand on écoute de la musique dans sa voiture (*Mokanda ya bar na kati ya motuka).* Certains étudiants se sont vus infliger une amende pour « double identité » par ce qu'ils avaient une carte d'étudiant en plus du passeport, en dépit du fait que les deux documents étaient au même nom. Les astuces sont donc nombreuses pour trouver ce qu'on appelle tantôt *Madeso ya bana (haricots pour les enfants)* tantôt « bière ». La corruption devient ici tolérée suivant une certaine interprétation de l'article 15 de la Constitution zaïroise : » débrouillez-vous pour vivre » dont de nombreux musiciens ce sont fait l'écho. Tout ceci fait dire à Jean-François Bayart, que « *la fin de la colonisation a eu pour conséquence la libéralisation, la dérégulation du pillage du*

[356] Dans la nuit du 26 au 27 septembre 1995, il avait débarqué aux Comores à la tête d'une trentaine d'hommes pour renverser le président Saïd Djohar. Rappelons qu'en 1975, il avait déjà renversé le président Ahmed Abdallah, pour y installer son opposant Ali Soilih. Entre-temps, il rate un coup d'Etat au Bénin en janvier 1977.

pays »[357]. Pour ce dernier, la corruption est une modalité de lutte sociale, au sens plein du terme, puisqu'elle repose sur une vive politique de l'inégalité.

Avec la société de l'information, de nombreux espoirs apparaissent notamment autour de la liberté d'expression qui pourrait permettre de sensibiliser plus rapidement l'opinion internationale sur les exactions commises par les pouvoirs dictatoriaux. Encore faudrait-il relativiser, ici, l'importance de l'opinion internationale qui, elle-même, est souvent influencée par les médias dont les prises de positions ne sont pas aussi neutres qu'elles paraissent. La mise en épingle de certains chefs d'État et le silence quasi consensuel sur d'autres peut nous interroger sur leur soi disant liberté de presse. Le colonel Kadhafi, impliqué dans l'attentat contre le Boeing 747 de la Pan-Am au-dessus du village écossais de Lockerbie (décembre 1989) qui a occasionné 270 morts et dans l'attentat du DC 10 d'UTA survolant le Ténéré, au Niger (septembre 1989) et qui a fait 170 morts est aujourd'hui présenté comme fréquentable. Les raisons pourraient fort bien être les grandes réserves de pétrole de la Lybie, son rôle stratégique dans la région, ses potentialités économiques, la compétition avec la Chine.

Mais la corruption dans les pays en développement n'est pas une fatalité. *Transparency international* fournit des indications sur les remèdes à apporter. Une plus grande transparence, l'obligation de rendre des comptes, l'amélioration de la gestion des ressources humaines dans l'administration publique, simplification et rationalisation de l'intervention de l'État dans l'activité économique...

La société de l'information, avec ses promesses de transparence, laisse aussi entrevoir des possibilités d'assainissement de la gestion des fonds publics ainsi que l'accélération des processus démocratiques. Mais de telles perspectives exigent un renforcement des capacités techniques et juridiques des administrations ainsi qu'une actualisation du cadre légal. Les premiers obstacles à la réalisation de ces espoirs sont les hommes eux-mêmes, au premier rang desquels se trouvent les gouvernants. Mais les pays en développement changent et évoluent. Différents acteurs dont les médias, les entrepreneurs privés, la société civile participent à l'amélioration des conditions de vie et les initiatives sont nombreuses.

---

[357] Jean-François Bayart, *L'État en Afrique*, Fayard, Paris, 1989, p.290.

QUE PEUVENT LES TIC LÀ OÙ LE FARDEAU DE LA DETTE ÉTOUFFE TOUTE INITIATIVE ?

Comme les régimes autoritaires, la colonisation et la mauvaise gestion ont de fortes répercussions sur le développement des pays du Sud. Le caractère cumulatif des dettes, qui oblige à emprunter pour payer les intérêts, enfonce ces pays dans une dépendance qui, tout en satisfaisant les créanciers, réduit fortement les capacités de l'Etat emprunteur. Le fardeau de la dette demeure un obstacle majeur au développement des pays du Sud car l'hémorragie financière, qui le caractérise, compromet la satisfaction des besoins fondamentaux des populations.

Toutefois, la crise d'endettement du Sud doit être interprétée dans une perspective historique, en examinant le contexte financier depuis les années 1960 jusqu'au moment de la croissance de l'endettement et de la crise qui en a résulté dans les années 1980. Nous pouvons éventuellement remonter plus loin puisque la dette des pays en développement n'est pas apparue dans les années 1960, comme on a tendance à l'affirmer. Certains pays sont « nés » endettés, c'est le cas du Congo Belge qui hérita des dettes de l'ancienne colonie envers la métropole[358]. A partir des années 1970, le financement des pays a connu une mutation rapide. Essentiellement public jusque-là, il devient de plus en plus privé. Cette situation satisfait aussi bien les banques internationales que les gouvernements des Etats du Sud et de ceux du Nord. En effet, les banques commerciales voient dans ces pays, où les occasions de prêts sont nombreuses, une zone leur permettant de « recycler » les *pétrodollars*. Pour les pays en développement, l'intérêt est manifeste. Avec les prêts des banques commerciales devenus faciles à obtenir, il est possible de financer presque tout ce que l'on souhaite et sans beaucoup de contraintes. De plus, les gouvernements des pays qui ont emprunté massivement pour régler leurs importations et pour tenter de développer leurs productions industrielles, ont massivement placé à l'étranger les capitaux empruntés au lieu de les utiliser pour leur développement. De leur côté, les gouvernements des pays industrialisés voient dans cette évolution, grâce aux investissements liés, un moyen de relancer l'activité nationale. Au début des années 1980, les banques américaines avaient prêté aux pays en développement plus que le double de l'équivalent de tout leur capital. La sauvegarde du capital financier était le principal objectif de la gestion de l'endettement sans grand souci de son coût pour la population des nations débitrices.

---

358 Marc Raffinot, *Dette extérieure et ajustement structurel*, Edicef, Paris, 1991.

La donne a changé quand les bailleurs de fonds ont procédé à une très forte hausse des taux d'intérêt. Ceci a contraint les pouvoirs publics à avoir recours à de nouveaux emprunts. La crise éclate, en août 1982, lorsque l'un des emprunteurs considérés comme le plus sûr, le Mexique, annonce l'impossibilité d'assurer le service de sa dette. Cette crise intervint en dépit du fait que dès le départ, « les grandes puissances » ont mené une stratégie de gestion visant à assurer un financement de relais pour que les pays débiteurs ne tombent pas en défaut de paiement. Elles ont, en effet, ouvertement fait pression sur les banques pour qu'elles prêtent encore plus aux nations débitrices pour le service de leur dette.

Échelonnement, allègement et annulation de la dette

Suite aux difficultés de remboursement, les banques occidentales ont décidé une baisse des taux d'intérêt et commencé à constituer des provisions pour créances incertaines, afin d'aider le rééchelonnement des dettes signées. Malheureusement, la situation s'est avérée plus dégradée que prévue car de nombreux pays sont entrés en récession dès 1982. La première tentative de solution globale, proposée en 1985 par James Baker (secrétaire américain au Trésor), prévoyait l'échange des créances par des parts de sociétés privatisées et le rachat, par un débiteur, d'une partie de la dette sur le marché. En désaccord avec la vision du Fonds monétaire international (F.M.I.) et de la Banque Mondiale, le plan Baker fut un échec.

Un des mécanismes de réduction très attendu et fortement critiqué est l'initiative PPTE (Pays Pauvres Très Endettés). C'est un dispositif global de réduction de la dette de ceux de ces pays qui appliquent des programmes d'ajustement et de réforme appuyés par le FMI et la Banque mondiale. En effet, la plupart des PPTE avaient atteint un tel niveau d'endettement qu'il ne leur était pas possible de rembourser en totalité les sommes dues à leurs créanciers. Une partie des dettes contractées n'étaient dans les faits pas remboursées et risquaient de ne l'être jamais. Les allégements consentis portent en partie sur ces créances non recouvrables.

Arguments en faveur de l'annulation de la dette

L'idée la plus explorée par les juristes pour l'établissement d'un mécanisme d'annulation de la dette est celle qui consisterait à étendre, à l'échelle internationale, l'article 9 du code de la faillite des Etats-Unis (conçu pour les débiteurs souverains comme les collectivités locales, à la différence de l'article 11 applicable aux entreprises). Au nom de la spécificité de ces débiteurs souverains, les modalités de mise en faillite retenues visent à préserver leur mission de service public, en limitant l'ingérence des créanciers dans la sphère gouvernementale. Mais, il y a aussi la question de l'illégalité de la dette, de la coresponsabilité des prêteurs et des emprunteurs...

Abordant la question, Noam Chomsky considère que « *la dette est en grande partie une construction idéologique* »[359]. L'auteur ajoute d'ailleurs que ce qu'on appelle la dette peut être surmontée de plusieurs manières. Dans un premier cas, nous pouvons suivre la logique capitaliste et faire en sorte que ce soient les emprunteurs qui payent en sachant que ceux-ci sont, pour la plupart, des dictatures qui n'ont pas hésité à s'enrichir personnellement. En effet, la dette des pays en développement est trop souvent illégitime lorsqu'elle a, par exemple, soutenu des régimes anti-démocratiques ou corrompus, ou qu'elle a été contractée pour le financement d'opérations illégales. Il convient, dans ce cas, d'établir la coresponsabilité des prêteurs et des emprunteurs dans un processus d'accumulation de la dette entaché d'injustices et d'illégitimités. Dans les pays en développement, les prêts publics d'aide au développement ont trop souvent été accordés dans le cadre de la défense d'intérêts politiques (contexte de la Guerre froide et influence post-coloniale) ou économiques (firmes transnationales, pétrole, matières premières) des prêteurs ou d'une minorité. Le système de l'*Apartheid* a, par exemple, laissé derrière lui des dettes extérieures et intérieures énormes. La grande majorité des personnes actuellement victimes du fardeau de cette dette ont été opprimées par le régime de l'*Apartheid*, celui-là même qui avait contracté cette dette.

Les prêts d'origine commerciale, couverts par des garanties à l'exportation et les prêts privés, sont de même à la source d'un endettement incontrôlé, contracté au profit, là encore, d'une minorité d'investisseurs dans les pays riches et les pays pauvres.

La deuxième méthode consiste à appliquer le principe juridique international qui fut introduit par les États-Unis quand ils ont libéré Cuba en 1898[360], c'est-à-dire quand ils l'ont conquis. Les États-Unis ont annulé la dette de Cuba envers l'Espagne au motif que celle-ci aurait été imposée sans le consentement de la population. Ce principe admis par la loi internationale s'appelle « *Principe de la dette inique* » et une *dette inique* n'est pas valide.

---

[359] Noam Chomsky, *La conférence d'Albuquerque*, Allia, Paris, 2001, p.22.
[360] Noam Chomsky, *op.cit.*

Cette question est à rapprocher de la doctrine de la *dette odieuse*, élaborée par Alexander Sach au début du XXe siècle. En droit international, les gouvernements sont responsables des dettes contractées par les régimes précédents. La doctrine de la *dette odieuse* instaure une exception à ce principe général. La doctrine stipule que les dettes contractées par des régimes dictatoriaux au profit de ceux qui ont bénéficié des privilèges de la dictature, ou dans le but de renforcer la dictature, sont odieuses et, par conséquent, ne peuvent être considérées comme étant de la responsabilité des gouvernements démocratiques suivants. Cependant, pour être odieuse, une dette doit aller à l'encontre des besoins et des désirs de la population et les créanciers doivent être conscients que les emprunts qu'ils octroient sont utilisés au seul profit d'un régime despotique. Cette doctrine a été utilisée par *Jubilée Afrique du Sud*[361] pour attaquer 21 entreprises et banques qui ont aidé le régime de l'*Apartheid* en toute connaissance de cause alors qu'une résolution de l'ONU demandait, dès 1975, le *boycott* du pays pour violation flagrante des droits humains.

Autant rappeler que la dette n'est pas la cause unique du sous-développement des pays en développement. Il convient d'ailleurs de noter que si la politique d'endettement était restée prudente, les causes immédiates n'auraient eu qu'un impact limité. D'autres dysfonctionnements ont donc conduit à la crise, parmi eux :

- l'utilisation douteuse des fonds empruntés ;
- l'insuffisance des gains en devises ;
- la fuite des capitaux [362] ;
- une situation de déficit public ;
- le manque de diversification des recettes d'exportation ;
- les fortes fluctuations des prix des matières premières et la recherche à l'extérieur du financement des déficits.

LES PROGRAMMES D'AJUSTEMENT STRUCTUREL

L'approche traditionnelle de résorption des déséquilibres s'effectue en termes de stabilisation, une stabilisation qui généralement vise à remédier à

---

[361] *Jubilee Afrique du Sud* est un réseau regroupant 4.000 ONG et qui lutte notamment pour l'annulation de la dette contractée sous l'*Apartheid*.

[362] En Suisse, le total des comptes ouverts par les riches du Sud avoisinerait le montant de l'aide publique reçue. Les travaux de Gunder Frank sur l'Amérique Latine ont démontré que les courants des capitaux États-Unis/Amérique latine étaient largement en faveur des premiers.

des problèmes urgents. Concernant les pays en développement, les organisations internationales ont vite constaté que ce type d'approche était inadapté dans le cadre des économies où les déséquilibres sont considérables. Au lieu des simples programmes de stabilisation, elles sont donc passées à des Programmes d'Ajustement Structurel (PAS), c'est-à-dire, un ensemble de mesures institutionnelles ou réglementaires visant à faire en sorte que s'exercent librement les mécanismes de marché et à supprimer les obstacles à une croissance future[363]. Ces mesures sont généralement présentées comme de bon sens et pragmatiques. La finalité étant, bien entendu, que le pays faisant l'objet d'un PAS puisse reprendre le service de sa dette extérieure (paiement des intérêts et remboursement des prêts).

Cependant, les PAS ont été très critiqués parce que non seulement ils ont abouti à un endettement sans cesse accru, mais aussi, parce qu'ils ont simultanément entraîné une baisse des revenus des populations locales (suite aux licenciements, à la suppression de services publics, etc.) ainsi qu'une hausse des prix (suite à une TVA élevée, à la libéralisation des prix, etc.). Aucun des pays appliquant l'ajustement structurel n'a pu soutenir de manière durable un taux de croissance élevé. Bien au contraire, c'est sans doute ce qui lui attire un certain nombre de critiques. Aminata Traoré estime que « *l'ajustement structurel est au corps social ce que le virus du Sida est au corps humain* »[364]. Pour Jean Godefroy Bidima, « *il est un couteau planté à l'épiglotte des pauvres* »[365]. Quant à René Dumont, il considère que la surmortalité (0,5 million par an) est une conséquence du PAS[366].

---

[363] Marc Raffinot, *Dette extérieure et ajustement structurel*, Edicef, Paris, 1991.

[364] Aminata Traoré, *Le viol de l'imaginaire*, Fayard/Actes Sud, Paris, 2002, p.44.

[365] Jean Godefroy Bidima, *Théorie critique et modernité négro-africaine*, Publication de la Sorbonne, Paris, 1993.

[366] René Dumont, *Démocratie pour l'Afrique*, Seuil, 1991.

PARTIE III

ENJEUX ET PERSPECTIVES POUR LES PAYS EN DÉVELOPPEMENT

CHAPITRE I
LE SOMMET MONDIAL SUR LA SOCIÉTÉ DE L'INFORMATION

Ce chapitre est consacré à la démarche de l'ONU à travers non seulement son déroulement, ses objectifs, son bilan, mais aussi et surtout les questions qu'elle suscite. En effet, pour les pays du Sud, l'attente a été grande quant aux retombées de ce sommet sur le développement social, culturel, économique, politique. Pourtant, au delà des discours, des promesses, les objectifs d'intérêt général ont souvent cédé la place au lucratif, aux stratégies économiques et politiques. Dans ces conditions, la question de la liberté d'expression, de l'accès universel, de l'égalité de genre apparaissent comme l'arbre qui cache la forêt. Il est clair qu'au delà des déclarations, des engagements, des agendas, des plans d'action, cette manifestation, dont on reconnaît, par ailleurs, le mérite d'avoir rassemblé des milliers de personnes sur une préoccupation majeure de l'humanité, a laissé sur leur faim des populations qui ont cru arriver l'heure où bon nombre de problèmes qui minent leur quotidien allaient enfin être résolus. Il s'agit certainement d'une croyance quelque peu naïve, mais pour la moitié de la population qui vit avec moins de deux dollars par jour, il n'y a le plus souvent et malheureusement que deux alternatives, celle de l'accommodation, de la résignation et du fatalisme et celle de l'espoir à tout prix. Il est, à cet égard, important de revenir sur ce sommet et de s'arrêter sur un certain nombre de questions soulevées, débattues et les propositions annoncées. Les points de réflexion sont nombreux : le financement de la société de l'information, la fracture numérique, la gouvernance de l'Internet, les normes et standards, le rôle des acteurs dans la conception et la mise en œuvre de la société de l'information.

HISTORIQUE ET DÉROULEMENT DU SOMMET

La dynamique du SMSI a été amorcée par une résolution présentée par la Tunisie et adoptée par l'UIT à sa *Conférence plénipotentiaire* de 1998. En 2001, le Conseil de l'UIT a approuvé la tenue du sommet en deux phases, décision qui, par ailleurs, a été approuvée, par l'Assemblée générale des Nations unies, le 21 décembre 2001.

Le sommet est organisé en deux phases :

- la première phase, accueillie par le gouvernement suisse, a eu lieu du 10 au 12 décembre 2003 à Genève. Elle a été consacrée à l'examen d'un large éventail de thèmes concernant la société de l'information et a adopté une *Déclaration de principes*[367] ainsi qu'un *Plan d'action* portant sur l'ensemble des questions liées à la société de l'information. Le processus officiel de préparation du SMSI pour la phase 1 a comporté trois conférences préparatoires principales (PrepCom-1, du 1er au 5 juillet 2002, PrepCom-2, du 17 au 28 février 2003, PrepCom-3, du 15 au 26 septembre 2003) à Genève, une rencontre intersessions à Paris (du 15 au 18 juillet 2003) et six conférences régionales[368] ainsi qu'une conférence organisée par la Ligue des États arabes (le Caire, juin 2003).

- la deuxième phase du sommet mondial, accueillie par le Gouvernement tunisien, a eu lieu du 16 au 18 novembre 2005 à Tunis. Elle a été consacrée essentiellement à des thèmes relatifs au financement, à la gouvernance, au développement.

LES ATTENDUS DU SOMMET

Ce qui était attendu du sommet relevait d'un double objectif :

- organiser une rencontre internationale d'un genre nouveau, supposée préfigurer la « *nouvelle gouvernance mondiale du XXIe siècle* » en associant les acteurs politiques, du secteur privé et de la société civile dans la prise de décision, à travers « *le partenariat multi-acteurs* »[369] ;

- définir les contours de la « *société de l'information que nous voulons* » et, mettre les TIC au service du développement afin de « *réduire le fossé numérique* » existant entre les pays industrialisés et les pays en développement. C'est donc ce dernier objectif qui se rapporte à notre analyse.

---

[367] SMSI, *Construire la société de l'information : un défi mondial pour le nouveau millénaire*, Déclaration de principes, SMSI, Genève, 2003.

[368] Afrique (Bamako, du 28 au 30 mai 2002), Europe (Bucarest, du 7 au 9 novembre 2002), Asie (Tokyo, du 13 au 15 janvier 2003), Amérique (Bavaro, du 29 au 31 janvier 2003), Asie occidentale (Beyrouth, du 4 au 6 février 2003).

[369] Forme de collaboration volontaire entre des acteurs de nature différente (gouvernements, organisations internationales, entreprises, ONG).

UN SOMMET COMME LES AUTRES ?

Le SMSI est un sommet de l'ONU. En effet, il est de tradition à l'ONU de s'appuyer sur des conférences. C'est d'ailleurs cet esprit de tribune de discussion qui est à l'origine de la création de cette institution internationale. De fait, les Nations unies ont déjà organisé des sommets sur d'autres démarches. Parmi eux :

- le Sommet mondial pour les enfants (1990) ;

- le Sommet planète Terre sur l'environnement et le développement (Rio de Janeiro, 1992) ;

- la Conférence mondiale sur les droits de l'homme (Vienne, 1993) ;

- la Conférence internationale sur la population et le développement (Le Caire, 1994),

- le Sommet mondial pour le développement social (Copenhague, 1995) ;

- la Conférence mondiale sur les femmes (Beijing, 1995) ;

- la Conférence sur le financement du développement (Monterrey, Mexique, 2002)...

Même si ces sommets ont réussi à attirer l'attention de l'opinion internationale sur des problèmes majeurs, la plupart des préoccupations qui en sont l'origine n'ont pas été pour l'instant résolues. Ce qui laisse penser que le SMSI n'est qu'un sommet comme ceux énumérés ci-dessus et, qu'il ne serait pas logique de croire que celui-ci serait épargné de tous les embûches et autres difficultés relatifs à la réalisation de ses fins. Au-delà des accords, pour chacun des acteurs, il y a derrière le SMSI, un objectif différent : faire prévaloir ses idées, ses valeurs, ses intérêts...

DES DÉCLARATIONS SANS CONTRIBUTIONS SPÉCIFIQUES ET OBLIGATOIRES

Dans tout sommet de cette nature, la règle d'accord repose sur le consensus général. Ainsi, le sommet, à travers ses deux phases, a abouti à l'adoption d'une *Déclaration de principes* et d'un *Plan d'action* (phase de Genève), d'un Engagement et d'un Agenda (phase de Tunis). En termes d'objectifs à réaliser dans le cadre du SMSI, le *Plan d'action* de Genève constitue le document le plus important, sinon la référence. Il retient trois thèmes :

- le pacte de solidarité numérique

- le suivi et l'évaluation des objectifs

- la préparation de la seconde phase du SMSI (Tunis).

A ces documents officiels de la phase de Genève, il faut ajouter la *Déclaration de la société civile* publiée suite au « *schisme* » apparu lors du PrepCom-3 lorsqu'elle a constaté que la majorité des contributions qu'elle avait proposées pour la *Déclaration de principes* et le *Plan d'action* ont été soit écartées, soit dénaturées par les Plénières intergouvernementales. Elle y a aussi déploré le peu d'engagements sur le multilatéralisme ainsi que des ambiguïtés manifestes. Intitulée *Construire des sociétés de l'information centrées sur les besoins des humains*, la déclaration de la société civile tient absolument à se démarquer de la vision des gouvernements, du secteur privé et des organisations internationales[370].

Dans sa phase de Tunis, le SMSI a élaboré deux documents[371], l'un d'ordre politique et l'autre opérationnel : l'*Engagement de Tunis*[372] et l'*Agenda de Tunis pour la société de l'information*[373].

L'Engagement de Tunis

L'Engagement de Tunis consacre les principes retenus lors de la première phase, avec l'ajout d'autres aspects liés notamment à l'utilisation des technologies de la communication et de l'information pour des objectifs précis dont l'instauration de la paix, la nécessité de soutenir les catégories à besoins spécifiques, l'aide aux pays défavorisés, aux zones occupées, aux régions touchées par des catastrophes naturelles et aux pays désavantagés par leur endettement. Il réaffirme, par ce fait, la volonté des représentants des peuples du monde et leur engagement en faveur de l'édification d'une société de l'information globale et orientée vers le développement (alinéa 2). Il place l'humanité au cœur de ses préoccupations, sur la base des principes de la *Charte de l'ONU*. Ces principes se rapportent à la légalité internationale, à la diversité et à l'adhésion totale à la *Déclaration universelle des droits de l'Homme*[374]. Le but recherché ici, est de faire en sorte que tous les peuples

[370] 1. Alain Kiyindou, Jean-Louis Fullsack, « Sommet mondial sur la société de l'information, bilan mitigé et perspectives » in *La « société de l'information » entre mythes et réalités*, Michel Mathien (dir.) éditions Bruylant, Bruxelles, 2005, pp.321-332.

[371] Au sommet de Tunis, la société civile a également publié une déclaration.

[372] SMSI, *Engagement de Tunis*, SMSI, Tunis, 2005.

[373] SMSI, *Agenda de Tunis pour la société de l'information*, SMSI, Tunis, 2005.

[374] Déclaration adoptée par l'Assemblée générale des Nations unies le 10 décembre 1948, à Paris.

puissent accéder au savoir et aux connaissances, les utiliser et les échanger dans le but d'atteindre les objectifs du développement convenus à l'échelle internationale, dont notamment les Objectifs du millénaire pour le développement. L'*Engagement de Tunis* reconnaît que « *la liberté d'expression et la libre circulation des informations, des idées et du savoir sont essentielles pour la société de l'information* » (alinéa 4). Il détaille une stratégie mondiale de développement des TIC dans les pays du Sud. Il ne prévoit pas de contribution, spécifique et obligatoire, des pays riches au financement du programme[375], mais il soutient un Fonds de solidarité numérique ouvert aux collectivités locales et au secteur privé (alinéa 7) sur la base du volontariat.

L'Agenda de Tunis pour la société de l'information

Ce document a un caractère exécutoire. Il engage tous les pays participants à prendre en compte la nécessité de mettre en place de nouveaux mécanismes pour le financement des projets et programmes visant la réduction de la fracture numérique. Il affirme l'attachement des États membres de l'ONU à honorer leurs engagements pris à Genève (mécanismes de financement pour combler la fracture numérique...). Un autre chapitre est dédié à la question de la gouvernance de l'Internet et à la décision de mettre en place un « *forum sur la gouvernance de l'Internet* » parallèlement aux structures et mécanismes existants. Un autre chapitre est consacré à la mise en œuvre et au suivi indispensable des décisions de Genève et de Tunis.

Ces documents présentent néanmoins des carences importantes : des objectifs imprécis, aucune priorité pour les objectifs retenus d'une part, et, d'autre part des ambiguïtés manifestes. Cela se comprend dans la mesure où les documents adoptés sont le fruit d'un consensus laborieux qui, d'après certains observateurs, a vidé de leur substance la plupart des idées et propositions. Le consensus exige des délais généralement longs et les textes, auxquels il aboutit, sont, par définition, imprécis et passibles d'interprétations diverses[376]. Très souvent, les acteurs de la négociation se cantonnent à définir quelques généralités comportant des formules suffisamment ambiguës pour permettre une pluralité d'interprétations. Plus

---

[375] Le sommet s'est caractérisé également par l'absence des chefs d'États des pays dits « grands ». Georges Bush, Tony Blair ou Jacques Chirac, n'ont participé à aucun des sommets des deux phases du SMSI.

[376] Victor-Yves Ghebali, *La crise du système des Nations unies*, La Documentation française, Paris, 1988.

les acteurs sont nombreux et leurs points de vue contradictoires, plus les chances d'aboutir à des résultats significatifs s'amenuisent.

La question de la mise en place de mécanismes de transferts de technologies aux pays en voie de développement, soulevée par le représentant du Bangladesh, lors du PrepCom-3 de la phase de Tunis n'a eu qu'un écho très faible. Nous pouvons évoquer également la question de la gouvernance et celle de la solidarité numérique sur lesquelles nous reviendrons d'ailleurs plus loin.

UN BILAN MITIGÉ

A la fin de l'année 2005, le total mondial des activités déployées dans le cadre du SMSI pour promouvoir le développement d'une société de l'information accessible à tous se chiffrait à 2 240[377]. Environ 45 % de ces activités[378] ont une portée nationale et près d'un tiers ont un caractère international. Plus de 70 % se rapportent directement aux objectifs du millénaire pour le développement définis par les Nations unies. L'UIT classe ces différentes activités en onze catégories à savoir : » *cyberstratégies* » nationales, projets multipartenaires[379], projets d'infrastructures, élargissement de l'accès aux TIC[380], coopération internationale et régionale, accès à l'information[381], politiques générales et réglementation, renforcement des capacités[382], formation en ligne, sécurité et culture[383]. Au-delà de ces activités, le SMSI a permis la rencontre de plus de 11000 personnes dans sa première phase et de plus de 20 000 personnes dans sa deuxième phase, autour des objectifs cités plus haut. C'est en termes de résultat, le plus probant, au-delà même de tous les équipements et matériels exposés.

Toutefois, si les organisateurs considèrent, comme l'affirme Yoshio Utsumi, secrétaire général de l'UIT[384], que la première phase a été un réel succès dans la mesure où elle a permis de dégager un consensus politique

---

377 UIT, « SMSI, où en sommes-nous ? », *Nouvelles de l'UIT*, septembre 2005, pp.8-10.

378 Ces activités sont visibles sur le site : www.itu.int/wsis/stocktaking

379 Il s'agit de projets dans lesquels s'engagent ensemble le secteur privé et le secteur public. Parmi les projets SMSI, 47 % peuvent être classés dans cette catégorie.

380 Les télécentres et centres multimédias communautaires relèvent de cette catégorie.

381 Figurent dans cette catégorie, la création de bibliothèques en ligne, l'accès aux informations du domaine public...

382 Il s'agit de projets visant à familiariser les populations à l'utilisation des TIC.

383 Projets d'élaboration de logiciels et de contenus locaux.

384 Yoshio Utsumi, Rapport sur les activités précédant la réunion de préparation du PrepCom-1 de la phase de Tunis, UIT, Genève, 2004, p.2.

entre tous les responsables des pays du monde sur l'importance de la société de l'information, de nombreux acteurs de la société civile retiennent surtout l'exclusion dont ils continuent à faire l'objet. A ce sujet d'ailleurs, nous estimons qu'une des similitudes essentielles entre le SMSI et les autres sommets internationaux est la sous représentation des « *vrais gens* »[385], c'est-à-dire à la fois des populations rurales et des hommes et femmes des quartiers populaires des grandes villes censées être au cœur de la société de l'information. Leur intégration à celle-ci, a-t-on appris au cours du sommet, serait la condition essentielle à la réduction de la « *fracture numérique* ». En effet, l'organisateur (l'UIT) a mis en avant le fait que le SMSI est basé sur un multi partenariat entre représentants des États, organisations internationales, secteur privé et société civile. Suivant cette logique, les discussions ont été fondées sur le principe d'une participation sur un « *pied d'égalité* ».

Cependant, la question de leur association dans les comités préparatoires du SMSI et dans les processus de décision est demeurée aléatoire. En effet, la société civile s'est vue écartée des négociations aux moments décisifs ou difficiles. A titre d'exemple, n'ayant pas pu trouver de consensus lors du PrepCom-3 sur la question de la gouvernance, une réunion restreinte (PrepCom-3b) a été organisée entre différents partenaires et sans la participation de la société civile. Toutefois, nous ne pouvons analyser le SMSI qu'en prenant en compte le fait qu'il s'agit d'un sommet de l'ONU et rien d'autre. Ce genre de sommets ont un mode de fonctionnement connu de tous. Il est donc préférable de positiver malgré les insatisfactions qui du point de vue de la sociologie comme de la communication étaient prévisibles. Il n'y a pas lieu, non plus, de parler d'échec, l'important étant la prise de conscience des enjeux des mutations engagées par les TIC. En effet, le SMSI a réalisé une opération de sensibilisation de grande envergure. Il a mobilisé l'opinion internationale sur les questions posées par la société de l'information, mais l'essentiel reste à faire et le *leapfrogging*[386] reste du domaine du rêve. Le saut attendu dans le processus de développement ne viendra pas rapidement et si jamais c'était le cas, ce ne sera pas par le fait de la société de l'information. Bien entendu, cela ne devrait pas nous étonner puisqu'à chaque fois qu'une nouvelle découverte nous émeut, nous pensons à une révolution humaine et sociale. Au XIXe siècle, nous disions du chemin

---

[385] Alain Kiyindou, «The millions without a voice in the Worldwide Information Society», *The journal of Information Technologies and International Development*, Massachusset Institute of Technology Press, Massachusset, 2005, pp.90-91.

[386] Le *leapfrogging* c'est le fait de croire que la diffusion des TIC permettrait d'accélérer le processus de développement en aidant les pays à brûler les étapes du développement.

de fer qu'il allait réunir les peuples d'Europe en une seule agora. Un siècle après, il n'en est encore rien. Avec la société de l'information, nous pensons réduire de façon durable les fractures entre les peuples, parions qu'au siècle à venir, ces fractures resteront ouvertes. Nous sommes dans le domaine de l'utopie, de la croyance, de la passion, mais nous naviguons également dans la duperie. Celle des hommes politiques appelés à entretenir l'espoir de leurs électeurs, celle des techniciens, soucieux de garder leur prestige, celle des maîtres du réseau, soucieux de développer leur marché. Comme l'indique Jacques Ellul en parlant de la technique, nous sommes bien en présence d'un bluff :

> « ... *bluff gigantesque, dans lequel nous sommes pris, d'un discours sur les techniques qui ne cesse de nous faire prendre des vessies pour des lanternes et, ce qui est plus grave, de modifier notre comportement envers les techniques. Bluff des hommes politiques, bluff de médias (tous), bluff des techniciens (quand au lieu de travailler à leurs techniques, ils font des discours), bluff de la publicité... Et quand je dis bluff, c'est que l'on charge maintenant les techniques de centaines de réussites et d'exploits (dont on ne pose jamais ni les coûts, ni l'utilité, ni les dangers) et que la technique nous est dorénavant présentée expressément à la fois comme seule solution à tous nos problèmes collectifs (le chômage, la misère du monde, la crise, la pollution) ou individuels (la santé, la vie familiale et même le sens de la vie)... Et il s'agit bien de bluff parce que dans ce discours l'on multiplie par cent les possibilités effectives des techniques et que l'on voile radicalement les aspects négatifs.* »[387]

LES RAISONS DES « ÉCHECS »

Le SMSI a été – et reste – un rendez-vous important pour l'ensemble de la communauté mondiale, même si à Genève, il n'a pas donné les résultats escomptés. Communica CH (regroupement d'une quarantaine d'associations suisses) explique dans son rapport qu'

> « *une des raisons principales de cet échec réside dans le choix fait par les Nations unies pour en confier l'organisation à la seule Union Internationale des télécommunications* »[388].

Cette agence spécialisée de l'ONU, ajoute-t-il, est à caractère foncièrement technologique (accessoirement réglementaire), alors que la problématique propre du sommet est essentiellement sociétale. Il aurait

---

[387] Jacques Ellul, *Le Bluff technologique*, Hachette, Paris, 1988, pp.12-13.

[388] « Le SMSI, un sommet qui oublie la société et l'information », Le *temps.ch* du 4 décembre 2003.

donc été préférable, compte tenu de son contenu thématique (éducation, culture, organisation de la société, média...), que l'organisation du sommet eut été confiée à l'Unesco, infiniment mieux armée et organisée pour ce genre de mission.

En ce qui concerne la « *réduction de la fracture numérique* », un des pré requis pour mettre en place une Société de l'information, plusieurs freins ont été constatés à savoir :

- la quasi absence d'engagement financier des pays industrialisés[389] ;

- la prise de conscience très tardive de la société civile des pays en développement concernant la problématique du développement et sa traduction dans le domaine de l'usage des TIC...

Le sommet a donc failli à définir des politiques publiques novatrices et à dégager les moyens financiers conséquents nécessaires. Ni la proposition de créer un « *fonds international de solidarité* », ni le soutien aux logiciels libres, ni la liberté d'expression n'ont trouvé d'écho immédiat au sommet.

Tous ces problèmes sont, toutefois, à inscrire dans le cadre général de la crise des organisations mondiales et du fonctionnement multilatéral. En effet, les acteurs impliqués au SMSI sont issus de pays ou de structures avec des idéologies, des intérêts et des pratiques différents. Déjà, les États membres du système des Nations unies sont en profond désaccord sur les finalités mêmes de la coopération multilatérale dont le SMSI a été la plateforme visible. Les ressortissants des pays du Sud soutiennent que la société de l'information doit s'attacher à la réduction des inégalités économiques, sociales, technologiques au profit des pays déshérités formant l'écrasante majorité de la planète. Les pays du groupe occidental, pour la plupart, acceptent, sur le principe, la rectification de certains déséquilibres, mais estiment que celle-ci doit se faire dans la durée et pas forcément en multipliant les mécanismes. Mais il y a aussi derrière ce débat, la question de l'usage des fonds, aussi bien dans les pays du Sud, qu'au sein des organisations internationales. Les États-Unis par exemple se prononcent contre l'augmentation des cotisations et fustigent le mauvais usage des fonds dont 66 % seraient destinés aux salaires des fonctionnaires et autres dépenses administratives. Mais l'autre raison non exprimée est sans doute la lassitude face à nombre de dirigeants véreux confondant souvent les caisses de l'État et leur poche. Il y a là comme un cercle vicieux dans la mesure où, il y a une forte corrélation entre les niveaux de corruption et de pauvreté. Plus le pays est pauvre, plus grand est le risque de ne pas voir aboutir les efforts

[389] La phase de Genève a connu un déficit de 1 285 000 francs suisses

effectués dans le cadre de la solidarité numérique. Il y a plusieurs raisons à cela, tout d'abord, le faible niveau des salaires dans la fonction publique pousse à la petite corruption et la tension qui existe entre l'offre et la demande de services publics génère davantage d'occasions de recourir à la malversation. Ensuite, il y a l'inefficacité des contrôles et du système judiciaire et enfin, le faible niveau d'éducation qui maintient les citoyens dans l'ignorance de leurs droits et ne leur permet pas de participer à la vie politique.

LA QUESTION DE LA MISE EN ŒUVRE DES DÉCISIONS

Une des questions fondamentales de la société de l'information est celle de la mise en œuvre de son projet dans la mesure où il ne suffit pas simplement de décider d'un *Plan d'action*, encore faudrait-il que celui-ci soit appliqué. Conformément à l'*Agenda de Tunis pour la société de l'information*, le mécanisme de mise en œuvre du SMSI au plan international devrait tenir compte des principaux thèmes et des grandes orientations énoncés dans le Plan d'action de Genève. Les lignes d'action retenues sont les suivantes :

- C1. Le rôle des instances publiques chargées de la gouvernance et de toutes les parties prenantes dans la promotion des TIC pour le développement
- C2. L'infrastructure de l'information et de la communication
- C3. L'accès à l'information et au savoir
- C4. Le renforcement des capacités
- C5. Établir la confiance et la sécurité dans l'utilisation des TIC
- C6. Créer un environnement propice
- C7. Les applications TIC (administration électronique, commerce électronique, téléenseignement, télésanté, cybertravail, cyberécologie, cyberagriculture, cyberscience)
- C8. Diversité et identité culturelles, diversité linguistique et contenus locaux
- C9. Média
- C10. Dimensions éthiques de la société de l'information
- C11. Coopération internationale et régionale

Conformément aux propositions soumises au PrepCom-3, de nombreuses délégations souscrivent à une approche multipartenaire de la coordination faisant intervenir une ou plusieurs des principales institutions spécialisées des Nations unies, qui chacune aurait la responsabilité d'une grande orientation du *Plan d'action* en fonction de son domaine de compétence spécifique. D'autres délégations préféreraient que le secrétaire général de l'Organisation des Nations unies soit chargé de gérer le processus de coordination.

Mais même si l'idée a été fortement soutenue (une commission a travaillé essentiellement sur la question lors du PrepCom-3), cette mise en œuvre se fait sur fond de divergence. La difficulté essentielle vient du fait que les différentes déclarations et décisions du SMSI n'ont pas été le fait d'un consensus véritable. A cet effet, lors du sommet de Genève et celui de Tunis, la société civile a publié sa propre déclaration de principes et au sein même de la société civile l'accord est loin d'être acquis.

A propos des accords, nous ne saurions ignorer cette exigence des États-Unis lors du PrepCom-3 de la deuxième phase au sujet de la partie opérationnelle. Le représentant de ce pays a insisté pour que soit modifiée la phrase suivante du chapitre quatre.

> *« L'édification d'une société de l'information sera une opération de longue haleine. Nous nous engageons donc à rester pleinement mobilisés, aux plans national, régional et international, pour assurer le suivi dans la durée de la mise en œuvre et des accords pendant le processus du SMSI ».*

Il était important pour les États-Unis de remplacer le mot « *accords* » par « *décisions* », ce qui laisse sous-entendre que ce pays n'a pas approuvé un certain nombre de décisions du SMSI.

Au bout de moult discussions, la phrase publiée dans l'*Agenda de Tunis* est la suivante,

> *« L'édification d'une société de l'information inclusive privilégiant le développement sera une opération de longue haleine qui fera appel à de multiples parties prenantes. Nous nous engageons donc à rester pleinement mobilisés, aux plans national, régional et international, pour assurer une mise en œuvre et un suivi durables des résultats et des engagements obtenus pendant le processus du SMSI et pendant les phases de Genève et de Tunis du Sommet... »*[390].

S'il faut noter, à l'actif du SMSI, qu'il a mobilisé des dizaines de milliers de personnes[391], il est aussi juste de souligner qu'il a été le lieu d'expression

---

[390] SMSI, *Agenda de Tunis pour la société de l'information*, SMSI, Tunis, p.14.

[391] Au sommet de Genève, clôturant sa première phase, le SMSI a rassemblé plus de 11 000 participants, 175 États membres, 50 chefs d'États et de gouvernements, plus de 3 300 membres

d'utopies de toutes sortes. Mais au-delà de l'enthousiasme général, le bilan du SMSI en matière de participation à la réalisation des objectifs du millénaire est loin d'être positif. Le SMSI n'a donc pas abordé de façon précise la question de l'usage des TIC pour la réduction de la pauvreté, l'amélioration de la santé, l'alphabétisation...

La place accordée au secteur privé ne pouvait qu'orienter le SMSI dans l'optique d'une marchandisation de l'information. La société de l'information ne s'appuie-t-elle pas sur la libéralisation des télécoms ?

Vue sous cet angle, la société de l'information risque fort de renforcer la domination de l'économique sur le social. Ceci est encore beaucoup plus grave dans des pays en développement où l'autorité de l'État est souvent très faible et où le tissu économique local est très désorganisé.

Mais, au-delà de l'économique, c'est la question de la culture qui est posée ici. Tout en reconnaissant que le SMSI a accordé une place importante à la diversité culturelle, nous pouvons nous interroger sur les moyens consacrés à la réalisation de cet objectif dont l'importance a d'ailleurs été reconnue à travers la signature d'une convention à l'Unesco. Il est tout à fait facile de comprendre que si les États peuvent s'engager dans cette voie, l'application de la diversité culturelle repose pour beaucoup dans le génie des inventeurs qui pour la plupart, travaillent pour le compte des maîtres du réseau.

---

de la société civile, 514 membres du secteur privé, 87 organisations internationales, plus de 1 000 journalistes. En outre, plus de 300 événements ont été organisés en marge du sommet.

A l'issue de sa deuxième phase, le sommet de Tunis a réuni 19 401 participants dont 60 chefs d'État et de gouvernement, 6241 représentants de la société civile, 5 857 participants du secteur privé et 979 journalistes. L'exposition organisée en marge du sommet a réuni 328 partenaires représentant 64 pays et 35 multinationales de renom. En outre, 100 ateliers de coopération et de partenariat entre les entreprises économiques ainsi que 309 manifestations parallèles ont été organisées.

CHAPITRE II
LA FRACTURE NUMÉRIQUE AU CŒUR DU DEBAT

Si la question de la réduction de la fracture numérique est devenue progressivement le centre du processus du SMSI, il était évident, pour la plupart des acteurs du SMSI, que celle-ci était intrinsèquement liée au développement. Pour mettre les nouvelles technologies au service de l'amélioration du bien-être, il faut que les personnes concernées puissent les utiliser et donc y accéder. C'est donc sous fond de recherche d'amélioration du bien-être que de nombreux projets ont été réalisés.

La société américaine SolarPC a mis sur le marché de la fracture numérique *SolarLite,* un ordinateur à 100 euros, mais sans écran. La société AMD *(Advanced Micro Devices)* a mis au point le *Personal Internet Communicator,* un boîtier pour se connecter à Internet à 249 dollars. La société taïwanaise VIA radios clubs a lancé en juin 2005 *Terra,* un ordinateur personnel pour 250 dollars. L'entreprise indienne Encore Software a élaboré des prototypes à moins de 250 dollars. Toutefois, le projet le plus remarquable de ce sommet reste l'ordinateur à 100 dollars présenté par Nicholas Negroponte, directeur des laboratoires de recherche du MIT (*Massachusset Institute of Technology*). Ce projet dénommé « *one Laptop Per Child* » (un ordinateur par enfant) a pour ambition de permettre à tout enfant de disposer d'un portable, en particulier dans les pays pauvres. L'ordinateur est très robuste, son clavier est protégé par un caoutchouc spécialement conçu pour affronter des conditions climatiques rudes. Il est imperméable à l'eau, à la poussière et à la saleté. Le prototype a été conçu par Design Continuum, société basée à Boston. Il répond au cahier des charges du MIT : un prix inférieur à 100 dollars, un processeur à 500 Mhz fourni par AMD, 1 Giga octet de mémoire flash[392] pour stocker les informations, un module *Wi-Fi* (*Wireless fidelity*), 4 ports USB *(Universal Serial Bus),* un écran *LCD* (écran à cristaux liquides) qui peut passer de la couleur au monochrome pour consommer moins d'énergie. Le portable est muni d'une batterie qui peut fonctionner jusqu'à 2000 cycles de rechargements. C'est quatre fois la durée d'une batterie de portable commercial. Le portable

[392] La mémoire flash possède les caractéristiques d'une mémoire vive, mais les données ne disparaissent pas lors de la mise hors tension.

est équipé de logiciels libres et d'une manivelle pour charger la batterie. Largement médiatisé, ce projet bénéficie du soutien financier de grands groupes tels AMD, Google, News Corp et Red Hat. La production de ce portable de la taille d'un livre a commencé en 2006. Son lancement a eu lieu au mois de mai de cette même année dans six grands pays du Sud, dont deux en Afrique subsaharienne, deux en Amérique latine et deux en Asie. Selon Nicholas Negroponte, chaque pays pressenti devra commander au moins un million de postes, pour une facture de 100 millions de dollars. Le nombre de commandes confirmées en 2008 est d'environ 700000 ordinateurs. Pour cette institution, la question du prix ne se pose vraiment pas, l'objectif étant de trouver des partenaires comme la Banque mondiale ou des organisations philanthropiques, pour soutenir le projet[393]. Le Secrétaire général des Nations unies, Kofi Annan, a abondé dans le même sens en précisant que ces postes ne représenteront aucun coût pour les principaux bénéficiaires, autrement dit les enfants, car financés par « *des donateurs ou dans le cadre d'accords* »[394]. Il a également indiqué que ces ordinateurs seront confiés aux ministères de l'éducation des pays concernés, qui les achemineront auprès des enfants.

Mais, au-delà de l'effet médiatique produit, l'incertitude demeure, dans la mesure où le prix d'un tel équipement dépend très peu de sa conception technique mais surtout de sa production. En effet, pour être le moins cher possible, la réduction de la taille du portable importe peu, il faut une production massive de l'appareil. La phase de Genève, par exemple, a fait la promotion du Simputer, l'ordinateur du pauvre, conçu et réalisé par des chercheurs indiens. Malheureusement, le Simputer n'a pas eu le succès qu'on lui prédisait.

Par ailleurs, le projet du MIT s'inscrit dans un univers concurrentiel insensible à toutes considérations humanitaires. La société Intel, qui au départ, soutenait le projet, a développé son propre ordinateur à bas prix pour les pays émergents : le Classmate PC. Nicholas Negroponte, a accusé Intel de vendre le Classmate PC en dessous des coûts de production pour mieux évincer OLPC (*one Laptop Per Child*). Des pays comme le Nigeria et la Libye ont préféré le produit d'Intel.

Cette focalisation excessive et exclusive sur les aspects techniques et financiers doit être relevée. La fracture ne se situe pas uniquement à ce niveau. Elle est aussi le décalage entre les modes de pensée, les univers

---

393 Nicholas Negroponte, *Cérémonie de présentation de l'ordinateur à 100 euros*, Palais d'exposition du Kram, Tunis 2005.

394 Présentation de l'ordinateur à 100 euros, Palais d'exposition du Kram, Tunis 2005.

d'utilisation, les besoins exprimés et les formes d'expression de ces besoins. Elle est dans les usages, mais aussi dans le regard que les uns et les autres posent sur ces objets. Mais, quoi qu'il en soit, prétendre qu'une machine comblera, à elle seule, le « *fossé numérique* » revient à faire preuve d'une singulière crédulité et la tentation est grande de dire « *Halte aux absurdités technologiques* »[395]. A-t-on suffisamment réfléchi sur les conséquences d'une généralisation de l'Internet dans les pays en développement ?

Au-delà même de la question des contenus, il y a une subordination technique inévitable tant que ces pays n'ont pas développé leur propre industrie. Il y a le risque d'accroissement des écarts tant qu'ils n'auront pas mis en place des systèmes d'aide sociale performants. Or, cette focalisation sur la technique, au détriment des autres aspects, guide actuellement les pratiques des organisations internationales[396] et particulièrement le PNUD qui, depuis son rapport de 1991, affiche sa croyance au « *leapfrogging* ».

APPROCHE THÉORIQUE DE LA FRACTURE

Si la fracture numérique est considérée comme un frein à la bonne circulation des savoirs et donc au développement, des questions sur sa réalité ou son importance restent posées. Relevons que le terme est en soi aussi ambigu que celui de « *société de l'information* » auquel il est rattaché. D'abord, parce que la fracture suppose la préexistence d'un tout harmonieux, ce qui est loin d'être le cas, puis parce que la notion de fracture recouvre des réalités multiples et diverses. Dans son acception la plus commune, la fracture apparaît comme une délimitation de territoires, très différents les uns des autres. C'est d'ailleurs cette différence que fait apparaître Thabo Mbéki dans sa célèbre phrase : « *il y a plus de téléphones à Manhattan que dans toute l'Afrique* ». Cette approche est également celle d'Abdoulaye Wade, quand il propose de dessiner le serpent numérique, c'est-à-dire, « *la bande quantitative de la société de l'information* »[397], en établissant une moyenne technologique du pays, une photographie fondée sur un certain nombre d'indicateurs comme le nombre d'ordinateurs par habitant, la télé densité, le nombre de sites web par habitant, etc.

---

395 Yves Lafargues, *Halte aux absurdités technologiques*, Editions d'Organisation, Paris, 2003.

396 L'Unesco a créé le Réseau informatique régional pour l'Afrique, le PNUD, le programme Internet en Afrique, l'Organisation internationale de la francophonie a créé le Fonds francophone des inforoutes.

397 Abdoulaye Wade, « fossé numérique et solidarité numérique », *Le Monde*, 7 mars 2003.

Cette approche *physico-physiologique* de la fracture s'appuie, dans la plupart des cas, sur des données quantitatives excluant ou minorant toute prise en compte des autres éléments contextuels. Or, nous savons les limites de ce mode d'observation et/ou de catégorisation en « *connectés et non connectés* » qui considère qu'une connexion est celle d'un ménage et un compte e-mail, celui d'un individu. Cette façon de voir les choses n'est pas nouvelle. Les études sur la radio, la télévision ont déjà révélé ce genre d'erreurs. Mais, même si elles sont montrées du doigt actuellement, tous les experts s'accordent sur l'existence d'une fracture dont le traitement a d'ailleurs vite été trouvé : réduction par manœuvre externe. C'est dans cette optique que de nombreuses ONG, aussi bien du Nord que du Sud, se mobilisent pour assurer l'accès à tous, suivant le principe de la solidarité numérique.

LA MESURE DE LA FRACTURE NUMÉRIQUE

Le « serpent numérique »

Pour Abdoulaye Wade[398], il s'agit de définir deux lignes, les marges numériques (idée inspirée de celle de marges de fluctuations monétaires et de « *serpent monétaire* »[399] décidés entre deux ou plusieurs pays qui veulent aboutir à des convergences de stabilité relative) :

- la marge inférieure en dessous de laquelle se trouvent les sociétés exclues, principalement les pays du Sud ;

- la marge supérieure, qui aurait pu se trouver au niveau des pays qui ont atteint ou frisent la saturation comme les États-Unis par exemple.

Entre les marges se trouverait l'espace de la société d'information standard.

---

398 Abdoulaye Wade, *op.cit.*

399 Dénomination familière du système monétaire en vigueur à l'intérieur de la Communauté économique européenne d'avril 1972 à mars 1979. Il était caractérisé par des marges maximales de fluctuation des taux de change de ± 2,25 % entre deux devises de la zone, l'ensemble variant lui-même de ± 2,25 % par rapport au dollar, d'où la métaphore du «serpent dans le tunnel»

L'indice d'opportunité numérique

Publié conjointement par l'Union Internationale des Télécommunications (UIT) et la Conférence des Nations unies pour le Commerce et le Développement (CNUCED), le rapport intitulé *World Information Society Report 2007 Beyond WSIS* (mai 2007) fournit les chiffres de développement des TIC à travers le Monde. Le rapport emploie l'indice d'opportunité numérique (DOI) développé par la plateforme d'opportunité numérique. Il est fondé sur 11 indicateurs d'ICT, groupés dans 3 catégories : l'opportunité, l'infrastructure et l'utilisation.

Digital Opportunity Index 2005/06, WORLD average (Source ITU)					
Economy	Opportunity 2005-2006	Infrastructure 2005/2006	Utilization 2005/2006	Digital Opportunity Index 2005-2006	World Rank 2005/2006
Afrique (moyenne)	0.55	0.08	0.04	00.22	140
Amérique	0.87	0.27	0.20	0.45	78
Asie Pacifique	0.82	0.26	0.14	0.40	92
Europe	0.97	0.50	0.28	0.58	39

Les pays classés bas en matière d'opportunité numérique		
Afghanistan	Asia	180
Angola	Africa	166
Bangladesh	Asia	157
Benin	Africa	154
Bhutan	Asia	131
Burkina Faso	Africa	176
Burundi	Africa	174
Cambodia	Asia	163
Central African Rep.	Africa	179
Chad	Africa	182
Comoros	Africa	164
D.R. Congo	Africa	183
Djibouti	Africa	146
Equatorial Guinea	Africa	150
Eritrea	Africa	167
Ethiopia	Africa	178
Gambia	Africa	142
Guinea	Africa	173
Guinea-Bissau	Africa	168
Haiti	America	147
Lao P.D.R.	Asia	151
Lesotho	Africa	159
Madagascar	Africa	169
Malawi	Africa	172
Mali	Africa	171
Mauritania	Africa	144
Mozambique	Africa	170
Myanmar	Asia	177
Nepal	Asia	165
Niger	Africa	181
Rwanda	Africa	175
S. Tomé & Principe	Africa	126
Senegal	Africa	136
Solomon Islands	Oceania	156
Somalia	Africa	158

Sudan	Africa	135
Tanzania	Africa	160
Togo	Africa	138
Uganda	Africa	162
Vanuatu	Oceania	143
Yemen	Asia	137
Zambia	Africa	153
Botswana	Africa	123
Cameroon	Africa	149
Congo	Africa	161
Côte d'Ivoire	Africa	152
Cuba	America	132
Ghana	Africa	148
Honduras	America	125
India	Asia	133
Indonesia	Asia	121
Kenya	Africa	145
Libya	Africa	122
Nicaragua	America	124
Nigeria	Africa	141
Pakistan	Asia	139
Papua New Guinea	Oceania	155
Sri Lanka	Asia	128
Swaziland	Africa	130
Tajikistan	Asia	140
Turkmenistan	Asia	134
Uzbekistan	Asia	129
Zimbabwe	Africa	127

L'indice d'accès numérique

L'UIT a établi un indice d'accès numérique (DAI) prenant en compte des variables comme l'accessibilité financière, l'existence d'infrastructures, le niveau d'éducation, la qualité des services... Quant à l'accès numérique, les pays sont classés en quatre catégories selon leur niveau d'accès excellent, bon, médiocre ou faible. Ce nouveau mode de calcul a surpris puisque les États-Unis n'apparaissent qu'en 11ème position, les 10 premiers de la liste étant des pays asiatiques et européens (la France étant classée 23 eme). Il apparaît, toutefois, que le contingent des pays du monde ayant un indice d'accès numérique faible est composé à 40% de pays francophones d'Afrique subsaharienne et que 17 des 25 (68%) derniers pays du monde sur 178, classés selon l'indice d'accès numérique, sont francophones et sont en Afrique subsaharienne.

Global map of digital inclusion 2005

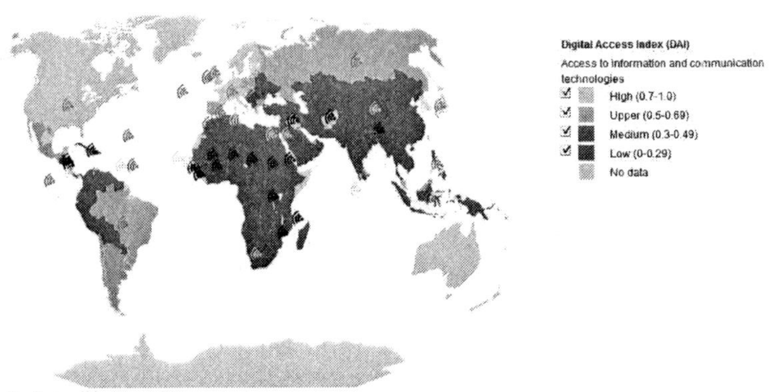

Source Fonds de solidarité numérique

LES FORMES DE LA FRACTURE

La fracture par l'accès

Dans son acception courante, la fracture apparaît comme une délimitation de territoires très différents les uns des autres : d'une part les connectés et de l'autre les non connectés. Cette approche est mise en avant dans la plupart des débats sur la société de l'information. Mais, depuis quelques années, suite aux démarches menées dans les pays occidentaux en vue de la réduction de la fracture entre milieu rural et milieu urbain, d'autres disparités sont apparues : l'inégalité entre ceux qui disposent de l'accès haut débit et ceux qui doivent se contenter d'un accès réduit, ceux qui peuvent se payer une connexion permanente (coût indépendant du temps de connexion) et ceux qui continueront à payer à la durée…

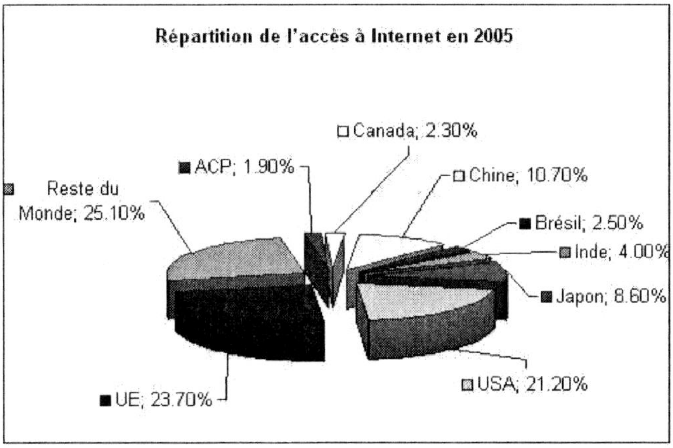

Source FSN

Toutefois, les efforts entrepris dans l'amélioration de l'accès, notamment dans les pays du Nord suscitent quelques interrogations. L'équipementier en télécommunications Alcatel-Lucent a annoncé le 28 mars 2007 que ses équipes de recherche aux Etats-Unis et en France ont établi un record mondial de transmission optique à 25,6 térabits par seconde (Tbit/s, soit mille milliards de bits de données) sur une seule fibre, soit une bande passante suffisante pour transmettre les données de plus de 600 DVD (*Digital Video Disc*) par seconde. Nous sommes donc passés de débits en kilobits, mégabits, puis en gigabit à des *terabits*. Avec 2 *terabits* on transfère l'équivalent d'une bibliothèque entière ; avec 10 *terabits* on transfère l'ensemble des collections imprimées de la bibliothèque américaine du Congrès en une seconde. Mais la course ne s'arrêtera pas avant d'avoir atteint des *petabits*, des *exabits*, des *zetta* c'est-à-dire mille milliards de milliards de bits et pourquoi pas des *yotta* ?

La question trop peu posée est celle la nécessité de cette course à la puissance quand on sait que 10 giga octets suffisent pour stocker près d'un million de pages, soit une bonne bibliothèque. Avec 2 *petabits*, on transfère en une seconde l'ensemble des bibliothèques américaines de recherche, avec 2 *exabits*, on obtient le transfert en une seconde du volume total de l'information générée en 1999 dans le monde entier. Le *zetta* permettrait de transférer en une seconde cent fois plus d'informations que l'ensemble de l'information créée par les êtres humains depuis le début de l'humanité.

La fracture par l'usage

Outre le fait que les technologies ont rarement été utilisées de la façon que les inventeurs les avaient imaginées, les usagers se les approprient de manières différenciées. C'est à ce niveau que se situe la fracture par l'usage. La complexité des nouvelles technologies et de l'interactivité qu'elles permettent occasionne des niveaux d'usages qui s'appuient sur les différences culturelles et économiques. Il ne s'agit donc pas seulement d'être connecté, encore faudrait-il savoir se servir « *efficacement* » des outils. L'expression de « *non connectés absolus* » fait référence à ceux qui ne disposent d'aucun accès physique au réseau et celle de « *non connectés relatifs* » désigne ceux qui, bien que disposant d'accès, ne sont pas efficaces dans leurs usages.

Pour analyser les compétences numériques – c'est à dire la capacité à utiliser les TIC de manière efficace et autonome une typologie de ces compétences a été élaborée par, Jan Steyaert et Jos De Haan[400], Vendramin & Valenduc[401] ; Van Dijk[402]... Ils distinguent trois niveaux de compétences numériques : les compétences instrumentales, structurelles (ou informationnelles) et stratégiques.

Les compétences *instrumentales* ont trait à la manipulation du matériel et des logiciels. Les compétences *structurelles* ou *informationnelles* concernent la nouvelle façon d'entrer dans les contenus en ligne, c'est-à-dire chercher, sélectionner, comprendre, évaluer, traiter l'information. Les compétences *stratégiques* concernent l'aptitude à utiliser l'information de manière proactive, à lui donner du sens dans son propre cadre de vie et à prendre des décisions en vue d'agir sur son environnement professionnel et personnel.

---

[400] Jos De Haan, Jan Steyaert, *Geleidelijk digitaal – een nuchtere kijk op de sociale gevolgen van ICT*, Sociaal en Cultureel Planbureau (SCP), Den Haag (La Haye), 2001.

[401] Patrick Vendramin, Gérard Valenduc, *Internet et inégalités – Une radiographie de la « fracture numérique »*, Éditions Labor, Bruxelles, 2003.

[402] Van Dijk, The deepening divide – Inequality in the Information Society, Sage, London, 2005.

La fracture par le contenu

En matière de contenu, seule compte l'information utile et appropriable. L'abondance d'informations sur l'Internet est donc plus une illusion entretenue qu'une réalité effective. En effet, les contenus réellement utiles restent peu nombreux. Ce vide ou la faible usabilité de l'Internet explique en partie la fracture numérique. L'écart qu'il peut y avoir entre la quantité d'information reçue et le sentiment d'être mieux informé est à prendre en considération. De même que le fait de disposer davantage d'argent s'accompagne généralement de plus de dépenses, l'augmentation de la quantité d'informations entraîne des interrogations nouvelles, accentuant ainsi le degré d'incertitude et donc le besoin d'informations. Mais, au-delà du besoin, évoquons avec Jean Baudrillard[403], la nausée que provoque la société de l'information, l'obésité, le grossissement et la surabondance de l'information. Cette nausée est davantage ressentie dans les pays en développement où les populations sont appelées à consommer des informations issues d'un univers complètement différent et souvent mal adapté.

Dans la lutte contre la déshydratation orale, par exemple, il est souvent conseillé d'utiliser les sels de réhydratation orale permettant selon les experts de l'OMS de sauver des millions de vie et de diminuer la gravité des cas de diarrhée aiguë. Malheureusement, le sodium et le glucose n'étant disponibles que dans les pharmacies des villes, les populations rurales africaines ont du mal à trouver des ingrédients de substitution. Cette campagne révèle donc une inadaptation des messages à la capacité culturelle des bénéficiaires, ainsi qu'à leur univers de vie. La question de la diététique de l'information et du dégraissage de l'obésité informationnelle trouve ici tout son sens.

Or, le SMSI ne s'est pas préoccupé de débarrasser la société de cette obésité caractéristique de l'homme moderne dans son désir de tout stocker, de tout mémoriser, d'aller à l'inutilité la plus totale. Bien au contraire, il s'agit d'augmenter la bande passante pour toujours plus de contenus. Si la balance des flux mondiaux d'information est déficitaire pour les pays en développement, c'est que ces derniers sont submergés d'informations inutiles, de sujets qui ne les concernent pas ou qui ne sont pas à la hauteur de leur intelligibilité. Cela est d'autant vrai que la plupart de ces informations proviennent des sociétés où la vitesse a été érigée comme modèle comportemental, où l'accumulation des biens est une valeur

---

403 Jean Baudrillard, *Les stratégies fatales*, Grasset et Fasquelle, Paris, 1983.

collectivement partagée. Mais dans le domaine de l'information et de la communication, « *un message qui contient le maximum d'informations, du fait même de sa submergeante nouveauté, est totalement inintelligible et dépourvu de signification* »[404].

Autrement dit, trop d'information tue l'information. La mesure de la société de l'information et l'inefficacité des solutions proposées montrent leurs limites.

Il y a, à n'en point douter, un déplacement de problématique pouvant s'expliquer par des raisons économiques et politiques qui implique à la fois les acteurs du Sud et leurs partenaires du Nord. La question n'est pas celle de la connexion, mais celle de la production et de la revalorisation des savoirs locaux, plus adaptés aux besoins des populations. Bien entendu, les nouvelles technologies peuvent aider à la valorisation de ces savoirs, à leur circulation, à leur partage, mais il y a sur ce point comme un *a priori*, tacite et réel, qui nous semble dérangeant.

La fracture décisionnelle

Une fracture souvent ignorée est celle qui sépare les « *maîtres du réseau* » des autres, c'est-à-dire ceux qui contrôlent l'Internet, qui en régulent l'usage et les simples utilisateurs. En effet, si la société de l'information se veut « *égalitaire* », les conditions de sa réalisation doivent revêtir des formes démocratiques. Or, tout se passe comme s'il y avait d'un côté les décideurs et de l'autre, ceux qui doivent accepter de se fondre dans la nouvelle société. Évidemment, les arguments des uns et des autres sont louables d'où la difficulté de trancher. Le fait est que « le système » reste dirigé, par souci « *d'efficacité* », à partir des États-Unis et ni la mobilisation de la société civile mondiale, ni celle des autres chefs d'État n'y peut rien.

Fracture cognitive

La notion de « fracture cognitive » a été introduite pour inviter les dirigeants de tous pays à « *ouvrir la voie à une forme* "intelligente" *de développement humain et durable.* » Ce terme apparaît notamment dans le célèbre rapport *Vers la société des savoirs*. Ce rapport précise que aujourd'hui plus que jamais, la fracture cognitive sépare les pays dotés de puissants

---

[404] Abraham Moles, *Sociodynamique de la culture*, Mouton, Paris, 1967, p.118.

potentiels de recherche et d'innovation, de systèmes éducatifs performants, de lieux de savoir et de culture ouverts au plus grand nombre et les autres nations, aux systèmes éducatifs déficients, aux institutions de recherche démunies[405].

La fracture cognitive va bien au-delà des questions d'accessibilité ou de participation au réseau global. La question mise en avant est celle du mode d'emploi, de la méta-information, de ces informations qui nous permettent de comprendre et de décoder l'information. Elle fait référence à la connaissance car si l'ordinateur et les réseaux, dont l'Internet, permettent de chercher, de recueillir ou d'échanger de l'information, ils ne donnent pas la connaissance. La connaissance s'acquiert, souvent au prix d'efforts dans un contexte social donné et est de nature individuelle; elle ne s'échange pas comme on le fait avec des données ou de l'information.

Avant même de considérer l'existence (ou l'inexistence) de réseaux téléphoniques et d'alimentation électrique dans les pays pauvres, l'approche cognitive permet de mettre l'accent sur la capacité ou non de faire usage de ces technologies, de donner un sens à l'information, d'apprendre ou de transformer les contenus nouvellement accessibles en valeur sociale ou économique. Ainsi, le principal enjeu n'est pas seulement la disponibilité des machines et des logiciels mais la capacité de les produire. En effet, seules les connaissances permettent de produire d'autres connaissances contrairement à l'information.

De la fracture à la diversité cognitive

La fracture cognitive existe, mais elle n'est pas seulement cet écart entre les possédants et ceux qui ne possèdent pas. Elle est aussi dans la façon dont les uns et les autres jugent ou accordent la valeur à une information donnée. L'idée est donc de considérer qu'il y a en dehors de la rationalité scientifique, d'autres rationalités...Cette argumentation entre dans la droite ligne de la Convention sur la diversité culturelle signée à l'Unesco le 20 octobre 2005. En effet, les pays qu'on considère souvent comme des pays sans information, sans culture, sans histoire, voire immatures, disposent d'un certain nombre de connaissances importantes pour leur survie et la protection de leur milieu d'expérience. Ils ont des connaissances que nous avons du mal à apprécier. Pour échapper à nos propres carences, nous les taxons d'ignorants. Mais, si nous nous retrouvons dans le désert du

[405] Unesco, *Vers les sociétés du savoir*, Unesco, Paris, 2005, p.5.

Kalahari, notre ignorance apparaîtra au grand jour. Nous verrons le *hoodia*, nous ne saurons pas qu'il peut nous aider à survivre. Nous ne saurons pas nous orienter en fonction de la couleur du sable, de la direction du vent, de l'emplacement du soleil, du bruit des oiseaux...Nous serons certainement incapables de survivre. Seulement, nous refusons de nous considérer comme des ignorants. Plus grave encore, nous ignorons notre ignorance et pire, nous essayons de donner au monde pour modèle notre civilisation en crise, celle-là même qu'il faudrait réformer[406].

La mise en avant de la fracture cognitive induit la nécessité d'encourager les pays en développement à produire plus d'informations. Or, la diversité cognitive suppose de changer de perspective et d'opter pour la valorisation des savoirs déjà existants. La question de la fracture cognitive est donc à relativiser, peut être à substituer par celle de diversité cognitive qui suppose que nous savons tous des choses, mais que nous ne savons pas les mêmes. La diversité cognitive c'est plus que la tolérance, la reconnaissance des modes de pensée et de rationalités différentes. C'est le choix de l'équilibre juste dans l'universalité diversifiée.

Loin de croire à l'égalité par les TIC, les différentes formes de fracture nous rappellent l'existence de classes ou de différences sociales. Même si les nouvelles technologies ont souvent fait penser à la possibilité d'un monde où les inégalités entre les pauvres et les riches, les hommes et les femmes seraient réduites, tout cela reste du domaine du rêve. La réalité est celle d'une insertion sociale des technologies qui épousent les formes actuelles de la société et qui exprime les inégalités sociales, la disparité des « *capabilités* ». Rien de plus normal puisque la société de l'information n'est pas un nouveau monde qui se substitue à l'actuel que nous savons rempli d'imperfections. Les injustices, la pauvreté, les inégalités, la criminalité ne s'effaceront pas d'un simple clic.

Ces modes de communication viennent donc se superposer aux fractures existantes mais n'en constituent pas le socle. La fracture existe parce qu'il y a des inégalités de revenus, parce que près de 2 milliards d'êtres humains n'ont pas accès à l'électricité, parce que la moitié de la population vit avec moins de 2 dollars par an. Le résultat, est que 82 % de la population ne représentent que 10 % des connexions Internet dans le monde. Le fait que notre vision soit, à ce point, biaisée, s'explique par notre conception de la fracture. Celle-ci est en effet influencée par la logique technique[407] ou techno-

---

406 Edgar Morin, *Le Monde*, 1er janvier 2003, p.62.

407 Le technicisme consiste à affirmer que chaque innovation technique apparaît à point nommé pour résoudre les grands défis des sociétés contemporaines.

logique qui est à l'opposé de la logique sociale de mise en place des technologies nouvelles. Cette techno-logique apparaît, d'ailleurs, parfois, comme un objectif en soi[408]. C'est l'idéal social exprimé à travers la société de l'information et pour lequel se battent des milliers d'acteurs dans le monde.

La société de l'information devient de ce fait la technopolis, utopie de société idéale où l'usage généralisé et obligatoire de la technique dans chaque activité quotidienne assurera le bonheur. Le discours sur la réduction de la fracture numérique va, parfois, jusqu'à refuser ou ignorer le droit des peuples à ne pas s'insérer dans la société de l'information. La « dictature techniciste », au détriment de toute considération éthique, morale ou culturelle est courante. Elle est subtile, policée, parée de symboles démocratiques et pavée de bonnes intentions. Dans leur discours, précise Scardigli, les technicistes tiennent un langage officiel dans lequel l'instrument technique n'est pas une fin, mais un outil au service de la finalité économique et sociale. Pourtant, au détour d'une phrase ressort une conviction plus intime : les avantages de l'innovation sont très supérieurs aux nuisances, l'innovation technique est fondamentalement bonne, elle contribue au bonheur de l'humanité.

La techno-logique, selon Scardigli, peut aussi être comprise comme une logique d'action des possesseurs ou des promoteurs d'une innovation technique. Cette logique est celle de *Microsoft*, de CISCO, du MIT et de bien d'autres sociétés ou organisations qui se sont lancées dans la lutte contre la fracture numérique. Comment alors situer le rôle de l'Unesco, de la Banque mondiale, des villes du Nord dans leur volonté de soutenir le Sud ?

Ceci est certainement une démarche humaniste, mais elle peut aussi être une stratégie de prise ou de renforcement de pouvoir. En investissant dans les nouvelles technologies, les pays en développement alourdissent considérablement leur dette vis-à-vis des pays du Nord. Loin de nous l'idée d'un complot du Nord contre le Sud, mais quand le transfert se fait en termes d'action solidaire, il s'opère souvent un déplacement de la solidarité, de la réduction de la pauvreté, voire de l'amélioration de la santé vers l'équipement en TIC. C'est pourquoi, il convient d'approcher de façon critique les différentes politiques dites de *e-inclusion*.

---

[408] Victor Scardigli, *Le sens de la technique*, PUF, Paris, 1992.

QUELLE POLITIQUE DE *E-INCLUSION* ?

Pour réduire la fracture numérique, les différentes parties prenantes envisagent d'établir des passerelles (*digital bridges*) qui relieraient les différents territoires avec l'idée de développer un monde uni, dans lequel toutes les contrées seraient connectées par des autoroutes (de l'information) à haut débit. Cette « *réconciliation de la grande famille humaine* », pour reprendre les termes d'Al Gore, nous ramène à la pensée de Marshall McLuhan (le « *village global* ») souvent contredite par le fait que la société est un ensemble complexe qui ne peut être réduite au simple fait technologique. En effet, il est essentiel de ne pas considérer les TIC ni comme une fin en soi, ni comme une solution aux problèmes et d'utiliser les possibilités offertes par ces outils pour répondre aux besoins préexistants des populations. Aussi, afin d'en mesurer les effets (accentuation des disparités, augmentation des discriminations, désocialisation ou, au contraire, appui au développement), il devient nécessaire de mettre en place des observatoires disposant d'indicateurs fiables. En effet, il s'agit ici de développer une véritable capacité de suivi, d'évaluation, d'analyse prospective… en vue de permettre aux populations respectives de tirer le meilleur avantage de leur intégration dans la société de l'information.

Sur un tout autre plan, il convient de rappeler que l'introduction et la pérennisation des TIC sont intimement liées à la qualité des cadres réglementaires aux niveaux national ou régional[409]. Le développement de la recherche, tout comme le développement de l'industrie y jouent également leur rôle.

FRACTURE DIGITALE OU FRACTURE SOCIALE ?

Les différentes parties prenantes engagées dans la réduction de la fracture numérique oublient souvent que les différences statistiques sur lesquelles elles se basent ne sont rien d'autre que le reflet de la fracture socio-économique. En effet, si nous considérons que l'une des conditions nécessaires à l'intégration des TIC dans les pays en développement est l'équité, c'est-à-dire, le fait de donner les mêmes chances aux populations du Sud et du Nord, aux populations rurales et urbaines, aux alphabètes et aux

---

[409] Au Sénégal, par exemple, malgré le fait que la société privée Metissacana ait réussi à fidéliser sa clientèle et à la développer (9 000 abonnés), le monopole de France Télécom, via la Sonatel, a causé sa perte dans la mesure où elle n'a pas été autorisée à élargir sa bande. L'entreprise a donc été victime de son succès.

analphabètes, aux femmes et aux hommes..., nous sommes appelés à mener en parallèle une réflexion sur les causes de l'inégalité. De l'avis de nombreux experts, celles-ci dépassent le cadre strictement technologique.

L'une des avancées de l'étape de Genève (SMSI) aura été de s'accorder sur le fait que la société de l'information ne peut se réaliser que dans les meilleures conditions d'éducation, de santé et de production. En conséquence, il convient d'adopter une vision systémique qui prenne en compte tous les facteurs liés à l'épanouissement et au développement humain. Nous savons, par exemple, qu'en Afrique le taux de mortalité des enfants de moins de 5 ans est de 140 pour 1000, que seul 58 % de la population a accès à l'eau potable, que le taux d'alphabétisation des plus de 15 ans ne dépasse pas les 41 %, que le taux d'équipement téléphonique est de 18 lignes pour mille habitants, que le revenu annuel par habitant (430 dollars) est 62 fois inférieur à celui des habitants des pays les plus riches (26 500 dollars par an)...[410]

Ces inégalités sont des freins non négligeables à la mise en place d'une société de l'information au service du développement. La question n'est donc pas de réduire la fracture numérique, mais de transformer les TIC en opportunité numérique. Il s'agirait, comme l'a annoncé Adama Samassekou, de redonner de l'espérance aux populations du monde en offrant comme vision de la société de l'information qui s'annonce celle d'une société de la connaissance et des savoirs partagés[411]. Parler d'opportunité numérique oriente le débat vers la prise en compte des usages dans la mesure où il ne s'agit pas uniquement de combler le fossé, d'assurer les connexions, d'augmenter la vitesse et la masse d'informations, mais d'aborder les outils numériques à travers les possibilités qu'ils offrent pour résoudre les problèmes posés à l'homme.

ENTRE ASSIMILATION ET INTÉGRATION NUMÉRIQUE

Si nous nous en tenons aux expériences antérieures d'insertion des TIC dans les pays en développement, trois types de comportements se dégagent, à savoir : l'assimilation, l'insertion et l'intégration numériques.

---

[410] Source Observatoire des inégalités (http://inegalites.fr).

[411] La nécessité de transformer la fracture numérique a été citée comme enjeu du SMSI, par Adama Samassekou, président de la phase de Tunis, lors de son interview du 12 septembre 2003 sur RFI (http://www.rfi.fr/fichiers/MFI/econmomiedeveloppement/1016.asp)

Assimiler c'est rendre semblable. Celui qui s'assimile oublie qui il est et s'efforce d'imiter ceux auxquels il veut ressembler. La situation devient beaucoup plus complexe lorsque deux ou plusieurs cultures différentes sont appelés à vivre en contact prolongé. La culture la plus forte impose peu à peu sa domination aux autres. Ceux-ci obéissent à un instinct collectif de conservation et résistent. Mais en général, le groupe dominant garde l'initiative dans les principaux domaines de la vie collective : politique extérieure, politique intérieure générale, mise en valeur du territoire. Mais, comme collectivités sociales, les minorités nationales sont graduellement obligées de se soumettre bon gré mal gré aux pressions et aux directives de la majorité. Elles abandonnent toute résistance organisée lorsqu'elles ont totalement perdu la liberté d'agir collectivement. C'est alors qu'on parle d'assimilation.

L'assimilation sociale apparaît donc comme un processus par lequel un ensemble d'individus, habituellement une « minorité », et/ou un groupe d'immigrants se fond dans un nouveau cadre social, plus large, qu'il s'agisse d'un groupe plus important, d'une région ou de l'ensemble d'une société. Dans le cadre de la société de l'information, l'assimilation se rapporte à une vision dominatrice des technologies de l'information sans réellement se préoccuper des utilisateurs. L'essentiel ici étant de doter les pays en développement du matériel nécessaire en attendant que les utilisateurs s'adaptent à la technologie. Cette vision anime encore beaucoup de donateurs qui trouvent d'ailleurs dans la solidarité numérique, l'occasion de se débarrasser d'ordinateurs jugés peu performants. L'assimilation est donc une forme de mépris, autrement dit,

> *« un comportement qui est injuste en ce que, avant même d'atteindre les sujets dans leur liberté d'action ou de leur porter un préjudice matériel, il les blesse dans l'idée positive qu'ils ont pu acquérir d'eux-mêmes dans l'échange intersubjectif »*[412].

L'assimilation est donc un déni de reconnaissance. Elle se présente comme un rabaissement, l'impossibilité de se voir confirmer la valeur positive de soi, dans l'autre.

Processus qui conduit une personne à trouver une place reconnue dans la société, l'insertion peut prendre plusieurs figures : insertion professionnelle, sociale, globale... Elle est la remise en contact avec le milieu de travail ou la réadaptation au marché du travail. L'insertion sociale concerne l'accompagnement social de la personne. L'insertion sociale globale désigne

[412] Axel Honneth, *La lutte pour la reconnaissance*, Paris, Cerf, 2008, p.161.

un ensemble d'actions d'accompagnement personnalisé visant un effet global d'interventions croisées (emploi, soins, logement, culture, éducation). Elle tient compte des conditions d'accueil dans le nouveau monde en donnant la possibilité aux particularismes d'origine de s'exprimer.

Du latin *integrare,* action de faire entrer une partie dans le tout, l'intégration constitue une des fonctions du système social, assurant la coordination des diverses fractions de celui-ci, pour assurer le bon fonctionnement de l'ensemble. D'une part, elle désigne un état du système social (cohésion sociale), d'autre part, l'intégration désigne la situation d'un individu ou d'un groupe qui est en interaction avec les autres groupes ou individus (sociabilité). L'intégration s'oppose donc à la marginalité ou à l'exclusion. Toutefois, le processus d'intégration est asymétrique parce que soumis à des rapports de forces et des rapports d'intérêt très différents selon les parties qui s'intègrent. L'intégration passe par la reconnaissance. Elle est un processus social indispensable à la réalisation de soi en tant que personne autonome. Ce processus revêt différentes formes qui relèvent de trois sphères normatives : l'amour, le droit et la solidarité[413]. Dans le cadre de la société de l'information, l'intégration suppose que les promoteurs aient pris la peine d'associer les nouveaux membres à la définition des conditions d'intégration et du rôle qu'ils auront à jouer dans la « *société numérique* ». Œuvrer pour l'intégration équivaut donc à adopter une démarche différente de celle observée jusqu'ici, consistant essentiellement à greffer les nouvelles technologies dans des systèmes sociaux existants.

Il est évident qu'un grand effort reste à faire dans la mesure où les TIC ont été développées dans un contexte particulier suivant des normes culturelles et sociales de quelques pays. La création du Simputer par les chercheurs indiens ou l'acquisition des récepteurs numériques Worldspace par les habitants de Bankilaré révèle ce besoin de matériel adapté aux conditions locales. Cette expérience de radio rurale numérique s'est développée au Niger, l'un des pays les plus pauvres du monde. Elle a été menée dans le cadre d'une initiative dénommée « RURANET/CID » : Réseau des Radios rurales et centres d'information pour le développement. A la suite d'une demande faite par des femmes de Bankilaré, petit village de l'Ouest du pays, a été installée une radio rurale, afin de rompre leur isolement et de s'informer sur les événements les concernant. C'est une volonté de prise en charge et de développement communautaire qui a guidé

[413] Axel Honneth, « Reconnaissance et reproduction sociale », Payet J.-P., Battegay A. (dir.), *La reconnaissance à l'épreuve. Explorations socio-anthropologiques,* Villeneuve d'Ascq, Presses universitaires du Septentrion, 2008, pp. 45-58.

la demande. Le choix en matière d'équipement a été celui d'utiliser un émetteur canadien (*Wantok Enterprises Ltd*) présentant des facilités d'utilisations, fonctionnant à l'énergie solaire, habituellement utilisé par les Inuits. Grâce à ces installations satellitaires mises à disposition par la fondation *World Space*, il a été réalisé, en juillet 2000, une première mondiale, l'envoi à partir de Washington et la réception à Bankilaré, de documents numériques (pages, cartes et photos de prévisions météorologiques) reçus dans une localité sans électricité et téléphone. Les habitants de Bankilaré se sont dotés de radio *Worldspace*.

Mais, au-delà du choix de matériels et des actions menées, comment croire à la possibilité d'une réduction de la fracture quand nous savons que la question du manque d'infrastructures, revenue à la mode, a déjà été au centre des préoccupations de la communauté internationale ?

En 1982, par exemple, la *Conférence plénipotentiaires* de l'UIT adoptait une résolution qui a conduit à la création, en mai 1983, de la Commission Maitland. Le mandat de la Commission indépendante consistait à identifier les obstacles entravant le développement de l'infrastructure en matière de communication et à recommander des moyens favorisant l'essor des télécommunications dans le monde. En janvier 1985, la Commission présentait son rapport intitulé « *Le chaînon manquant* ». L'objectif fixé dans « *le rapport Maitland* » était qu'au début du XXIe siècle pratiquement tous les hommes puissent accéder facilement au téléphone et profiter de tous les services rendus par les télécommunications. De nombreux efforts ont été accomplis :

En 1985, on dénombrait moins d'un million de téléphones mobiles et on ne comptait que quelques dizaines de milliers d'utilisateurs de « l'Internet » (le World Wide Web, la Toile, n'existait pas encore).

Fin 2005, on compte environ deux milliards de téléphones mobiles et quelque 750 millions d'utilisateurs de l'Internet dans le monde entier.

Ces efforts n'ont malheureusement pas effacé les inégalités d'accès aux télécommunications. Mais au-delà d'une approche comptable, il s'agit de changer de vision et de considérer la fracture numérique autrement. En effet, celle-ci n'est pas due à un faible niveau infrastructurel, mais à l'incapacité des pays concernés à réaliser leur infrastructure, à fabriquer le matériel et produire les contenus dont ils ont besoin. La grande différence avec les acceptions courantes, c'est que nous ne nous situons pas dans une logique où il va falloir offrir du matériel, essentiellement. Notre option est celle du développement des capacités financières, culturelles et matérielles. Il s'agit, pour reprendre les termes d'Amartya Sen, de libérer les *capabilités*. Nous posons la question de la liberté de créer un environnement technique satisfaisant. C'est cette liberté qui fait la différence entre l'individu-consommateur et l'individu-acteur. Notre approche tient compte de l'échelle individuelle, locale, nationale mais aussi internationale. La fracture numérique est une question complexe qui dépasse les législations nationales et va au-delà de la volonté du citoyen confronté à l'irréductibilité de certains hommes politiques véreux. Si l'aide financière a souvent été détournée, qu'est-ce qui garantirait que les ordinateurs portables à 100 dollars ne fassent pas l'objet d'un commerce crapuleux ? Il y a également, au-delà de la fracture, la question de l'intérêt. Quel avantage auraient les pays en développement à faire partie d'un système dont ils ne contrôlent ni les tenants ni les aboutissants ? Augmenter le nombre de clients de Microsoft, le nombre de pages vues de *Google* ?

La fracture numérique est également à examiner à partir des débats sur le NOMIC. À ce sujet, le désaccord sur l'origine du déséquilibre des flux d'information est patent. La réponse étasunienne au NOMIC se posait en termes techniques : aider les pays en développement à créer ou renforcer leurs infrastructures afin de mieux partager avec eux les bénéfices de la révolution technologique. Mais pour les pays en développement, cet argument restait tout à fait insuffisant car le problème comportait une dimension qualitative : le respect de l'identité culturelle des peuples. Le NOMIC impliquait avant tout une libération des esprits et des mentalités, sans rejeter nécessairement le principe de la libre circulation de l'information.

Appliqué à la société de l'information, il s'agirait, au-delà des possibilités techniques accrues, de décoloniser l'information circulant dans la société de l'information. En effet, l'inégalité des flux persiste. Le schéma est celui du Nord qui déverserait ses connaissances vers le Sud, le contraire étant plus difficile à réaliser. Ce modèle n'est donc pas celui du partage, mais de la transmission des savoirs d'un sujet connaissant, vers un « *récipient vide* ». Or, nous savons que le Sud a également beaucoup à apporter au Nord dit développé. Ceci dépend toutefois du regard que nous posons sur le Sud, des stéréotypes qui l'accompagnent…Mais comment rééquilibrer les circuits de l'information mondiale sans en altérer en même temps le libre jeu ? Inversement, comment maintenir la liberté de circulation sans perpétuer l'inégalité des structures existantes ?

Ces questions ont déjà été posées, mais elles restent d'actualité.

CHAPITRE III
L'INSOLUBLE QUESTION DU FINANCEMENT

La question du financement des plans d'action s'est souvent posée dans les différents projets de l'ONU, mais la crise du financement est encore plus profonde aujourd'hui. Il y a des raisons à cela :

- les finances publiques ont tendance à baisser partout dans le monde ;
- les richesses créées par les réseaux électroniques sont particulièrement concentrées auprès d'entités privées, sans retombées sur la collectivité ;
- de nouveaux besoins en financement pour une société de l'information se développent.

C'est pour ces différentes raisons que de nombreux acteurs se sont battus pour en faire une des préoccupations majeures du SMSI. La proposition ayant attiré le plus d'attention est celle exprimée à travers le principe de solidarité numérique.

LE PRINCIPE DE LA SOLIDARITÉ NUMÉRIQUE

Ce principe est en décalage avec les fondements idéologiques du SMSI (néolibérales). Concept ancien, la *solidarité* lie la responsabilité et le destin de chacun à ceux de tous, de sorte que chacun doit affronter les problèmes rencontrés (ou provoqués...) par un seul membre du groupe. C'est donc une démarche naturelle de personnes qui choisissent d'assister d'autres personnes. Cette prise en compte de la dépendance des uns vis-à-vis des autres rappelle le « *principe d'obligations sociales réciproques* » de Kant[414] avec notamment le concept « *d'impératif catégorique* »[415].

Ce principe premier de Kant est comme un principe d'équité : tout ce qui vaut moralement pour une personne doit valoir pour tous les autres qui sont dans une situation semblable. Cette idée, trouve sa force dans le principe initial d'égalité dans la personnalité. Il n'existe pas d'être supérieur et d'être inférieur. Chacun est capable au nom d'impératifs catégoriques (survie, solidarité familiale, respect des autres), qu'il révèle, de réagir aux

[414] Emmanuel Kant, *Critique de la raison pratique*, PUF, Paris, 1949.

[415] Un impératif est une détermination de la volonté qui prend la forme d'une contrainte et s'exprime par le biais du verbe « devoir » : tu dois. Un impératif est catégorique lorsqu'il n'est pas hypothétique, mais qu'il se pose comme absolu.

contraintes. La personne la plus économiquement sous-développée est mon égale en rationalité.

La charte du Fonds de solidarité numérique (FSN) stipule dans son préambule : « Nous devons unir nos efforts pour donner naissance à une société de l'information démocratique, solidaire et durable fondée sur le dialogue, sur l'accès libre aux connaissances et aux savoirs dans le respect des droits universels de l'être humain, de la justice sociale et économique et du respect de la nature... cet engagement requiert un changement dans nos habitudes et nos comportements. Il exige d'accepter les nouveaux liens d'interdépendance résultant de la mondialisation et un nouveau sens de nos responsabilités. Il fait appel à notre capacité d'imagination et à une vision solidaire de notre développement… »[416].

C'est précisément cette nouvelle vision qui s'exprime à travers le principe de solidarité numérique dont le but est la résorption du fossé digital grâce à des contributions individuelles. Il repose sur l'engagement volontaire des autorités publiques et/ou des entités privées qui décident de mettre en œuvre un nouveau mécanisme de financement du développement. Le but recherché ici est donc de dépasser le stade institutionnel pour faire en sorte que chacun contribue de façon responsable à l'édification de cette société nouvelle. En effet, chaque être humain, famille, organisation, institution, a un rôle primordial à assumer.

LE FONDS DE SOLIDARITÉ NUMÉRIQUE

Le Fonds de solidarité numérique (FSN) est une initiative lancée par le Président Wade de la République du Sénégal, en sa qualité de coordonnateur du volet NTIC du NEPAD (Nouveau partenariat pour le développement de l'Afrique), à l'occasion du sommet mondial de la société de l'information (SMSI). A la base du FSN se trouve le souci d'assurer le développement personnel (physique, mental et intellectuel, possibilité d'accéder à l'éducation, à la santé et à l'emploi), communautaire (contribuer à la justice économique et sociale, garantir les droits de l'homme et les libertés fondamentales), patrimonial (patrimoines de l'humanité, diversité culturelle).

La charte définit quatre types d'objectifs : assurer un accès équitable et abordable aux TIC et à leurs contenus à toutes les personnes, promouvoir cet accès, en tant que droit fondamental qui doit être réalisé tant au niveau du

[416] Charte du Fonds de Solidarité Numérique, http://www.dsf-fsn.org/fr/18-fr.htm.

domaine public que privé indépendamment des fluctuations du marché, de la croissance et des questions de rentabilité, garantir l'accès à l'information et aux savoirs à tous pour contribuer à l'autonomie et à l'épanouissement de chaque personne, réduire les inégalités économiques, sociales et culturelles entre les info-riches et les info-pauvres.

Ressources du Fonds de solidarité numérique

Le FSN résulte de la mobilisation des contributions volontaires souscrites par différents acteurs. Il s'agit d'une contribution de 1 % sur les marchés publics relatifs aux technologies de l'information, payée par le vendeur sur sa marge (fabricants d'ordinateurs et d'équipements de réseaux, concepteurs de logiciels, opérateurs de télécommunications, distributeurs de produits liés aux TIC, structures associatives de la société civile).

Si les sommes collectés restent insuffisantes au regard des objectifs prédéfinis, à Tunis, pendant et après la cérémonie d'inauguration, de nombreux donateurs se sont engagés à fournir un appui et des contributions. C'est notamment le cas du Nigeria, de l'Algérie, du Maroc, de la France, de la Guinée Equatoriale, du Kenya, du Ghana, de l'Agence intergouvernementale de la francophonie, de la Ville de Paris, de la région italienne du Piémont, de la région française de Rhône-Alpes, de la Communauté urbaine de Lille, du Pays Basque (Espagne), de Curitiba (Brésil), de Saint-Domingue (République dominicaine), de Dakar (Sénégal), de Genève, de Delémont (Suisse)...

Concernant l'implication du secteur privé, le FSN a signé un partenariat stratégique avec Hewlett Packard, Ncomputing, Wesekey...

Mais à l'issue du Sommet de Tunis, celui-ci n'a récolté que huit millions d'euros de promesses de dons, alors que ses promoteurs espèrent à terme canaliser chaque année des dizaines de millions. En tout cas, à la grande déception des pays en voie de développement, les pays riches ont refusé de se lier les mains par une contribution obligatoire à un fonds de solidarité numérique. Le texte final se contente de se « *féliciter* » de la création de ce dispositif purement facultatif.

L'utilisation des fonds recueillis cible les projets permettant la réduction de la fracture numérique, notamment par le financement :

- de projets structurants à fort impact sur les activités socio-économiques et respectant la diversité culturelle ;

- de la demande non solvable afin de créer de nouvelles activités et à terme, de nouveaux marchés avec la création d'emplois stables ;

- d'équipements adaptés ;

- du développement de contenus locaux, d'applications et de services pour les administrations et les communautés (santé, éducation, etc.), notamment pour les groupes marginalisés (femmes, personnes handicapées, etc.) ;

- de la formation des ressources humaines et de la lutte contre la migration intellectuelle.

Le fonds de solidarité numérique ne servira donc pas à financer les infrastructures :

- 60 % de ses ressources seront allouées à des projets destinés aux populations des pays les moins avancés ;

- 30 % de ses ressources à des projets destinés aux pays en développement ;

- 10 % de ses ressources à des projets destinés aux populations des pays en transition et des pays développés.

Exemples de projets en cours

Plus d'une dizaine de projets sont en cours de réalisation et beaucoup d'autres à l'étude. Ils relèvent du domaine de la santé, de la gouvernance, de la formation et ils sont principalement situés en Afrique et en Asie.

Articuler la lutte contre la fracture numérique à celle contre le VIH/Sida

Ce projet vise à faire contribuer les TIC dans la lutte contre le VIH/Sida au Burundi à travers les actions d'échange d'expérience, de renforcement des capacités et de suivi évaluation, dans le cadre du plan d'action nationale de lutte contre le Sida au Burundi. Il couvre trois provinces du Burundi : Bujumbura, Bururi, Gitega et Ngozi. Il est basé sur le renforcement des capacités dans les structures participantes. La stratégie consiste à se concentrer sur le renforcement des capacités en ressources humaines existantes. Un accent particulier a été mis sur la maintenance de l'équipement des centres participants.

Rétablissement de la gouvernance et de la démocratie locale

Le projet du FSN à Banda Aceh, en Indonésie s'inscrit dans la reconstruction des locaux municipaux de cette ville, détruite par le Tsunami du 26 décembre 2004. Il s'agit d'aider la municipalité à se doter d'outils informatiques et bureautiques nécessaires au fonctionnement de l'administration des services publics essentiels à travers la reconstitution des données sur la population et sur les services publics. Les 10 divisions administratives et les antennes de la mairie ont été équipées avec une centaine d'ordinateurs et d'imprimantes en réseau. Le projet prévoit également la formation du personnel à l'utilisation des nouveaux équipements informatiques (150 personnes) et la reconstitution des archives essentielles pour le fonctionnement des services administratifs et publics de base. En effet, la catastrophe qui a touché l'île de Sumatra en Indonésie, a détruit une grande partie de la ville. 71000 personnes sont décédées sur une population d'environ 264 000 habitants, parmi elles se trouvaient 20% des employés municipaux et 25% du corps enseignant. 60% des équipements et infrastructures ont été détruits ou endommagés (bâtiments, moyens de transports, services), le bâtiment de l'Assemblée municipale s'est partiellement écroulé.

Même si le FSN semble se lancer dans des projets dont les retombées pour la population sont indiscutables, la prudence est de mise quant à la place que doit occuper la solidarité dans la réduction de la fracture numérique. En effet, celle-ci ne saurait être pensée comme le résultat d'efforts à réaliser par les pays du Nord, mais comme une réelle prise en main de leurs besoins par ceux en développement. Or, la « *solidarité numérique* » dont il est question consiste à hisser ceux d'en bas vers la société d'information. « *Le principe de solidarité numérique* » tel qu'il est envisagé par la plupart des protagonistes réduit les bénéficiaires à des consommateurs passifs. Ceci semble paradoxal dans la mesure où de nombreuses expériences d'insertion des technologies ont déjà démontré que l'appropriation ne peut se faire d'en haut. Il serait certes inopportun de rejeter le principe énoncé, mais l'aide ne peut qu'être le complément d'efforts locaux, d'engagements des populations concernées. Il semble que les dirigeants des pays en développement qui mettent la solidarité au centre de leur stratégie ne saisissent pas véritablement les enjeux politiques, culturels et économiques des TIC. En effet, la société de l'information s'inscrit dans un contexte de divergences d'intérêts avec des pays qui veulent garder le contrôle de l'information, les maîtres du réseau soucieux de maintenir leur position commerciale et stratégique et les populations qui tentent d'utiliser ces outils pour améliorer leur bien-être. En même temps que se fait sentir le besoin voire la nécessité d'aider, de partager, se créent des chasses gardées, conséquence du besoin de conserver la suprématie technologique.

La solidarité, tout comme l'aide, sont des notions complexes, même si elles sont au centre de la vie de l'homme. La question de l'aide aux pays en développement peut aider à mieux comprendre la solidarité.

Les motivations de l'aide sont aussi floues que celles de l'acte solidaire. Le premier type d'argument est relatif à l'interdépendance déjà évoquée. Le deuxième est de l'ordre de la géopolitique. L'aide, voire la solidarité, s'explique aussi par le besoin de créer des clientèles. Dans cette perspective, le gouvernement bénéficiaire d'une aide est en effet supposé adopter un comportement favorable au pays donateur. Ces attentes nourries par rapport à l'aide peuvent l'être aussi en matière de solidarité. En effet, celle-ci suppose l'établissement de liens, puisque le donateur sélectionne souvent les bénéficiaires et la part du don à leur attribuer. Le dernier argument se distingue des deux autres en ce qu'il repose dans l'existence d'une communauté d'intérêt entre pays développés et pays en développement. Une aide se justifie ainsi par la possibilité qu'elle donne aux pays en développement de devenir partenaires économiques. Cette conception est proche de la solidarité organique telle que définie par Durkheim[417]. En effet, dans une société, les parties se tiennent les unes aux autres par des relations, compactes, solides. Ce fait, Durkheim l'appelle solidarité. Il distingue la solidarité mécanique de celle organique. La première est celle dans laquelle les individus sont et se vivent comme tous identiques, avec la conscience d'être tous les mêmes dans une situation où les intérêts sont communs. Elle est surtout caractéristique des sociétés archaïques. La solidarité organique est celle où les individus sont et se vivent comme différents mais complémentaires, indispensables les uns aux autres. Elle caractérise surtout les sociétés modernes. Si la troisième considération paraît plus acceptable, la réalité est, malheureusement, souvent différente.

Éric Chambaud, directeur des études à l'Institut français pour la recherche sur les administrations publiques, relève une dimension très peu connue du public et qu'il convient de prendre en compte dans la compréhension et l'analyse des actes dits solidaires.

---

[417] Émile Durkheim, *op.cit.*

« L'aide participe à la fois d'un sentiment de culpabilité et de la manifestation d'un profond cynisme. Ces deux mobiles apparaissent étroitement liés dans la plupart de nos actions »[418].

En effet, explique-t-il, une bonne partie de l'aide liée structurée de telle sorte que les donateurs en perçoivent des retombées directes : plus de 60 % des dépenses reviennent. La notion de l'aide liée désigne une aide conditionnée par l'exigence d'une utilisation de biens et de services du pays donateur et Éric Chambaud précise que la plupart des prêts de la Caisse centrale de coopération économique (CCCE) ainsi que ceux du Trésor sont souvent de cet ordre[419]. La question toute naturelle est de savoir dans quelle mesure le FSN pourrait-il être assorti des conditions de ce type ?

Nous savons que la solidarité engage souvent des contrats tacites qui peuvent s'avérer aussi pernicieux que l'aide liée. En tout cas, elle institue de fait une forme de domination du donateur sur le receveur. Naturellement, l'aide accordée sous le sceau du FSN devrait se distinguer des aides de la CCCE et autres parce qu'elles ne poursuivent pas les mêmes buts. Sylvie Brunel rappelle qu'en matière de coopération technique, « *le taux de retour des salaires est évalué à 70 %* »[420]. Une étude du ministère de la coopération nationale française a tenté au début des années 1980, d'évaluer l'impact de l'aide sur l'économie[421]. Une aide de 100 francs accordée par le Fonds d'aide et de coopération rapporterait, à la France, entre 67 et 72 francs, un retour qui atteindrait les 80 francs pour les dons du CCCE, les 100 francs pour l'aide du Trésor français et les 300 francs pour l'aide multilatérale, en particulier celle qui transite par la BAD (Banque africaine de développement). Le Général de Gaulle n'avait-il pas affirmé que « *la politique de coopération rapportait en réalité plus qu'elle ne coûtait* »[422].

Si l'intérêt de l'aide pour les pays donateurs est évident, il l'est moins pour les pays bénéficiaires, d'où notre distance par rapport à l'enthousiasme ressenti lors de l'inauguration du fonds, en mars 2005. L'autre raison qui nous pousse à prendre de la distance avec la notion d'aide vient simplement du fait que depuis quarante ans, une aide massive n'est pas parvenue à enrayer le sous-développement. Quarante ans ce n'est rien pour la vie d'un État, mais ces années « *sous perfusion* », accréditent « *l'image d'un continent en*

---

418 Éric Chambaud, « Comment nous avons aidé l'Afrique », M'bokolo Élikia (dir.), *Développement, de l'aide au partenariat*, La Documentation française, Paris, 1993, p.171.

419 Eric Chambaud *op.cit.*

420 Sylvie Brunel, *Le gaspillage de l'aide publique*, Seuil, Paris, 1993, p.58.

421 Étude citée par Claude Freud, *Quelle coopération ? Un bilan de l'aide au développement*, Karthala, Paris, 1988.

422 De Gaulle, cité par Marie-France Mottin, René Dumont, *op.cit.*, p.21.

totale faillite, incapable de s'en sortir, qu'il faut sans cesse renflouer »[423]. Difficile dans ce cas de dissocier l'aide au développement du FSN qui, à notre avis, reste la grille de lecture la plus plausible. Peut-être faudrait-il s'inquiéter, à l'instar de Jean Jacques Gabas[424], du frein que constituent les flux financiers déversés dans les pays en développement à son essor économique. Ceux-ci ont été convertis en investissements improductifs, en gonflement de l'administration et en dette extérieure. Pour Peter Bauer[425], l'aide est un obstacle au développement et non sa solution. Elle est un obstacle au développement car elle réduit les peuples à la condition d'assistés. Dans beaucoup de pays, elle a favorisé la mise en place d'infrastructures et d'investissements improductifs qui ne peuvent fonctionner que par sa prolongation permanente. Ceci pose la question de la durabilité des investissements effectués à partir du FSN

En tout cas, au-delà du clientélisme et des mécanismes parfois « *mafieux* » qui régissent l'usage de l'aide, de nombreuses voix s'élèvent pour dénoncer le fait que l'aide est souvent un danger pour les initiatives locales. Le cas de l'aide à l'installation des cybercentres à vocation communautaire (projet ADEN France, États-Unis…) a souvent été dénoncé par les entreprises privées qui, tant bien que mal, arrivent à financer toutes seules leurs cybercafés, évoquant ainsi une concurrence déloyale. Il s'agit d'ouvrir les marchés aux produits d'information et de savoirs qui viennent du Nord, par le moyen d'une libéralisation contrainte ou forcée.

Nous ne pouvons que relever ici, notamment de la part du président Wade, le paradoxe entre la défense du Fonds de solidarité numérique et sa position sur le rapport entre aide et développement. Ce dernier, expliquait, dans son allocution au Parlement européen[426], que la persistance à rester dans cette logique est une erreur puisque aucun pays n'a pu sortir du sous-développement par l'aide, le crédit ou les deux à la fois. Au contraire, ajoute-t-il, le modèle le plus intéressant semble être celui en vigueur dans les pays asiatiques, c'est-à-dire un autre développement fondé essentiellement sur les ressources humaines nationales, l'éducation et la formation qui occupent jusqu'à 70 % des budgets (Japon, Corée, Taiwan).

---

[423] Sylvie Brunel, *op.cit.*, p.8.

[424] Jean-Jacques Gabas, Nord-Sud : l'impossible coopération ?, Presses de sciences po, Paris, 2002.

[425] Bauer, cité par Jacques Brasseul, *Introduction à l'économie au développement*, Armand Colin, Paris, 1989.

[426] Allocution du 22 octobre 2003.

A noter également que la solidarité – qui veut pourtant conduire à une redistribution des richesses – ne profite pas exclusivement aux pauvres, loin s'en faut. Le fait est que notre modèle de solidarité est loin d'être organique. Avec la mondialisation, le monde devient de plus en plus « *un village* » et les populations une seule « *tribu* » au point qu'une catastrophe qui frappe le bout du monde est fortement ressentie dans l'autre. La solidarité qui s'engage alors est donc mécanique et ne s'inscrit nullement dans une logique partenariale ou économique, alors que les fondements de la société de l'information sont économiques. Il y a donc une confrontation, voire une inadéquation de logiques qui n'ont pas encore réussi, à ce jour, à se mettre en rapport. En effet, la logique concurrentielle et la recherche du profit prend souvent le pas sur le social et beaucoup d'actions solidaires sont « *contaminées* » par l'économique. Habermas aborde la question en établissant une juxtaposition entre justice et solidarité[427], une solidarité active des citoyens, qui trouve ses racines dans une forme de vie culturelle commune et se fait l'expression d'une identité collective. La justice appelle la solidarité, il s'agit de deux aspects du même problème. Mais, pour acquérir une capacité d'action, les acteurs doivent apprendre à ne plus seulement se concevoir comme des individualités décidant de manière indépendante mais comme des membres d'une communauté mondiale et à assumer des intérêts universalisables. Ils doivent également prendre conscience du fait que dans les conditions modernes des sociétés démocratiques, leur action est menacée par le pouvoir administratif et l'argent.

Pour ou contre le Fonds de solidarité numérique

Dans le cadre des travaux du SMSI, la solidarité numérique a fait l'objet de débats intenses et houleux. Bien que soutenu par la plupart des pays en développement, beaucoup de partenaires du Nord ne semblaient pas au départ, favorables à la création du FSN. L'Union européenne, par exemple, y oppose deux arguments de poids. Le premier est que les TIC sont au service d'une politique de développement et ne constituent pas une priorité pour elles-mêmes. Le second est qu'un fonds nécessite de solides contrôles, sinon il n'y a pas de garanties. En effet, au regard de certains participants, le problème des pays en développement est d'abord lié à la mauvaise gestion des ressources financières. Injecter des fonds sans changer les pratiques

[427] Jürgen Habermas, « Justice and solidarity on the discussion concerning stage 6 », Thomas Wren (dir.), *The moral domain*, MIT-Press, Massachusset, 1990.

n'aboutirait à rien. Pour d'autres, il s'agit simplement d'éviter d'encombrer le système en multipliant les mécanismes de l'aide financière. Ils soutiennent qu'il vaut mieux revenir aux programmes publics sur le financement des banques de développement comme la Banque mondiale. Mais, au-delà des effets d'annonce, le FSN ressemble fort à une action minimaliste en raison des sommes dérisoires récoltées comparativement à l'estimation des besoins supposés. Ensuite, il confine les pays pauvres dans la position de quémandeurs dont l'horizon d'attente est strictement borné par leur situation de dépendance envers la charité de pays riches. C'est, d'ailleurs, ce dernier argument qui a incité l'association française CSDPTT[428], par exemple, à proposer d'autres solutions jugées plus dignes, comme :

- le retour à un système de tarification du trafic international par répartition tel qu'il était pratiqué avant la réforme de 1998[429], dont la plus-value ainsi dégagée serait affectée à un fonds d'investissement dédié à l'infrastructure des réseaux (selon les experts économiques les plus crédibles, cette plus-value est de l'ordre de 2 milliards de dollars par an) ;

- l'arrêt des services de rappel (« *call-back* ») qui détournent plus de 500 millions de dollars par an de revenus au profit des sociétés étrangères, donc au détriment des opérateurs du Sud ;

- la « *récupération* » progressive du trafic intra-africain (au fur et à mesure du développement des infrastructures des réseaux africains), actuellement assuré à l'extérieur du continent et qui coûte, aux opérateurs de ce continent, de l'ordre de 400 millions de dollars par an, selon l'UIT, pour le seul trafic téléphonique auquel s'ajoute un montant au moins égal pour le trafic Internet ;

- la révision, l'actualisation, le regroupement et le re-dimensionnement adéquat des projets d'infrastructure en cours qui entraîneraient des économies d'échelle importantes.

Dès lors, il est à noter, comme l'a d'ailleurs fait Kofi Annan, que les entraves à la création d'une société de l'information « *sont plus d'ordre politique que financier. Le prix des ordinateurs et téléphones portables va baisser,* [a-t-il ajouté], *ce qui rendra ces équipements plus accessibles à tous* »[430]. Mais, il restera, d'une part, à réaliser les infrastructures permettant de connecter ces

[428] Coopération Solidarité Développement dans le domaine des Postes et Télécommunications.

[429] Traditionnellement, le pays où est facturé l'appel reversait la moitié de cette taxe au pays receveur. Les pays en développement recevaient ainsi des pays développés environ 10 milliards de dollars par an au titre des taxes de répartition. Mais la réforme de 1998 a changé la donne.

[430] Discours de Kofi Annan lors de la cérémonie consacrée au lancement de la campagne « un enfant, un ordinateur », SMSI, Tunis, 2005.

équipements à un réseau et d'autre part, à faire de la société de l'information un espace démocratique d'égal accès pour tous.

Le financement des moyens est une question importante du développement, mais au risque d'aller à contre courant. le FSN ne constitue pas une solution efficace. Les donateurs se trouvent généralement dans un contexte de saturation due à la médiatisation de plus en plus grande des situations d'urgence. Quant à l'absence de financement, elle n'est qu'une conséquence de facteurs que nous avons déjà développés par ailleurs à savoir des facteurs endogènes (régimes politiques, guerres, pauvreté des sols...) et des facteurs exogènes (la structuration du monde avec une législation internationale qui est parfois loin de garantir la cause des plus pauvres, l'influence trop grande d'un certain nombre de multinationales, la domination des pays riches aussi bien dans les relations bilatérales que dans les instances internationales). Le FSN est peut être un début de solution, mais si c'est le cas, beaucoup reste à faire.

CHAPITRE IV
UNE GOUVERNANCE PEU DÉMOCRATIQUE

Le terme français de « gouvernance » a d'abord été utilisé au XIIIe siècle comme équivalent de « gouvernement » pour désigner « l'art et la manière de gouverner ». Partant de cette approche, un rapport du Club de Rome, publié en 1991, a défini la gouvernance comme un mécanisme de commande d'un système social. Ses objectifs sont : fournir de la sécurité, de la prospérité, de la cohérence, de l'ordre et de la continuité. Alexander King et Bertrand Schneider[431] y notent que, pris au sens large, le concept de gouvernance ne doit pas être réservé aux systèmes nationaux ou internationaux mais qu'il doit être utilisé tant pour les gouvernements régionaux, provinciaux et locaux, que pour d'autres systèmes sociaux comme l'éducation, la défense, les entreprises privées et même le microcosme de la famille. Selon le PNUD[432], la gouvernance est l'exercice de l'autorité politique, économique et administrative dans le cadre de la gestion des affaires d'un pays à tous les niveaux. Elle comprend les mécanismes, les processus, les relations et les institutions complexes au moyen desquels les citoyens et les groupes articulent leurs intérêts, exercent leurs droits et assument leurs obligations et auxquels ils s'adressent pour régler leurs différends.

La gouvernance a d'abord intéressé les économistes, à travers notamment la notion de *Corporate governance*[433], avant d'intégrer la sphère politique par le biais des organisations internationales. Si l'on se réfère à l'origine Etats-unienne de ce terme, on s'aperçoit qu'il traduit dans les années 1970 une insatisfaction avec les performances des entreprises, des doutes sur la capacité de leadership des dirigeants des entreprises américaines. En effet, la fin de la Guerre froide et la perte des repères traditionnels de la souveraineté, née de l'accroissement de l'interdépendance, ont provoqué un changement profond dans l'appréhension du politique et de ses institutions. Les entorses multiples à la démocratie représentative et, notamment, le maintien de régimes autocratiques dans les années 1980 et 1990, dans les

---

431 Alexander King et Bertrand Schneider, *The First Global Revolution : A Report of the Council of Rome*, Pantheon Books, New-York, 1991.

432 PNUD, La gouvernance en faveur du développement durable, PNUD, 1997.

433 Notion qui sert à désigner la politique interne de l'entreprise dans le sens d'une gestion des personnes en vue d'une efficacité, d'un rendement et d'un bénéfice maximum.

pays du Sud, ont induit une perte de confiance fondamentale en l'efficacité de la gestion de l'État par le politique, à quelque niveau qu'elle se situe. Cette évolution, conjuguée à la montée des organisations internationales appelées à résoudre des problèmes de plus en plus transversaux, a affaibli la sphère de l'État au profit de la sphère économique et de la société civile. L'effritement du pouvoir étatique, la complexité du système international, l'importance et l'urgence des questions à gérer, ont fait apparaître le concept de gouvernance comme principe d'organisation. Ce principe s'est développé dans un contexte de tensions, de malaises et d'inquiétudes encore accrus par la dénonciation des dysfonctionnements produits par la bureaucratie, par la médiatisation des menaces (catastrophes, maladies, guerres...).

Sur le plan international, la Banque mondiale a joué un rôle moteur dans la diffusion du concept de « *bonne gouvernance* » comme modèle de gestion publique[434]. Pour cette dernière, la gouvernance recouvrirait les normes, traditions et institutions au travers desquelles un pays exerce son autorité sur le bien commun. Elle serait liée à la capacité du gouvernement à gérer efficacement ses ressources, à mettre en œuvre des politiques pertinentes ainsi qu'à l'existence d'un contrôle démocratique sur les agents chargés de l'autorité. Le PNUD rappelle les caractéristiques de la bonne gouvernance à savoir la participation, la transparence et la responsabilité. Il n'existe pourtant pas de modèle idéal, transposable d'une réalité à l'autre. Chaque collectivité se trouve dans une situation et est attachée à des valeurs spécifiques, qui lui imposent des projets adaptés et des modalités particulières de mobilisation des acteurs.

Le Programme des Nations unies pour le développement (PNUD) avance – dès son deuxième rapport en 1991 – l'idée que le sous-développement trouve davantage son origine dans un déficit de responsabilité politique que dans un défaut de financement. L'Etat, le secteur privé et la société civile apparaissent comme les trois acteurs indissociables de la gouvernance. L'Etat a pour vocation de créer un environnement politique et légal ainsi qu'un climat propice au développement humain, en défendant l'intérêt général et le bien public. Le secteur privé crée et fournit des biens et services, des emplois ainsi que des revenus pour les citoyens. La société civile, composée de tous les citoyens, organisés ou non au travers d'associations, a

[434] Développement du contrôle comptable permettant la lutte contre la corruption, construction de cadres juridiques favorisant l'implantation de la libre entreprise internationale, mécanisme de décentralisation des services, etc.

le devoir de mobiliser des groupes de citoyens pour qu'ils participent aux activités économiques, sociales et politiques[435].

Depuis 1992, le terme de gouvernance associé à la démocratisation de la gestion de l'État, figure dans le Rapport mondial sur le développement humain. En effet, pour le PNUD, la gouvernance reposerait sur des mécanismes, des processus et des institutions qui permettent aux citoyens et aux groupes d'exprimer des intérêts, de régler des litiges et d'avoir des droits et des obligations. Ce modèle articule l'État, le secteur privé et la société civile comme trois paliers de la gouvernance suivant une répartition des tâches précise. L'État défend des intérêts pour le bien public, veille à la loi, au maintien de l'ordre et à la sécurité, le secteur privé crée des biens, fournit des services, crée des emplois et la société civile mobilise les citoyens pour qu'ils participent aux activités économiques.

Cette complémentarité d'approches interpelle les dirigeants et renforce leur attente d'action collective en s'appuyant sur les autres piliers de la société. Ainsi, dans la perspective de la société de l'information, la gouvernance apparaît comme

> « *l'élaboration et l'application par les États, le secteur privé et la société civile, dans le cadre de leurs rôles respectifs, de principes, normes, règles, procédures de prise de décision et programmes communs propres à modeler l'évolution et l'utilisation de l'Internet* »[436].

Si cette définition demeure valable, la gouvernance de l'Internet, à l'origine, s'exprimait uniquement en termes de gestion « *technique* » du protocole *IP*[437] et de l'architecture du réseau. En effet, en 1986, le développement et la standardisation ont été confiés à l'IETF (*Internet Engineering Task Force*), mission attribuée par la suite, en 1992, à l'*Internet Society* (IS). Mais, avec le développement spectaculaire du web, le besoin est apparu d'une gestion organisée des noms de domaines, d'où la création de l'IANA (*Internet Assigned Numbers Authority*) dont la mission principale sera de servir d'interface entre les adresses *IP*[438] et les noms de domaine, de gérer les extensions de domaine génériques telles que les.org,.com et.net, ainsi que les différentes classes d'adresses *IP*. Jusque-là, la question posée reste technique et la nécessité d'une gestion politique ne se fait pas encore sentir.

---

[435] PNUD, Rapport mondial sur le développement humain, PNUD, 1991.

[436] Définition tirée du document du président du sous comité A (Gouvernance de l'Internet) du PrepCom-3, Genève 2005.

[437] Ensemble de règles régulant les échanges de données sur un réseau de type internet.

[438] Adresse unique sur l'ensemble du réseau Internet qui permet d'identifier une machine. Elle est généralement présentée sous la forme d'un groupe de 4 nombres.

L'IANA sera remplacée par l'*Internet Corporation for Assigned Names and Numbers* (ICANN) en 1998. Officiellement, l'ICANN est présentée comme une société privée à but non lucratif, de droit californien, sous contrat avec le département du Commerce du gouvernement fédéral des États-Unis dont la mission est de devenir l'institution de consensus mondial chargée de coordonner la gestion du système de nommage. Ce contrat stipule qu'elle a pour fonction « *d'alléger le fardeau du gouvernement et de promouvoir l'intérêt public mondial dans la stabilité opérationnelle de l'Internet* ». L'ICANN est officiellement responsable de la coordination opérationnelle dans trois domaines :

- elle est chargée de coordonner les différents éléments techniques de manière à préserver la connectivité universelle de l'Internet ;
- elle doit superviser l'attribution et le fonctionnement des adresses *IP* ;
- elle doit assurer le bon fonctionnement du DNS (*Domain Name Server*).

De manière générale, l'ICANN devait offrir plus de transparence et de démocratie dans les décisions liées au développement du Net. En plus de la coordination technique du système des noms de domaine, de l'allocation des adresses *IP* ainsi que de la gestion des serveurs racines, l'ICANN était censée aplanir les problématiques de monopole et mettre en place une gestion plus ouverte des ressources liées aux noms de domaine. Depuis le SMSI, dans le cadre de l'édification d'une société de l'information, de nombreuses critiques sont faites à l'ICANN.

LA GOUVERNANCE AU CENTRE DU SMSI

Le Sommet de Tunis a été l'occasion de relancer la polémique à propos du contrôle des États-Unis sur Internet, *via* l'ICANN. La question posée est celle de la mainmise sur des ordinateurs qui ont la particularité de détenir le registre de référence qui permet le fonctionnement de l'Internet. L'autorité en charge du contrôle de ces « *serveurs racines*» est l'ICANN. Le pouvoir de l'État contrôlant cette base de données est gigantesque. D'où la question soulevée par Shirin Ébadi (prix Nobel de la paix) :

« Quelle garantie existe-t-il pour que les gouvernements de ces pays ne puissent, à tout moment, pour des raisons politiques ou d'embargo économique, priver une partie de la population mondiale de l'accès à Internet ? »[439]

L'idée fortement martelée à Tunis a été celle de la nécessité d'une supervision internationale de l'Internet, celui-ci ayant évolué tant en termes de volumes que d'espace, depuis un réseau initial essentiellement états-unien vers un réseau mondial à centres de gravités dispersés (Europe et Asie en particulier). Dès lors, deux visions s'opposent : l'une est favorable à l'internationalisation, l'autre est pour le maintien du contrôle de la « *racine* » par les États-Unis au travers de l'ICANN. Les opposants au contrôle de cet état rappellent que l'internationalisation était un des objectifs ayant motivé la création de l'ICANN : elle semblait chose admise en 1998. Le fait qu'elle n'ait pas été réalisée pourrait être considéré comme une promesse non tenue, le gouvernement américain n'ayant pas avancé avec d'autres gouvernements.

Il est difficile d'accepter qu'un seul État contrôle l'ensemble des États. Deux événements sont venus renforcer les inquiétudes des autres pays. Le gouvernement des États-Unis a imposé son veto à la création d'une extension.xxx pour les sites pornographiques, pourtant préalablement validée par l'ICANN. En outre, une société américaine, Verisign, s'est vue confier, jusqu'à 2012, la gestion du domaine très lucratif.com, sans qu'aucun appel d'offres n'ait été lancé.

LA REMISE EN CAUSE DE L'ICANN

De nombreux acteurs internationaux imaginent mal que l'ICANN prenne des décisions importantes n'allant pas dans le sens des attentes du gouvernement américain. Pour essayer de gommer cette image, l'ICANN a, lors de sa constitution, organisé un vote électronique dans le but de faire élire les représentants continentaux (Afrique, Asie/Pacifique, Europe, Amérique latine et Caraïbes, Amérique du Nord) appelés à siéger dans son comité directeur. Malheureusement, l'ICANN a décidé par la suite de redéfinir son modèle et supprimé du processus décisionnel les représentants élus par les internautes. Désormais, ces derniers doivent être représentés par un nouveau comité appelé *At large advisory committee,* dont les premiers membres sont directement nommés par le bureau. Certains groupes

[439] SMSI, *Déclaration de Shirin Ébadi représentante de la Société civile,* Tunis, 2005, p.2.

d'intérêts économiques, comme *Network Solution (Verisign)*, en charge de gérer les extensions génériques – dont le*.com* – exercent une influence importante dans les négociations et les décisions visant à mettre en place la nouvelle structure de gestion des noms de domaine. D'autre part, bien que se voulant indépendante et à but non lucratif, l'ICANN n'a pas été en mesure de faire barrage à l'application de modèles de l'économie de marché qui ont privilégié les spéculateurs et autres « *cybersquatters* » au détriment du reste de la communauté. Cette orientation vers l'économie de marché est très préjudiciable aux pays en développement souffrant d'un retard technologique et du manque d'infrastructures de transport de l'information. La conséquence immédiate est que certains noms de domaines nationaux ont été confiés à des entreprises privées[440]. Annoncé comme un modèle décentralisé de distribution de l'information, l'Internet souffre d'une centralisation inquiétante du pouvoir.

Sur les 14 serveurs racines répartis dans le monde, seuls 4 ne sont pas situés aux États-Unis. Ils se trouvent au Japon, en Angleterre, en Espagne et en Suède. Les deux tiers des ordinateurs connectés à l'Internet sont localisés aux États-Unis et les principales liaisons à haut-débit entre les États-Unis et l'Europe occidentale passent par Londres. Paradoxalement, les pays en développement et les pays asiatiques paient un prix élevé pour accéder au réseau. En effet, les échanges d'informations entre serveurs racines et détenteurs de noms de domaine représentent un coût de l'ordre de plusieurs dizaines de millions d'euros par an. Notons que 80 à 90 % de ces paquets d'informations transitant par l'Internet passent par les États-Unis, que 80 % environ utilisent du matériel CISCO et des ordinateurs Microsoft.

Une centralisation inquiétante

La centralisation des données aux États-Unis pour l'exploitation des données personnelles à des fins commerciales ou stratégiques (officiellement pour la lutte anti-terroriste) ne fait aucun doute. Les attaques du 11 Septembre et l'utilisation des TIC comme moyen de communication par les terroristes servent d'argument au gouvernement américain. En tout cas, elles renforcent l'importance stratégique de la gouvernance de l'Internet. Personne ne peut donc s'étonner qu'elle ait été un des points d'achoppement du SMSI. Deux positions radicalement opposées se sont confrontés. D'une

---

[440] Le nom de domaine TV (Tuvalu), parmi les plus prisés par les groupes de télévision, a été confié à une entreprise privée américaine.

part la Chine, le Brésil et d'autres pays qui considèrent que la gouvernance d'Internet devrait être multilatérale, préconisant ainsi que celle-ci soit confiée à une organisation intergouvernementale telle que l'UIT. D'autre part, les États-Unis, qui estiment que le modèle actuel permettrait la souplesse, la réactivité et, partant, l'efficacité dans la gouvernance ainsi réduite à la gestion de l'Internet.

En effet, ce pays estime qu'une réforme de l'ICANN freinerait le rythme des innovations du réseau, opposant les entreprises à une « *bureaucratie pesante* » à l'heure d'introduire de nouveaux services, comme la téléphonie via Internet. Le Vice secrétaire au Commerce, Michael Gallagher, a déclaré :

> *« Ce serait comme avoir plus de cent conducteurs pour un seul bus. A l'heure actuelle, nous avons un seul conducteur et jusqu'ici, il a fait du bon boulot »*[441].

Pour David Gross, coordinateur américain pour la politique des communications et de l'information et ambassadeur permanent au SMSI, le sujet n'est pas négociable, c'est une affaire de politique nationale. Il l'a confirmé au PrepCom-3 à Genève, déclarant sans ambages qu'

> *« en aucun cas, notre pays n'acceptera de décision risquant d'altérer la sécurité et la stabilité du système DNS (Domain Name System). Nous garderons notre rôle historique dans la gestion du fichier racine ».*

Malheureusement, aucune modification ne peut intervenir dans la gouvernance de l'Internet sans l'accord des États-Unis. Son gouvernement est d'ailleurs soutenu dans sa position par des grandes entreprises comme Google, IBM, Microsoft, VeriSign et CISCO. Au-delà des avantages qu'elles peuvent tirer d'une gestion centralisée, ces sociétés craignent, en particulier, que de nouvelles taxes leur soient imposées si les États-Unis perdent leur mainmise sur la gouvernance de l'Internet. Dans ce contexte, le SMSI ne pouvait jouer aucun rôle sur la question de la gouvernance, sauf à mobiliser les « *citoyens du monde* » sur la question et à exprimer leurs inquiétudes au gouvernement américain. Mais si cette gouvernance pose autant de problèmes, c'est que derrière elle se cache le « contrôle » du monde. Les enjeux sont politiques, économiques, culturels, stratégiques…

Au-delà du pouvoir effectif, il nous semble juste d'analyser la position américaine au regard du libéralisme économique auquel ce gouvernement est fortement attaché dans lequel l'efficience serait la conséquence du marché (en opposition aux tenants de la réglementation étatique). Dans cette

---

[441] Reuter, 13 novembre 2005.

optique, la plupart des dysfonctionnements seraient la conséquence de l'intervention étatique. Toutefois, les États-Unis n'oublient pas d'utiliser les méthodes souvent attribuées aux « pays rouges » pour assurer sa sécurité et sa suprématie à la fois économique et politique. L'affaire du réseau bancaire international SWIFT en dit long. En effet, les autorités américaines ont, par le biais de la CIA, intercepté des données financières transitant sur ce réseau, jusqu'à ce que l'affaire soit révélée par la presse en 2006. Il y a toutes les raisons de s'inquiéter avec les applications militaro-économiques qui peuvent découler de la généralisation de la vidéosurveillance, du traçage par RFID *(Radio Frequency Identification)*, de la géolocalisation, de la biométrie et surtout de leur convergence.

Quel rôle pour le Forum pour la gouvernance de l'Internet ?

> « *La gouvernance de l'Internet doit être un processus impliquant de multiples parties prenantes, dans lesquels les utilisateurs et les consommateurs d'information décident, à l'échelle mondiale, de s'entendre sur une série de lignes directrices fondamentales touchant à des sujets tels que la sécurité, la protection de la vie privée et l'efficacité* »[442].

Les pays, qui réclamaient une internationalisation de cette gestion, n'ont obtenu qu'une maigre compensation : la création d'un « *forum international pour la gouvernance d'Internet* ». Celui-ci a pour mission de débattre sur des questions concernant en priorité les contenus circulant via l'Internet : spams, cybercriminalité, ainsi que sur le fossé technologique entre pays riches et pays pauvres. Ce Forum, composé de représentants de gouvernements, de la société civile et du secteur privé, n'a aucune autorité contraignante et agit parallèlement à l'ICANN. Sa première réunion a eu lieu à Athènes en 2006, la seconde à Rio de Janeiro en 2007 et la troisième à Hyderabad (Inde) en 2008. Depuis Athènes, l'objectif reste de poser les bases d'un système qui fait dialoguer deux cultures : » la culture des entités non gouvernementales qui se servent de l'Internet et celle, plus formelle, des gouvernements et organisations intergouvernementales.

Toutefois, des interrogations demeurent sur l'efficacité d'une telle structure dans la mesure où les vraies questions, comme l'universalité et la liberté du Web, l'accès pour tous et, plus particulièrement, dans les pays émergents, la taxation du commerce électronique, restent sans réponse. De

---

[442] Yoshio Utsumi, « L'après-Tunis : ce que nous attendons », *Nouvelles de l'UIT*, novembre 2005, p.6.

plus, le pouvoir du Forum se résumera, précisément, à celui de réunir ses participants puisque les textes qui en émaneront n'auront valeur de recommandation ni, *a fortiori*, de caractère exécutoire. Il n'est donc pas étonnant que ce Forum, considéré pourtant par « *les officiels* » comme un réel progrès vers la gouvernance de l'Internet, soit l'objet de polémique. Mais, au-delà de l'ICANN et du Forum, c'est la question de la gouvernance elle-même qui devrait nous interpeller, dans la mesure où celle-ci repose sur une illusion de consensus, de participation voire d'efficacité. En effet, ce modèle part du postulat que le consensus obtenu par la délibération garantirait l'efficacité de l'action publique. Malheureusement, la délibération n'aboutit pas automatiquement au consensus, puisqu'elle peut dans certains cas, exacerber les conflits et conduire au blocage. Rappelons qu'au SMSI, comme dans d'autres rencontres internationales, le souci de chacun des États participants est avant tout de faire en sorte que les règles du jeu, le droit international, la gouvernance mondiale soient favorables aux acteurs nationaux.

La question de la gouvernance n'est donc pas simplement liée au pouvoir et à la gestion technique de l'Internet. Elle est également un facteur important dans la participation des TIC au processus du développement. Les travaux sur le changement social soulignent l'importance de la participation dans l'acceptation de nouveaux schémas comportementaux, ceux sur les usages insistent sur le rôle de l'implication des bénéficiaires de la technologie dans l'appropriation de celle-ci. Ces travaux mettent notamment l'accent sur le fait que la participation a, pour corollaire, la responsabilisation et l'implication dans les processus décisionnaires.

Mais comment impliquer des populations des pays en développement dans des mécanismes de gouvernance internationale aussi démocratiques soient-ils ? Se pose donc la question financière liée aux différents déplacements, mais aussi, de la capacité intellectuelle et technique de certains groupes à faire face aux lobbies en présence. Difficile de ne pas évoquer de nouveau la question de la formation qui, plus que la technologie, est à la base du développement. De nombreux pays, notamment ceux émergents, l'ont compris et ont concentré leurs efforts sur le développement de foyers de recherche locaux ainsi que sur la qualité de la formation. La gouvernance est éminemment stratégique puisqu'elle agit sur l'orientation globale de la société de l'information, en appuyant le développement de tel ou tel autre protocole ou en adoptant tel ou tel autre mode de répartition des domaines. Si la société de l'information en construction doit tenir compte des aspirations des populations, celles-ci doivent évidemment participer à sa construction ainsi qu'aux choix à la fois techniques et politiques opérés par les instances de la gouvernance. La question est donc celle de l'invention d'une forme inédite de participation équitable aux différentes instances de la gouvernance. La capacité de négociation et de conviction des pays en développement est en jeu, mais aussi, leur intelligence dans la construction des alliances et dans l'usage des moyens de pressions dont les uns et les autres peuvent disposer. C'est de la bonne gouvernance dont il est question ici, avec ses deux versants : le local et l'international.

CHAPITRE V
LE COMBAT POUR LA LIBERTÉ D'EXPRESSION ET LES DROITS DE L'HOMME

La société de l'information a permis de nourrir de nombreux espoirs : transparence, expression de tous, égalité, liberté…Elle a favorisé le développement de nombreux forums citoyens et certaines applications comme le vote électronique sont nées de la volonté de les faire participer aux décisions politiques.

On a été récemment émerveillé par la dextérité dont Barak Obama a associé les militants dans sa campagne présidentielle et le rôle majeur joué par Internet dans son élection : Près de 370 vidéos sur la page officielle BarrackTV sur YouTube, plus de 203 000 amis pour le profil officiel de Barack Obama sur MySpace, un million de membres sur le Facebook Barack Obama. Mais si l'Internet est envisagé pour renforcer la démocratie électronique, celle-ci n'est pas apparue avec lui. Elle s'est développée progressivement depuis la seconde Guerre mondiale et l'invention de l'ordinateur. Elle est liée à une nouvelle conception du politique qui ne s'organise plus autour de l'Etat-nation, mais dans un espace virtuel ouvert, déterritorialisé, non hiérarchique, dans lequel des individus pleinement autonomes nouent des relations multiples. Elle renvoie à une vision communautariste, telle que formulée par Howard Rheingold[443], la communauté virtuelle étant la cellule de base du nouvel âge du politique. Celui de la fraternité, l'égalité, la liberté d'expression. La Déclaration universelle des droits de l'Homme de 1948, idéal commun à atteindre par tous les peuples et toutes les nations considère la liberté d'opinion et d'expression comme une liberté fondamentale (article 19) :

> « *Tout individu a droit à la liberté d'opinion et d'expression, ce qui implique le droit de ne pas être inquiété pour ses opinions et celui de chercher, de recevoir et de répandre, sans considérations de frontières, les informations et les idées par quelque moyen d'expression que ce soit* ».

Toutefois, la société de l'information et l'usage des TIC révèlent de sérieux problèmes liés au contrôle. Ce sujet a, d'ailleurs, constitué un angle majeur dans la médiatisation du SMSI. L'importance du sujet a fait du

---

[443] Howard Rheingold, *Communautés virtuelles*, Addison-Wesley, Paris, 1995 (trad. Française).

« *Caucus droits de l'Homme* », celui dont les débats ont été les plus animés. Parmi ses objectifs :

inscrire les droits de l'Homme à l'agenda du Sommet et affirmer leur centralité dans la société de l'information,

élaborer des contributions détaillées pour traduire ces droits dans la société de l'information,

sensibiliser tous les participants et, au-delà, le grand public, à l'importance de leur place dans la société de l'information.

En effet, sans liberté d'expression, il n'y a pas de véritable société de l'information. Celle-ci implique donc la liberté d'opinion, la liberté de parole et d'écrit, la liberté de la presse, le libre accès à l'information et la libre circulation des données et des informations. La sauvegarde de la liberté d'expression n'est pas qu'une simple question de principe, elle est un véritable levier du développement humain et ouvre la voie au partage de l'information et du savoir. Pourtant, à l'issue de la phase de Genève, le *caucus* déplorait déjà que la *Déclaration de principes* se contente d'une référence à la *Déclaration universelle des droits de l'Homme* et, qu'aucun mécanisme ne soit prévu pour la mise en œuvre concrète du respect des droits de l'homme dans la société de l'information. A Tunis, la situation n'a pas évolué même si, lors de la cérémonie d'ouverture, Shirin Ébadi a exprimé la nécessité de former, à l'échelle des Nations unies, une commission indépendante, composée d'experts internationaux pour contrôler et évaluer les pratiques et politiques nationales et régionales en matière de droits de l'Homme, de démocratie et d'État de droit dans le contexte de la société de l'information[444]. Ceci montre le paradoxe entre l'idée selon laquelle la société de l'information faciliterait la liberté d'expression et le respect des droits de l'Homme. Toutefois, sur ce point, les discours officiels des organisateurs du SMSI, sont restés très consensuels. Kofi Annan a bien rappelé « *qu'une société de l'information était impensable sans liberté* »[445], mais les condamnations des méthodes de tel ou tel autre régime

---

[444] Quatorze ONG ont publié un rapport accusant les autorités tunisiennes de restreindre la liberté de la presse en muselant certains flux médiatiques. A côté de ce rapport, plusieurs journalistes se sont plaints de violence de la part des autorités policières. Robert Ménard, secrétaire général de Reporters sans frontières, a été déclaré *persona non grata* et bloqué à l'aéroport de Tunis. Quelques jours plus tôt, Christophe Boltanski (*Libération*) a été gravement blessé par « des malfrats » en présence de policiers tunisiens restés passifs.

[445] SMSI, *Déclaration de Kofi Annan, secrétaire général de l'organisation des Nations- unies*, SMSI, Tunis, 2005, p.2.

ont été quasi absentes. Au-delà des régimes dictatoriaux, la liberté est à envisager sur un plan international. Où commence et où s'arrête-t-elle ?

Il n'est certainement pas utile de rappeler que la liberté des uns s'arrête là où commence celle des autres. La liberté est également, la possibilité de jouir d'un cadre de vie digne et favorable à son épanouissement. Elle consiste à agir selon sa volonté sans être entravé par le pouvoir d'autrui. Les organisations chargées de traiter la question des échanges internationaux, du droit d'ingérence sont souvent restées, hélas trop superficielles, avec les conséquences que l'on connaît. Toutefois, la question de la liberté d'expression ne peut être restreinte au seul vécu de Tunis ou de Genève. Elle interpelle aussi sur l'éventuel rapport entre société de l'information et société sécuritaire. La société de l'information n'est-elle pas devenue une société de surveillance pouvant menacer les libertés individuelles tout en ayant l'ambition de les protéger ?

LIBERTÉ VIRTUELLE OU VIOLENCE ACTUELLE ?

La question qui se pose est celle de savoir si la société de l'information peut continuer à se développer, sans limite et sans contrôle démocratique. Mais, il s'agit là, d'un enjeu hautement stratégique sur lequel ni le SMSI, ni l'ONU ne peut réellement statuer.

Reconnaissons tout de même que l'application de la liberté d'expression pose quelques problèmes surtout quand celle-ci entre en conflit avec d'autres droits. Il est donc logique de s'interroger sur certains contenus circulant dans le réseau. La liberté d'expression ne peut évidemment pas s'appliquer sans limites. Il suffit de penser à la radio des Milles collines et de son rôle sur le massacre des Tutsis. Celle-ci a, en effet, répandu une propagande haineuse contre cette population, devenant de ce fait un des acteurs clés du génocide le plus rapide de l'histoire. De 500 000 à 800 000 Rwandais, en majorité Tutsis, ont été tués en cent jours, du 7 avril au 4 juillet 1994. Malheureusement, ce genre d'exemples sert d'argument aux dictatures qui veulent appliquer la censure dans leur pays. Le cas de la Tunisie a souvent été cité, mais peuvent être ajoutés la Chine, la Thaïlande, l'Arabie saoudite, les Émirats Arabes Unis, les États-Unis et bien d'autres. En effet, des moteurs de recherche comme Yahoo, Google ont accepté de jouer le jeu du gouvernement chinois en censurant certains sites et mots-clés. La Thaïlande interdit l'accès à certains sites sur la politique, le jeu ou la pornographie. L'Arabie saoudite et les Émirats Arabes Unis admettraient ouvertement pratiquer le filtrage de l'Internet. L'affaire Swift dans la lignée de Échelon inscrit durablement les États-Unis dans la mouvance des pays irrespectueux de la liberté d'expression.

Une des conséquences de la facilité d'expression qu'offre Internet est la possibilité de « spammer »[446], c'est-à-dire d'envoyer ces messages indésirables qui aujourd'hui assiègent nos comptes e-mails et nos ordinateurs. Si ces envois sont considérés par leurs auteurs comme l'exercice de leur liberté d'expression, ils sont vécus par la majorité des internautes comme une agression ou violation de leur espace. Malheureusement, parallèlement aux efforts des organismes de luttes contre la « cybercriminalité », se sont développées de nombreuses techniques permettant de brouiller les pistes. Parmi elles, la méthode qui consiste à s'entourer d'ordinateurs zombies[447]. La tendance n'a rien de nouveau, mais elle atteint aujourd'hui des proportions étonnantes. Selon l'éditeur Sophos, près de 40% du « spam » serait aujourd'hui émis par des PC familiaux transformés en zombies. D'autres études indiquent qu'il y aurait entre 500.000 et deux millions de PC zombies dans le monde. Et il s'en créerait plusieurs milliers par jour. La liberté d'expression pose donc la question de la liberté de ne pas communiquer c'est-à-dire la liberté de se déconnecter. Arguant du droit de s'exprimer, les « tyrans » de l'Internet refusent à des millions d'autres individus la liberté naturelle de ne pas écouter. A l'absence de liberté d'expression, se succède la dictature de l'expression, une dictature qui dépasse la simple soumission à l'expression des autres en nous condamnant à devenir des machines à communiquer, sans possibilité de nous y soustraire. La liberté d'expression est devenue injonction d'expression.

Si Internet a été jusque là utilisé en tant que moyen pour atteindre des objectifs relevant de la vie réelle, ce qui est inquiétant c'est qu'il se développe de plus en plus d'actes de violences dans le simple but de nourrir la réalité virtuelle. C'est ce phénomène que les Anglo-saxons appellent le « Happy Slapping », une agression physique réalisée dans le seul but d'être filmée par un téléphone mobile et diffusée sur le Web, pratique qui commence d'ailleurs à alimenter l'actualité en France. Citons en exemple l'agression du professeur du Lycée de Porcheville et la diffusion du film de

---

[446] Le spam, mot d'origine anglaise, désigne les communications électroniques massives, notamment de courrier électronique, sans sollicitation des destinataires, à des fins publicitaires ou malhonnêtes.

[447] Les PC zombies sont des ordinateurs détournés à l'insu de leurs propriétaires et utilisés pour envoyer des courriers indésirables. Les PC ainsi détournés sont généralement des ordinateurs familiaux connectés à Internet par une connexion à haut débit. Ils sont « recrutés » de force par les pirates grâce à l'exploitation d'une faille de sécurité non corrigée ou un virus.

cette agression pris par un téléphone portable. Dans un collège agricole, un élève a été agressé par neuf de ces camarades, pendant qu'un d'entre eux filmait. Dans l'Eure, deux séries de gifles filmées ont été ainsi recensées en début d'année. Leurs auteurs avaient entre 15 et 16 ans. Enfin, beaucoup plus grave, le viol collectif d'une collégienne a fait le tour d'un établissement scolaire de Nice, en début d'année. Il semblerait que ce nouveau phénomène soit une variation du « happy snapping », qui référait au fait de prendre des photos et de conclure des rendez-vous, système actuellement en vogue dans les pays arabes où les relations avec les femmes sont fortement codifiées. Les jeunes utilisent alors le téléphone portable pour discuter et s'envoyer des photos à l'insu de tous[448].

Aujourd'hui, certains amateurs du « *Happy Slapping* » n'hésitent pas à rouer de coups de poing une jeune femme à un arrêt de bus pour le plaisir de faire circuler ces images, qui se veulent drôles. Devant l'ampleur du phénomène, certains établissements londoniens en sont arrivés à enfreindre la liberté d'expression en interdisant les appareils incriminés. Plus récemment encore, le « *happy slapping* » a donné une nouvelle variante qui est le « *happy burning* » qui consiste à mettre le feu à une voiture et à filmer la scène avec un téléphone portable. Au-delà de la liberté d'expression, nous avons ici affaire à une transformation de l'homme par la machine, une machine qui rend fou. Le « happy slapping » est le signe évident d'une société en déconstruction et d'un avenir hypothéqué. Il est la conséquence d'une liberté et d'un désir d'expression de personnes qui n'ont rien d'autre à exprimer que leur débilité. Mais le malaise qu'ils montrent n'est pas en fait le leur, il est celui d'une société en perte de repères, conséquence d'une trop grande spectacularisation. Nous sommes bel et bien dans une société malade de ses communications. Il s'agit moins du portable et de ses ondes que de la société entière qui est en cause ici. La violence des jeux vidéo et du cinéma y sont certainement pour quelque chose, mais aussi la dureté de la vie, l'absence de but, la perte des repères. Le traitement n'est donc pas à trouver dans l'excommunication, ni dans la contre-indication de la liberté d'expression comme seraient tentés de le faire certains régimes autoritaires. Il est dans l'éducation et plus particulièrement dans l'éducation aux médias, la seule capable de les aider dans le choix des contenus à accepter ou à diffuser. Le « *happy slapping* » n'a plus dans ces conditions, rien à avoir avec

---

[448] Généralement, un « *happy slap* » suppose une attaque contre un étranger par un groupe d'adolescents. L'incident est filmé avec un téléphone équipé d'une caméra par un des « *happy slappers* ». Ensuite, la vidéo est mise en circulation et peut être regardée. Il semble que le phénomène soit apparu à Londres à l'automne 2004. Ces vidéos réalisées depuis un téléphone portable de dernière génération étaient au départ un jeu d'adolescents en frappant d'autres.

la liberté d'expression mais repose la question de la limite entre le jeu et la réalité, entre le virtuel et le non virtuel. La liberté d'expression est certes signe d'ouverture, mais une ouverture qui donne à réfléchir. Le problème vient du fait que nous avons été formatés dans des schémas de vie qui considèrent l'ouverture comme une qualité majeure et signe de maturité. Or l'homme a tout aussi besoin de s'isoler, de se concentrer sur soi et la nature qui l'entoure, libre de ses choix.

CHAPITRE VI
LE RÔLE DES ACTEURS

Du point de vue de l'organisation politique, une société s'articule de façon générale autour de trois éléments[449] : la « *maison* », du grec « *oïkos* »[450], lieu de la famille et de la vie privée, l'« *agora* »[451], domaine des associations ou des entreprises que l'on appelle, la société civile, l'« *ecclesia* »[452], le lieu du pouvoir politique. Notons que si ces trois parties sont décrites de façon claire, il est difficile de les séparer dans la mesure où les unes interfèrent dans la sphère des autres. L'État, par exemple, apparaît comme l'instrument qui permet, à toutes, de coopérer et dialoguer entre elles. Quant à la société civile, elle est, le plus souvent, financée soit par de grandes entreprises, soit par un gouvernement, même si elle n'est ni l'État, ni l'entreprise. Elle se situe dans la sphère non gouvernementale et non dans le secteur public et n'a pas pour objet de tenter de contrôler l'appareil d'État, ce qui devrait en exclure les partis politiques.

COMPRENDRE LA SOCIÉTÉ CIVILE

L'implication de la société civile dans le débat sur les enjeux internationaux ne date pas d'aujourd'hui. Le rôle des acteurs non étatiques dans le domaine de la démocratie s'est en effet largement manifesté à l'époque contemporaine. La campagne transatlantique pour l'abolition de l'esclavage dès le XVIIIe siècle, l'aide humanitaire, la lutte pour l'émancipation féminine, le mouvement ouvrier au XIXe siècle, en sont des exemples. De même, la prise en compte de ces acteurs par les institutions internationales n'est pas nouvelle. La Société des Nations (SDN) avait, durant l'Entre-deux-guerres, fait de l'implication du monde associatif un de ses principes. Ainsi, la SDN avait contribué à créer une Union internationale

---

[449] Cornelius Castoriadis, « De l'autonomie en politique, l'individu privatisé », *Le Monde diplomatique*, février 1998, p.23.

[450] Habitat ou plutôt ce qui correspondrait à l'idée de foyer fiscal, l'*oikos* fournit le premier cadre de la vie religieuse. C'est le mot « *oikos* » qui a donné naissance au mot écologie (étude de l'habitat).

[451] En Grèce antique, l'*Agora* désigne le lieu de rassemblement, le marché de la cité, la place où les citoyens se réunissaient pour discuter de politique.

[452] Assemblée politique réunissant tous les citoyens dans toutes les villes grecques. C'est entre les mains de l'*ecclésia* que résidait le pouvoir.

des associations (UIA)[453] qui elle-même a succédé à l'Office central des institutions internationales (OCII). Pour nombre d'observateurs, l'avènement de la société civile ne serait rien moins que la préfiguration d'une nouvelle organisation du monde, fondée sur des solidarités primaires appelées à supplanter le caractère arbitraire ou artificiel du découpage de l'espace entre États souverains[454].

Évolution du concept

La « société civile » est un concept ambigu ayant souvent varié avec le temps. Chez Aristote, la société civile est synonyme de Cité ou État, en opposition avec le peuple[455]. La société civile ou État d'Aristote désigne la forme la plus élevée de communauté ou d'association. Elle surpasse la famille (*oikos*) et le peuple (*ethnos*). Cette identité conceptuelle et lexicale, différente de l'acception actuelle, est usuelle jusqu'au XIXe siècle. Chez tous les théoriciens de l'époque classique, société civile s'entend par opposition à l'état de nature, un usage du terme que l'on retrouve de Hobbes à Rousseau, de Spinoza à Fichte. Pour Hegel, la société civile n'est pas dans une contradiction antagoniste avec l'État, mais elle en est une partie et ne peut exister sans lui[456].

L'influence de la société civile mondiale est facilitée par la désorganisation de l'appareil étatique dans certains pays en développement, ou l'incapacité des États en général à faire face aux multiples besoins des citoyens. L'*Encyclopédie de l'Agora*[457] définit d'ailleurs la société civile comme « *ce qui reste d'une société quand l'État se désengage complètement* »[458].

La société civile agit dans le domaine non commercial et ne cherche pas à faire du profit. Cette caractéristique en écarte la presse tout comme les coopératives car la société civile se situe en dehors du secteur privé de l'économie de marché[459]. En résumé, la société civile peut être définie comme

---

[453] L'UIA a été créée officiellement en 1910 à Bruxelles au cours du premier congrès mondial des associations internationales.

[454] Marcel Merle, *Les acteurs dans les relations internationales*, Economica, Paris, 1986.

[455] Dominique Colas, *Le glaive et le fléau, généalogie du fanatisme et de la société civile*, Grasset, Paris, 1992.

[456] Marx accorde une priorité à la société civile sur l'État.

[457] Encyclopédie en ligne.

[458] *Encyclopédie de l'Agora*, http://agora.qc.ca/encyclopédie.nsf

[459] Cette règle n'a pas été respectée parfaitement au SMSI, puisque médias et parlementaires ont fait partie de la société civile.

un ensemble regroupant des acteurs sociaux non étatiques du secteur non marchand[460].

Comme le précise Jan Aart Scholte[461], la prise de conscience du phénomène de mondialisation a vu émerger un nouveau concept, celui de « société civile mondiale », désignant des groupes qui s'occupent de questions transfrontalières. Profitant des possibilités offertes par les TIC, de nombreux réseaux se tissent à travers le monde pour défendre une cause, une vision sociétale donnée. En effet, l'» *abolition des frontières* », rendue possible grâce aux nouvelles technologies, amène à penser le monde comme un lieu unique, dans lequel certains croient pouvoir agir facilement. A cela s'ajoute, bien entendu, une série de facteurs liés au monde actuel tels que le développement de l'éducation, l'écoute de la radio et le suivi des émissions télévisées, notamment au niveau mondial. Ces facteurs ont accru les facultés d'analyse et d'implication des citoyens et leur ont donné, voire rendu, une capacité et donc une légitimité à intervenir dans la complexité du monde moderne. Dans tous les cas, il sera nécessaire de poser la question de la représentation et de la représentativité de la société civile et des associations qui la composent. Une analyse plus fine, sous la forme d'une typologie des organisations non gouvernementales, serait probablement éclairante. La réponse est sans doute négative.

Composition de la société civile

La société civile regroupe plusieurs familles formées d'ailleurs de plusieurs types de membres. Dans le cadre du SMSI, les familles suivantes ont été désignés : le milieu universitaire et éducatif, la communauté scientifique et technologique, les médias, les créateurs et acteurs de la culture, les villes et les pouvoirs locaux, les syndicats, les parlementaires, les ONG, les mouvements sociaux, les partenariats multi- acteurs... Cette diversité, qui est à la fois un avantage, accroît considérablement la dispersion de la société civile, parfois incapable de s'entendre sur des sujets majeurs. Posons-nous la question de savoir si la Communauté genevoise d'action syndicale (CGAS), l'association Azur développement du Congo, le *World Scout Bureau,* les universitaires de Strasbourg ou de l'Université

460 Plusieurs partisans du libéralisme économique aux États-Unis mettent l'économie de marché dans la société civile.

461 Jan Aart Scholte, « Qu'est-ce que la société civile mondiale ? », *Courrier de la planète* n° 63, 2001, http://www.courrierdelaplanete.org/63/article1.html.

polytechnique de Catalogne peuvent facilement avoir une vision commune de la société de l'information. La réponse est sans doute négative.

Du fonctionnement de la société civile

Le SMSI n'a donc pas limité ses débats aux seuls diplomates. Il y a beaucoup été question du modèle tripartite (État - secteur privé - société civile). Mais cette modification notable dans les relations qu'entretiennent les Nations unies avec la société civile depuis plus de cinquante ans[462] n'est pas sans susciter des désaccords au niveau gouvernemental. La Chine, l'Iran, le Pakistan, l'Inde et la République dominicaine sont, par exemple, hostiles à cette redistribution de la responsabilité de la gouvernance internationale et nationale. Mais, au-delà des pays sus cités, l'essence d'un État c'est d'être souverain et, la souveraineté est avant tout le pouvoir de commander et de contraindre sans pouvoir être commandé ni contraint par qui que ce soit. Or, la société civile est souvent perçue comme une contrainte interne dans la mesure où la plupart de ses actions visent à orienter ou à infléchir le pouvoir de l'État. En outre, il se pose un problème de représentativité de cette société civile. Qui est-elle ? De quels mandats dispose-t-elle ? Comment fonctionne-t-elle ?

Le bilan du SMSI fait apparaître un véritable dysfonctionnement, autrement dit, un manque de coordination entre les différents acteurs. Les instances formelles mises en place par l'organisation du sommet se heurtent aux principes du Secrétariat exécutif et à la pénurie de moyens. De fait, la coordination ne s'établit pas et nombreux sont ceux qui n'ont pas été consultés. Cette marginalisation a été, à plusieurs reprises, évoquée lors des réunions du « Caucus africain ». Celui-ci s'est, en effet, senti complètement exclu des négociations sur la question des mécanismes de suivi du SMSI, abordée lors du PrepCom-3 de la phase de Tunis. Ces inégalités de représentation, à l'intérieur même de la société civile, ont pris des formes diverses : surreprésentation des résidents du Nord de traditions judéo-chrétiennes, de même que des acteurs issus du milieu urbain et des locuteurs de langue anglaise. A cela s'ajoute le fait que bon nombre d'ONG présentes au SMSI fonctionnent en réseau mondial. Au sein de ces réseaux, les ONG du Sud sont souvent dans une situation de subordination politique,

[462] Les ONG participent depuis l'origine aux sommets des Nations unies puisque les premières d'entre elles ont obtenu un statut consultatif auprès du Conseil économique et social des Nations unies (ECOSOC) en 1948.

économique et culturelle vis-à-vis de leurs homologues du Nord, beaucoup plus puissants et mieux organisés. Ainsi le jeu des alliances a-t-il été facilement observable lors du SMSI avec des alliances brisées ou des alignements sur des choix effectués par des partenaires.

Une société civile non représentative

Les discours sur la société de l'information, leur aspect projectif, les arguments justificateurs des choix les plus concrets, ne participent pas d'une convergence des points de vue et d'un enthousiasme unanime à quelque niveau où l'on se place dans la vie en société. En effet, « *les oppositions et les incompréhensions entre ce qui relève d'une logique diplomatique prévalant dans les rencontres interétatiques, existent aussi au sein de la société civile* »[463].

Nous sommes dans une projection qui oublie les réalités de tout système sociétal, constitué de rapports de force et de conflits d'intérêts. Ceux qui disent s'exprimer en son nom pour affirmer des orientations collectives ne sont pas forcément tous représentatifs de l'intérêt général. C'est là que se pose la question de la légitimité de la société civile, représentante autoproclamée de la population et « *des vraies gens* ». En effet, la lecture de la liste des ONG accréditées et présentes au SMSI au titre de la société civile, permet de faire deux constats. Le premier est qu'une majorité d'organisations sont actives dans le domaine de l'Internet et/ou de ses applications, un certain nombre exerçant même professionnellement dans le domaine. Le second est celui d'une quasi-absence d'organisations issues des zones rurales, en particulier des pays en voie de développement (d'Afrique, d'Asie et d'Amérique Latine).

Par ailleurs, le déroulement du processus a mis en évidence la prééminence de trois ou quatre ONG[464] au sein des structures de la société civile qu'elles ont façonnées selon leur modèle et, dans lesquelles elles tiennent un rôle de premier plan. Leur nature « *transnationale* » et leur ancrage dans la sphère économique et culturelle anglo-saxonne ont fortement conditionné les contributions de la société civile dans les instances

---

[463] Michel Mathien, « Questionner la société de l'information. Espace de partage ou de domination ? », *op.cit.*, p.15.

[464] Il s'agit de GPK (Global Knowledge Partnership), CRIS (Communications Rights in the Information Society), APC (Association for Progressive Communications), Human Rights Watch…

officielles ou informelles mises en place pendant les réunions préparatoires et le Sommet de la première phase. Ainsi toute contribution rédigée dans une langue différente de l'anglais était handicapée au départ par un écho limité auprès des instances de la société civile, voire non prise en compte dans son expression[465]. En effet, ceux qui prennent la parole et des décisions au nom de tous sont généralement ceux qui maîtrisent la langue anglaise, car les réunions de la société civile n'ont bénéficié qu'exceptionnellement de la traduction simultanée. Ce sont en général des personnes relevant des catégories socioprofessionnelles supérieures (CSP+) dont le domaine de formation ou le champ professionnel est proche des TIC.

LE RÔLE DU SECTEUR PRIVÉ

Il est de plus en plus difficile d'établir de nettes distinctions entre le rôle du gouvernement et celui des sociétés privées en matière de promotion du progrès social et économique. La complexité des actions à mener exige des institutions privées et organismes publics d'agir de concert pour le bien-être des populations. En effet, les entreprises privées jouent dans l'édification de la société de l'information un rôle presque aussi important que celui des autorités locales. Ce sont elles qui détiennent la clé des investissements et assurent la survie ou le développement de bon nombre d'entreprises du secteur des TIC. Malheureusement, la recherche du profit les amène parfois à prendre des options peu bénéfiques à l'usager. Le rôle du privé est donc à repenser dans un contexte de mondialisation croissante et de marchandisation de l'information. La responsabilité sociale des entreprises est-elle compatible avec l'essence même de l'entreprise privée qui consiste à engranger des bénéfices ?

Bon nombre d'entreprises ont compris que, pour survivre, elles devront délaisser la recherche du profit maximal au bénéfice d'un modèle privilégiant la responsabilité sociale et l'obligation de rendre des comptes à la collectivité. Mais, entre la théorie et la pratique, il y a évidemment un pas important à franchir. En effet, le secteur privé reste dominé par de nombreuses multinationales. Instrument de domination du système capitaliste pour les uns, facteur de croissance et de développement technologique pour les autres, ces firmes sont encore aujourd'hui au centre

465 Les contributions de la société civile aux documents officiels devaient, par définition, être rédigées en anglais pour leur présentation à la plénière intergouvernementale et avoir une chance d'être incluses dans ces documents. La même remarque s'applique aux documents que la société civile a produit à partir du PrepCom-3, telle sa déclaration finale.

des débats. Évidemment, les enjeux sont énormes et les stratégies très poussées. Toutefois, force est de constater qu'une grande part des politiques d'inclusion dans la société de l'information repose sur l'initiative d'entrepreneurs privés qui déplacent avec habileté leurs pions sur l'échiquier international et recherchent avant tout la maximisation du profit.

LE RÔLE DE L'ÉTAT

Le mot « *État* » vient du latin « *Status* », une manière d'être des hommes en société. C'est à Machiavel (1469-1527) que l'on doit le sens moderne de l'État, c'est-à-dire une organisation dotée de la capacité d'exercer et de contrôler l'usage de la force sur un peuple déterminé et un territoire donné. L'État apparaît comme une communauté d'hommes et de femmes, fixée sur un territoire propre et possédant une organisation. C'est un mode d'organisation sociale territorialement défini, un ensemble d'institutions caractérisées par la détention du monopole de l'édiction de la règle de droit et de l'emploi de la force publique. Cette conception a fait l'objet d'une critique par Karl Marx, pour qui l'État permet, avant tout, le maintien des rapports d'exploitation. Il est un appareil de violence et d'oppression, qu'il convient de faire disparaître. Les parties intégrantes de l'État sont le pouvoir politique, les organismes de répression (armée, police...), l'administration (bureaucratie), l'organisation judiciaire, le service des revenus publics.

Dans les pays en développement, l'État est un système particulier puisque issu de la disparition des systèmes préexistants, destruction brutale souvent causée par des forces coloniales. Par exemple, l'arrêté du gouvernement français du 12 février 1900, stipulait : » *la souveraineté d'Abomey…est supprimée* »[466]. Il mettait ainsi fin au puissant royaume d'Abomey dans lequel le peuple de ce pays avait fondé son histoire et avait ses repères.

Dans le cadre de la société de l'information, l'État a la responsabilité de garantir un climat favorable au développement de l'économie informationnelle dans le respect des individus, des communautés et des entreprises. Il dispose à cet effet d'un arsenal susceptible d'être utilisé en cas de besoin : il est en mesure d'aider à la connectivité de ses citoyens, de mettre en place des mesures incitatives pour le développement d'un tissu économique...

---

[466] Pierre François Fonidec, Tran Van Minh, *op.cit.*

Aujourd'hui encore, malgré l'apparition de nouveaux acteurs (du fait de l'intensification des relations transfrontalières), l'État se présente « *comme le groupe politique terminal ou faîtier* »[467]. Cette interprétation rejoint celle de Raymond Aron pour qui la société internationale se réduit pour l'essentiel au système interétatique, « *système dans lequel s'intègrent les États, chacun d'eux surveillant les autres afin d'assurer sa sécurité étatique...* »[468]. Pourtant, les États qui constituent le moteur du système sont une construction européenne. En effet, l'État n'a pas toujours eu l'acception actuelle[469]. Il est une forme d'aménagement d'un pouvoir parmi tant d'autres et il n'est pas d'une essence supérieure aux autres. Autant préciser que les théoriciens de l'État soulignent parfois la différence entre le modèle français et le modèle anglo-saxon, caractérisé par une centralisation moins forte. De même, ils distinguent le modèle marxiste et le modèle libéral de l'État[470]. Mais, il convient de préciser que la structure étatique de ces pays, héritière du fait colonial, a été surimposée à des sociétés pluriethniques. Restées segmentaires, ces sociétés se prêtent mal à la centralisation du pouvoir et à la volonté des dirigeants de mobiliser, au service de l'État, les énergies individuelles. La société de l'information se construit donc dans un contexte de crise de l'État, une remise en cause de la légitimité de son contrôle. Cette perte de contrôle sur la société s'inscrit dans un processus de « *détotalisation du politique* »[471] largement soutenu par un capitalisme de connexion et d'information. Ce capitalisme de connexion et d'information anéantit toute prétention de l'État de monopoliser l'information. A cela s'ajoute le fait que la marge de manœuvre de l'État se rétrécit de plus en plus dans la mesure où les politiques mises en œuvre doivent tenir compte du contexte international et être en adéquation avec la vision des institutions internationales[472]. Notons également le rôle croissant des grandes multinationales sur les politiques internes des États. Si cette influence n'est pas toujours perceptible, il faut préciser qu'elles exercent un important *lobbying* capable d'orienter sensiblement les décisions prises dans leurs secteurs d'activité. Dans certains pays, d'ailleurs, ce pouvoir peut prendre des formes inimaginables. Loïk Le Flock-Prigent, dans sa confession versée au dossier de la juge Eva Joly et intégralement publiée dans *l'Express*,

---

[467] Marcel Merle, *Les acteurs dans les relations internationales*, Economica, Paris, 1986, p.21.
[468] Raymond Aron, *Les dernières années du siècle*, Julliard, Paris, 1984, p.18.
[469] La conception européenne de l'État « européen » a surgi sur les décombres de la chrétienté médiévale et s'est épanoui, au XVIe siècle, à la faveur de la Renaissance et de la Réforme.
[470] Dans le modèle marxiste, l'État est appelé à dépérir avec la fin de la lutte des classes.
[471] Zaki Laïdi, *La grande perturbation*, Flammarion, Paris, 2004.
[472] Cees Hamelink, *op.cit.*

explique comment la société Elf a permis et couvert quarante ans de pillage, de soutien aux dictatures, de coups fourrés, de guerres secrètes en Afrique.

> « *La société est truffée d'anciens des services de renseignement … il ne se passe rien dans les pays pétroliers, en particulier l'Afrique, dont l'origine ne soit pas ELF… Ce système a permis et couvert quarante ans de pillage, de soutien aux dictatures, de coup fourrés, de guerres secrètes…* »[473]

La marge de manœuvre d'un État, est-elle réelle quand celui-ci ne doit son maintient qu'aux soutiens extérieurs, quand il est alimenté par la « *coopération de papa* » ou lorsqu'il est assujetti aux directives des institutions financières internationales et soumis aux Plans d'ajustement structurels (PAS) de la Banque mondiale ? Naturellement, ceux-ci affaiblissent notoirement les moyens des États et en réduisent les domaines d'intervention, entraînant de graves conséquences sur l'éducation et la santé des pays. En outre, le décalage entre le droit (l'indépendance de l'État) et les faits (l'existence de liens de dépendance entre les États) est évident. Il s'est exprimé sur la prise des décisions au SMSI. Mais tout ce système est extrêmement complexe. Les relations internationales sont devenues un mélange de rapports interétatiques, de négociations avec les ONG, les OIG et le secteur privé. Dès lors, il est légitime de s'interroger sur la place du privé dans le financement des infrastructures liées à l'accès au savoir. Le fait est que de nombreux États sont devant une impasse financière, non pas uniquement pour les problèmes précédemment évoqués (dette, ajustement structurel, corruption, gaspillage…) mais aussi parce que beaucoup d'entre eux ne disposent pas de moyens nécessaires poui prélever des impôts sur la production et la circulation des marchandises[474] et que cette production est faible. Toutes ces difficultés économiques ont fait que l'État a dû parfois se désengager des secteurs clés comme la santé et l'éducation, laissant les populations livrées à elles-mêmes[475]. Il n'est devenu, rien de plus, qu'une machine coercitive, qui de temps à autre se présente aux populations en période électorale.

Pourtant, les représentants des gouvernements ont été, de tous les acteurs, les plus au cœur du SMSI. Les organisateurs du Sommet ont considéré que les gouvernements et les ONG présentes suffisaient à faire entendre la voix des « *vraies gens* » et exprimer leurs besoins, leur mode de pensée et leur culture. Or, si cela s'avère déjà difficile à réaliser dans le

---

[473] « La confession de Loïk Le Flock-Prigent », *L'Express* n° 2371 du 12-18/12/1996, p.70.

[474] 60 à 80 % des économies des pays africains relèveraient du secteur informel.

[475] Tanella Boni, « la citoyenneté à l'épreuve de l'économie et du politique », Abel Kouvouama (dir). *Modernités transversales*, Paari, Paris, 2003, p.21.

monde occidental, ce l'est bien davantage dans les pays en développement. De nombreuses études, notamment celles menées dans le milieu rural, aussi bien en Afrique qu'en Amérique latine, ont mis en exergue ce décalage entre populations et personnes censées les représenter au niveau de l'État[476], entre populations rurales et ONG ou animateurs de ces organisations[477].

En effet, il existe dans les pays en développement, des systèmes politiques d'affiliations tribales qui ont longtemps constitué un point de rupture dans le processus d'information. Même si la plupart des macro-cultures sont représentées au sein des instances dirigeantes, le pouvoir reflète toujours la couleur de la micro-culture du noyau dominant. En plaçant le souci de pérennité à la tête de leurs préoccupations, les dirigeants des pays en développement, tout au moins certains d'entre eux, pratiquent « *la politique du ventre* ». Jean-François Bayart[478] explique, à ce sujet, que cette expression doit être prise dans la plénitude de sa signification. Il ne s'agit pas seulement de ventre, mais aussi, de politique. Cette politique témoignerait selon lui d'un *éthos* qui n'est pas obligatoirement celui du lucre. Redistribuées, les ressources amassées contribuent au prestige de l'homme de pouvoir et font de lui un homme d'honneur. Sous cette condition, ajoute-t-il, la prospérité matérielle est une éminente vertu politique au lieu d'être un objet de blâme.

Dans de nombreux pays, les relations entre l'État et les populations restent marquées par des conflits « *inoubliés* » et parfois séculaires. A ces relations problématiques, s'ajoute un contexte social particulier dans lequel l'État n'a pas la place qu'il prétend occuper. En effet, dans les zones reculées, l'autorité de l'État est bien souvent secondaire par rapport aux structures organisationnelles traditionnelles préexistantes.

Ces rappels montrent que la nature de l'État dans les pays en développement ne permet pas à ses représentants de porter efficacement la parole de la population majoritaire et, par conséquent, ne facilite pas l'adhésion de cette dernière aux projets dans lesquels elle n'a pas été réellement impliquée. Ce constat peut également s'appliquer, dans une moindre mesure, aux pays du Nord où le système démocratique ne garantit pas, non plus, l'accord entre l'opinion et les décisions politiques. En conséquence, la société de l'information, telle qu'elle est envisagée par les

---

476 Jean Marc Éla, *Quand l'État pénètre en brousse, la riposte paysanne à la crise*, Karthala, Paris, 1990.

477 Alain Kiyindou, *Information et milieu rural au Congo, le cas des régions du Pool et des Plateaux*, Septentrion, Lille, 1998.

478 Jean-François Bayart, *L'État en Afrique*, Fayard, Paris, 1989.

Nations unies, c'est-à-dire, en s'appuyant sur les gouvernements (et des ONG parfois inféodées), désigne une société bâtie sur une vision partielle et déformée du monde. Ceci s'explique, en partie, par la confusion entre pouvoir politique et État[479]. Le pouvoir est celui des hommes, que nous retrouvons d'ailleurs dans la communauté primitive, qui selon les auteurs, secrète un système de démocratie pure et parfaite. En effet, même s'il y avait un chef symbolisant l'unité de la société globale, il n'était pas un gouvernant, mais un *leader* c'est-à-dire un montreur de conduite (meneur). Quant à l'exécution des décisions, elle était assurée par la pression du groupe sur les récalcitrants.

[479] Pierre François Gonidec, Tran Van Minh, *op.cit.*

CONCLUSION GÉNÉRALE

L'expression « *société de l'information* », dans son acception générale désigne plus une société technologique que communicationnelle. C'est un peu comme si la compréhension des messages et leur adéquation à nos besoins dépendaient exclusivement de la technologie, ce qui n'est pas le cas. Le constat est que la société de l'information, avec les contenus qu'elle véhicule et les technologies qui la caractérisent, ne peut être comprise qu'en la replaçant dans une dynamique sociale, culturelle, économique, politique et stratégique.

La première difficulté est relative à la construction des savoirs. Elle est liée à la notion de conflit sociocognitif développée par les constructivistes ou à celle de représentation. En effet, l'approche constructiviste met l'accent sur l'activité du sujet pour appréhender les phénomènes. La compréhension s'élabore à partir des représentations que le sujet a déjà. La prise de conscience, par le sujet, de l'existence de réponses possibles différentes de la sienne est fondamentale. Aussi, dans cette perspective, les auteurs parlent de restructuration des informations en regard des réseaux de concepts particuliers à chaque personne. Cette approche met en exergue le décalage qu'il peut y avoir aussi bien dans la formulation des problèmes ou des solutions que dans leur perception. La question de représentation est relative à la façon dont l'esprit perçoit, identifie et classe les informations qui lui parviennent[480].

La deuxième est liée à la volonté humaine. Certains la rapporteraient à la notion de bénéfice d'autres à celle d'intérêt ou de motivation. Pour qu'il y ait changement, il faut que les hommes le veuillent. Le manque de volonté expose les systèmes de communication technologiques à une résistance de la part de ceux dont ils sont censés améliorer la vie.

La troisième est celle liée à la distance existant entre l'intention et l'action faisant ainsi intervenir les problématiques liées à la faisabilité du projet en tenant compte non seulement des ressources existantes mais de leur répartition dans le monde.

La quatrième est à rattacher à la technologie elle-même ainsi qu'à ses limites. En effet, la plupart des discours nous disent ce qu'il est possible de réaliser avec les TIC, mais ce qui nous paraît important c'est d'en fixer les

---

[480] Jacques Perriault, *Éducation et nouvelles technologies*, Nathan, Paris, 2002.

limites, de voir ce que les technologies ne peuvent pas faire. Ces limites sont liées à la nature des technologies, à leur fonctionnement.

Si la technique doit servir à accélérer le développement, nous devons avoir à l'esprit qu'elle n'est pas neutre mais aussi que le développement n'est pas une révolution qui se coupe du passé. Il existe une mémoire de l'usage des TIC dans le cadre du développement, riche de leçons, qui va de l'introduction des médias légers dans les démarches de changement social aux centres multimédias communautaires. Au-delà de la simplicité et de la maniabilité, c'est au contenu adapté que les populations s'intéressent. Les exemples de Manobi, nominé au SMSI ou de Bankilaré, cité précédemment sont, à ce titre, révélateurs. Mais d'autres projets, comme le Simputer, démontrent qu'il ne suffit pas d'avoir un produit maniable avec des contenus adaptés. L'influence des investisseurs et le rôle qu'ils peuvent jouer dans l'édification de la société de l'information deviennent fondamentaux.

La question du développement, au sein de la société de l'information, ne peut en aucun cas être envisagée en faisant fi de la mémoire et en s'abstenant de considérer toutes les questions liées à la dette, au droit international…

C'est sans doute l'une des erreurs les plus courantes que de préconiser les TIC pour le développement sans approfondir la réflexion sur les conditions de leurs usages et les problèmes auxquels ils peuvent être confrontés. Il semble peu réaliste de concevoir le développement sans s'appuyer sur le groupe et la complexité de son univers de pensée, puisque si la vision dominante est de considérer comme objectif prioritaire le bien-être de l'individu[481], dans beaucoup de cultures, il s'agit de restaurer le bien commun, de renforcer le lien entre le sujet et le groupe. La recherche de l'efficacité, les progrès de la Science, la Technique, sont aussi et nous l'ignorons souvent, les points les plus névralgiques de la société postmoderne. Ces évolutions qui font la fierté de l'homme sont aussi une menace grave capable d'altérer la nature humaine et de propulser le monde dans une phase post-humaine[482]. La société de l'information, tout comme le développement, peut s'accompagner de l'accroissement de maux sociaux en comparaison desquels leur absence serait préférable. Il s'agit donc de sortir de la perspective essentiellement technologique de l'information, de la domination du technique sur le non technique, de la rationalité moderne sur

---

[481] Opposition entre société moderne et société traditionnelle où le lien solidaire serait beaucoup plus marqué.

[482] Francis Fukuyama, La fin de l'homme, les conséquences de la révolution biotechnique, Gallimard, Paris, 2002.

d'autres modes de vie ou de pensée. Une autre définition s'impose. La société de l'information est une société dans laquelle l'information est, indépendamment du canal emprunté, intensivement partagée pour le bien-être social, politique, économique et financier des êtres humains.

L'information est loin d'être une simple fonction technique. C'est une pratique sociale complexe intégrant les dispositifs techniques dans un ensemble d'enjeux et de médiations. La société de l'information ne peut donc pas être comprise sans mettre en perspective les enjeux qu'elle représente : enjeux de pouvoir, enjeux éthiques qui peuvent se décliner en enjeux économiques, culturels, politiques, sociaux...

Dans cette approche, le développement doit être saisi dans toute sa complexité, c'est-à-dire intégrant toutes les visions du monde. Il n'est pas universalisme, fondamentalisme, autoritarisme, il est choix social. Il n'est pas seulement un problème de nourriture matérielle, mais aussi celui du sens ; le sens du passé, actualisé grâce à la mémoire et grâce à la communication. Malheureusement, la société de l'information ne semble pas fournir les moyens nécessaires pour la réactualisation créatrice de l'histoire et donc de la tradition. Ce positionnement préalable peut permettre de répondre à la question « *quelle information pour le développement des pays du Sud ?* ». La réponse la plus évidente est que tout en profitant des connaissances du Nord, les pays du Sud doivent arriver à mettre leurs productions cognitives au service de leur développement. En effet, ces derniers ont accumulé au cours des siècles derniers une somme de connaissances sur le cosmos, sur la société, sur l'homme. Ils ont mis au point des techniques permettant de tirer de la nature tout ce dont l'homme a besoin pour la vie, les techniques agricoles, les techniques de tissage, les matériaux de construction, la pharmacopée..., c'est d'ailleurs pour cela qu'il est plus juste de parler de diversité cognitive que de fracture.

Certains pays émergents, comme la Chine et l'Inde, ont su, dans une certaine mesure, tirer parti de ces savoirs, mais la société de l'information serait réellement globale si elle permettait à tous les peuples du Sud de se réconcilier avec leurs acquis, mais surtout, si elle aidait les peuples du Nord à reconnaître, à acquérir et à utiliser ces savoirs qu'ils ont longtemps ignorés.

Ce n'est qu'ainsi que se rétablirait un Nouveau nouvel ordre mondial de l'information et de la communication, base de la Cité globale du donner et du recevoir. Encore faudrait-il que les peuples dits développés prennent conscience de leur sous-développement (moral, social, spirituel...) et ceux du Sud, de leurs potentialités. Pour y parvenir, la vision dominante du monde, du développement, de la pauvreté, de la santé, de l'économie...mérite d'être recadrée dans la mesure où, elle est souvent, partielle, orientée et donc erronée. Il ne s'agit pas d'opposer tradition et modernisme, le Nord et le Sud, la barbarie et la civilisation, puisque ces différents éléments s'interpénètrent. Il suffit de se rappeler que le développement ne s'opère pas par génération spontanée. Sans une culture qui lui sert de socle, les TIC n'y peuvent strictement rien. Si les pays en développement piétinent, l'une des causes est la mise entre parenthèses de leurs civilisations. Le défi des peuples pour le XXIe siècle est donc de réussir un véritable métissage culturel, social, économique qui serait une symbiose où les apports du Sud recevraient un « baptême » du Nord. Une société où les savoirs du Nord complèteront ceux du Sud et ne tenteront pas de se substituer à eux (et *vice-versa*).

Les obstacles *à la mise des TIC au service du développement durable* sont réels. Ils tiennent aux éléments que nous venons d'évoquer, mais ils tiennent aussi à la dimension « *confrontationnelle* » de notre société. Le modernisme s'oppose à la tradition, le Nord au Sud, les donateurs aux assistés, la communication à l'« *incommunication* ». Pourtant, il y a des îlots de sous-développement dans les « *pays développés* ». Tout comme la connaissance de soi passe par la connaissance de l'autre, le Sud permet au Nord d'évoluer, la tradition alimente le modernisme, l'« incommunication » améliore la communication et *vice-versa*.

La société de l'information s'oppose-t-elle à la « *non société de l'information* », comme le développement s'opposerait au sous-développement ou sommes-nous à la fois développés et sous-développés, informés et sous-informés ?

BIBLIOGRAPHIE INDICATIVE

DÉVELOPPEMENT

Fitoussi Jean-Paul, Savidan Patrick (dir.), *Comprendre les inégalités*, PUF, Paris, 2003.

Galbraith John Kenneth, *Théorie de la pauvreté de masse*, Gallimard, Paris, 1979.

Georgescu-Roegen Nicholas, *La décroissance, entropie, écologie*, Pierre-Marcel Favre, Lausanne, 1979.

Harribey Jean-Marie, *Le développement soutenable*, *Économica*, Paris, 1998.

Kiyindou Alain (dir.), Communication pour le développement, logiques et pratiques au Congo, EME, Bruxelles, 2008.

Lafrance Jean-Paul, Laulan Anne-Marie, Rico de Sotelo Carmen (dir.), *Place et rôle de la communication dans le développement international*, PUQ, 2006.

Latouche Serge, *La déraison de la raison économique*, Albin Michel, Paris, 2001.

Latouche Serge et al. *Critique de la raison économique*, L'Harmattan, Paris, 1999.

Latouche Serge, *Faut-il refuser le développement* ? PUF, Paris, 1986.

Meda Dominique, *Qu'est-ce que la richesse* ? Aubier, Paris, 1999.

Nkombe Oleko, *Axiomatique du développement*, Nouvelles Rationalités Africaines, Louvain la neuve, 1986.

Merlant Philippe, Passet René, Robin Jacques, *Sortir de l'économisme, une alternative au capitalisme néolibéral*, Éditions de l'Atelier, Paris, 2003.

Rist Gilbert, *Le développement, histoire d'une croyance occidentale*, Presses de sciences politiques, Paris, 2001.

Rostow Walt Whitman, *Le développement économique*, Seuil, Paris, 1975.

Sen Amartya, *Un nouveau modèle économique*, Odile Jacob, Paris, 2003.

Sen Amartya, *Repenser l'inégalité*, Seuil, Paris, 2000.

Sen Amartya, *L'économie est une science morale*, La Découverte, Paris, 1999.

FRACTURE NUMÉRIQUE

Massit-Folléa Françoise (dir.), Gouvernance de l'Internet, l'état de fait et l'état de droit, Maison des sciences de l'homme, Paris, 2005.

Milward-Olivier Gerald (dir.), Maitland+20, fixes the missing link, The Anima Centre Limited, Wiltshire, 2005.

Soupizet Jean-François, Laurent Gille, (dir.), Nord et Sud numériques, Hermès Science Publications, Paris, 2001.

PAYS EN DÉVELOPPEMENT

Bayart Jean François, *L'État en Afrique*, Fayard, Paris, 1989.

Bonjawo Jacques, *L'Afrique du XXIème siècle*, Karthala, Paris, 2005.

Dumont René, Mottin Marie France, *L'Afrique étranglée*, Seuil, Paris, 1980.

Dumont René, *L'Afrique Noire est mal partie*, Seuil, Paris, 1962.

Éla Jean-Marc, *Quand l'État pénètre en brousse, la riposte paysanne à la crise*, Karthala, Paris, 1990.

Kabou Axelle et *si l'Afrique refusait le développement ?*, L'Harmattan, Paris, 1991.

Gonidec Pierre-François, Minh Tran Van, *Politique comparée du Tiers-monde*, Montchréstien, Paris, 1980.

Bancel Nicolas, Blanchard Pascal, Françoise Vergès, *La République coloniale, essai sur une utopie*, Albin Michel, Paris, 2003.

Brunel Sylvie, *Le gaspillage de l'aide publique*, Seuil, Paris, 1993.

Césaire Aimé, *Discours sur le colonialisme*, Présence africaine, Paris, 1955.

Chomsky Noam, *La conférence d'Albuquerque*, Allia, Paris, 2001.

Freud Claude, *Quelle coopération ? Un bilan de l'aide au développement*, Karthala, Paris, 1988.

Gabas Jean-Jacques, *Nord-Sud : l'impossible coopération* ? , Presses de sciences po, Paris, 2002.

M'bokolo Élikia, *Développement, de l'aide au partenariat*, La Documentation française, Paris, 1993.

Péan Pierre, L'Argent noir : *Corruption et développement*, Fayard, Paris, 1988.

Raffinot Marc, *Dette extérieure et ajustement structurel*, Edicef, Paris, 1991.

Verschave François-Xavier, *Au mépris des peuples*, La fabrique, Paris, 2004.

Verschave François-Xavier, *De la Françafrique à la mafiafrique*, Tribord, Bruxelles, 2004.

Verschave François-Xavier, *Noir silence, qui arrêtera la Françafrique ?*, les arènes, Paris, 2000.

Ziegler Jean, *Mains basses sur l'Afrique : la recolonisation*, Seuil, Paris, 1980.

Ziegler Jean, *Une Suisse au-dessus de tout soupçon*, Seuil, Paris, 1976.

SOCIÉTÉ

Aron Raymond, *Les dernières années du siècle*, Julliard, Paris, 1984.

Aubert Nicole, *Le culte de l'urgence. La société malade du temps*, Flammarion, Paris, 2003.

Balandier Georges, *Sens et puissance, les dynamiques sociales*, PUF, Paris, 1981.

Baudrillard Jean, *Les stratégies fatales*, Grasset et Fasquelle, Paris, 1983.

Bell Daniel, *Vers la société post-industrielle*, Laffont, Paris, 1976.

Bert Hostelitz, Wilbert Moore (dir.), *Industrialisation et société*, Unesco, Paris, 1963.

Durkheim Émile, *De la division du travail social*, PUF, Paris, 1960.

Fitoussi Jean Paul, *L'idéologie du monde*, L'Aube, Paris, 2004.

Francis Fukuyama, La fin de l'homme, les conséquences de la révolution biotechnique, Gallimard, Paris, 2002.

Jullien François, De l'universel, de l'uniforme, du commun et du dialogue entre les cultures, Fayard, Paris, 2008.

Khaldun Ibn, *Discours sur l'histoire universelle* (traduit de l'arabe par Vincent Monteil), Commission libanaise pour la traduction des chefs d'œuvres, Beyrouth, 1968.

Kouvouama Abel (dir.), *Modernités transversales*, Paari, Paris, 2003.

Latouche Serge, L'occidentalisation du monde, La Découverte, Paris, 1989.

Lipovetsky Gilles, *L'ère du vide : essai sur l'individualisme contemporain*, Gallimard, Paris, 1987.

Lyotard Jean François, *La condition post-moderne : rapport sur le savoir*, Édition de Minuit, Paris, 1979.

Maffesoli Michel, Le temps des tribus. Le déclin de l'individualisme dans les sociétés de masse, Librairie générale française, Paris, 1988.

Moukouta Charlemagne Simplice, *Maladie mentale, représentations, itinéraires thérapeutiques au Congo*, Paari, Paris, 2004.

Sinda Martial, *Le messianisme congolais et ses incidences politiques*, Payot, Paris, 1972.

Tempels Placide, La philosophie Bantoue, Lovania, Élisabethville, 1945.

SOCIÉTÉ DE L'INFORMATION

Aillot Suzanne, *Savoirs du Sud*, Charles Léopold Mayer, Paris, 1999.

Brzesinski Zbigniew, *La révolution technétronique*, Calmann-Lévy, Paris, 1971.

Castells Manuel, *La galaxie Internet*, Fayard, Paris, 2001.

Castells Manuel, *La era de la informacion : economia, sociedad y cultura, La sociedad red*, Siglo, Mexico, 1999.

Commission nationale française pour l'Unesco, *La société de l'information : glossaire critique*, La documentation française, Paris, 2004.

Delmas Richard, Massit-Follea Françoise (dir.) *Vers la société de l'information*, Apogée, Rennes, 1995.

Foray Dominique, *L'économie de la connaissance*, La Découverte, Paris, 2000.

Kiyindou Alain, Mathien Michel, La liberté d'expression face à l'évolution économique libérale, Bruylant, Bruxelles, 2007.

Masuda Yoneji, *The information Society as post-industrial Society*, Institute for the information Society, Tokyo, 1980.

Mathien Michel, *La «société de l'information». Entre mythes et réalités*, Bruylant, Bruxelles, 2005.

Mattelart Armand, *La mondialisation de la communication*, PUF, Paris, 1996.

Mattelart Armand, *Histoire de la société de l'information*, La Découverte, Paris, 2001.

Mayère Anne, *La société informationnelle*, L'Harmattan, Paris, 1997.

Metzger Jean-Paul (dir.), *Le partage des savoirs, Logiques, contraintes et crises*, L'Harmattan, Paris, 2004.

Mounier Pierre, *Les maîtres du réseau, les enjeux de l'Internet*, La Découverte, Paris, 2002.

Musso Pierre, *Critique des réseaux*, PUF, Paris, 2003.

Perriault Jacques, *L'accès au savoir en ligne*, Odile Jacob, Paris, 2001.

Peugeot Valérie, Ambrosi Alain, Pimienta Daniel (dir.), *Enjeux de mots, Regards multiculturels sur les sociétés de l'information,* C&F éditions, Caen, 2005.

Touraine Alain, *La société post-industrielle,* Denoël, Paris, 1969.

Virilio Paul, *Cybermonde, la politique du pire,* Textuel, Paris, 1996.

TECHNOLOGIE DE L'INFORMATION ET DE LA COMMUNICATION

Ellul Jacques, *La technique ou l'enjeu du siècle, Économica,* Paris, 1990.

Ellul Jacques, *Le bluff technologique,* Hachette, Paris, 1988.

Jeanneret Yves, *Y a-t-il (vraiment) des technologies de l'inf*ormation ?, Septentrion, Lille, 2000.

Lafargues Yves, *Halte aux absurdités technologiques,* éditions d'organisation, Paris, 2003.

Mumford Lewis, *Le mythe de la machine,* Fayard, Paris, 1973.

Mumford Lewis, *Techniques et civilisations,* Seuil, Paris, 1950.

Perriault Jacques, *Éducation et nouvelles technologies, Théories et pratiques,* Nathan, Paris, 2002.

Scardigli Victor, *Le sens de la technique,* PUF, Paris, 1992.

Tudesq André-Jean, *Les médias en Afrique,* Ellipses, Paris, 1999.

Tudesq André-Jean, *La radio en Afrique noire,* Pedone, Paris, 1993.

Wiener Norbert, Cybernetics or control and communication in the man and the machine, Hermann, Paris, 1958.

Wiener Norbert, *Cybernétique et société,* Deux rives, Paris, 1949.

Wolton Dominique, Internet et après ? Une théorie critique des nouveaux médias, Flammarion, Paris, 2000.

Dominique Wolton, *L'autre mondialisation,* Flammarion, Paris, 2000.

RAPPORTS ET DOCUMENTS OFFICIELS

Banque mondiale

Banque mondiale, *Construire les sociétés du savoir : nouveaux défis pour l'enseignement supérieur,* Les presses de l'université de Laval, Laval, 2003.

Banque mondiale, *Le savoir au service du développement,* rapport sur le développement dans le monde, Eska, Paris, 1998.

Club de Rome

King Alexander et Schneider Bertrand, *The First Global Revolution : A Report of the Council of Rome,* Pantheon Books, New-York, 1991.

Club de Rome, *Sortir de l'ère du gaspillage,* Dunod, Paris, 1978.

Meadows Dennis, Meadows Donella, Jorgens Randers, William Behrens, *Halte à la croissance ? Rapports sur les limites de la croissance* ed. Fayard, Paris, 1972.

Commission Européenne

Commission européenne, *Livre vert : Vivre et travailler dans la société de l'information-priorité à la dimension humaine,* Commission européenne, Bruxelles, 1996.

Bangemann Martin, *L'Europe et la société de l'information planétaire,* Commission européenne, Bruxelles, 1994.

Delors Jacques, *Croissance compétitivité et emploi : les défis et les pistes pour entrer dans le 21e siècle : livre blanc,* OPOCE, Luxembourg, 1994.

CMED (Commission mondiale sur l'environnement et le développement)

Commission mondiale sur l'environnement et le développement, *Notre avenir à tous*, Éditions du fleuve, Montréal, 1988.

Commission Sud

Commission Sud, *Défis au Sud, Économica,* Paris, 1990.

Gouvernement américain

Oliner Stephen, Sichel Daniel, *The Resurgence of Growth in the Late 1990s : Is Information Technology the Story ?,* Federal Reserve Board, Washington, 2000.

Gouvernement français

de la DIV, Saint Denis La Plaine, 2001.

Minc Alain, Nora Simon, *L'informatisation de la société,* Seuil, Paris, 1978.

Nations unies

Nations unies, *Objectifs du Millénaire pour le développement*, Rapport 2005, Nations unies, New York, 2005.

Hammarskjöld Dag, Que faire, rapport sur le développement et la coopération internationale, Dialogue n° 1/2, Paris, 1975.

Nations unies, Résolutions adoptées par l'Assemblée générale au cours de sa sixième session extraordinaire, Nations unies, New York, 1974.

NEPAD (Nouveau partenariat pour le développement)

NEPAD, *Nouveau partenariat pour le développement de l' Afrique*, NEPAD, 2001.

OCDE (Organisation de coopération et de développement économiques)

Osberg Lars et Sharpe Andrew, « Évaluer l'indice du bien-être économique dans les pays de l'OCDE » *Travail et emploi* n° 93, janvier 2003, pp. 75-111.

ORBICOM (Réseau international des chaires en communication)

ORBICOM, *De la fracture numérique aux perspectives numériques*, Orbicom, Montréal, 2005.

PNUD (Programme des Nations unis pour le développement)

PNUD, *Rapport mondial sur le développement humain 2005, Économica*, Paris, 2005.

PNUD, *Rapport mondial sur le développement humain 2004, Économica*, Paris, 2004.

PNUD, *Rapport mondial sur le développement humain 2001*, De Boeck Université, Bruxelles, 2001.

PNUD, *Rapport mondial sur le développement humain 1998, Économica*, Paris, 1998.

SMSI (Sommet mondial sur la société de l'information)

SMSI, *Engagement de Tunis*, SMSI, Tunis, 2005.

SMSI, *Agenda de Tunis pour la société de l'information*, SMSI, Tunis, 2005.

SMSI, *Définir des sociétés de l'information centrées sur les besoins des êtres humains*, Déclaration de la société civile, SMSI, Tunis, 2005.

SMSI, *Déclaration de Mme Shirin Ébadi au nom de la société civile*, Tunis, 2005.

SMSI, *Rapport du Groupe de Travail sur les mécanismes de financement des TIC au service du développement*, SMSI, Genève, 2004.

SMSI, *Construire la société de l'information : un défi mondial pour le nouveau millénaire*, SMSI, Genève, 2003.

SMSI, *Plan d'action*, SMSI, Genève, 2003.

UIT (Union internationale des télécommunications)

Utsumi Yoshio, *Rapport sur les activités de préparation du PrepCom-3*, Genève, 2005.

UIT, *Nouvelles de l'UIT*, UIT, Genève, 2005.

UNESCO (Organisation des Nations unis pour l'Éducation, la science et la culture)

Unesco, *Vers les sociétés du savoir*, Unesco, Paris, 2005.

Primo Natasha, *Gender Issues in the Information Society*, Unesco, Paris, 2003.

Unesco, *Diversité culturelle et linguistique dans la société de l'information*, Unesco, Paris, 2003.

Unesco (dir.), *Spécificité et dynamique des cultures négro-africaines*, Unesco, Paris, 1986.

Unesco, *Notre diversité créatrice*, Rapport de la Commission mondiale de la culture et du développement, Unesco, Paris, 1995.

Mac Bride Sean, *Voix multiples un seul monde. Communication et société aujourd'hui et demain*, Unesco, Paris, 1980.

Romesh Chandler, *La Planification de l'utilisation des satellites à des fins éducatives*, Paris, Unesco, 1977.

Nordenstreng Kaarle, Tapio Varis, « La télévision circule-t-elle à sens unique ? », *Études et documents d'information* n° 70, Unesco, Paris, 1974.

Wilbur Schramm, *L'information et le développement national*, Unesco, Paris, 1966.

Mathur Jean Claude, Neurath Paul, *La tribune radiophonique rurale de l'Inde*, Unesco, Paris, 1960.

UNRISD (Research institute for social development)

Castells Manuel, Information, technology, globalization and social development, UNRISD, Genève, 1999.

Hamelink Cees, ICTs and social development, the global policy context, UNRISD, Genève, 1999.

TABLE DES MATIÈRES

L'AUTEUR

Alain KIYINDOU est né au Congo Brazzaville et a poursuivi ses études successivement au Congo, en Côte d'Ivoire puis en France. Président de la Société Française des Sciences de l'Information et de la Communication (association de chercheurs français en information et communication), Maître de conférences Habilité à diriger les recherches à l'Université de Strasbourg, il est aussi membre de la Commission française pour l'Unesco. Ses travaux de recherche s'articulent autour de la communication pour le développement avec un regard particulier sur l'insertion des TIC, la place de la culture dans l'appropriation des technologies et de l'information, la diversité culturelle ou cognitive dans les médias, les contenus africains sur internet, la société de l'information, la fracture informationnelle et/ou numérique.

L'HARMATTAN, ITALIA
Via Degli Artisti 15 ; 10124 Torino

L'HARMATTAN HONGRIE
Könyvesbolt ; Kossuth L. u. 14-16
1053 Budapest

L'HARMATTAN BURKINA FASO
Rue 15.167 Route du Pô Patte d'oie
12 BP 226
Ouagadougou 12
(00226) 76 59 79 86

ESPACE L'HARMATTAN KINSHASA
Faculté des Sciences Sociales,
Politiques et Administratives
BP243, KIN XI ; Université de Kinshasa

L'HARMATTAN GUINÉE
Almamya Rue KA 028
En face du restaurant le cèdre
OKB agency BP 3470 Conakry
(00224) 60 20 85 08
harmattanguinee@yahoo.fr

L'HARMATTAN CÔTE D'IVOIRE
M. Etien N'dah Ahmon
Résidence Karl / cité des arts
Abidjan-Cocody 03 BP 1588 Abidjan 03
(00225) 05 77 87 31

L'HARMATTAN MAURITANIE
Espace El Kettab du livre francophone
N° 472 avenue Palais des Congrès
BP 316 Nouakchott
(00222) 63 25 980

L'HARMATTAN CAMEROUN
Immeuble Olympia face à la Camair
BP 11486 Yaoundé
(237) 458.67.00/976.61.66
harmattancam@yahoo.fr

Achevé d'imprimer par Corlet Numérique - 14110 Condé-sur-Noireau
N° d'Imprimeur : 61210 - Dépôt légal : juin 2009 - *Imprimé en France*